复旦大学中国周边外交研究丛书
Fudan University Series on China's Neighboring Diplomacy Studies

# 人文化成：中国与周边国家人文交流

People-to-People Exchange
between China and Its Neighboring Countries

张骥　邢丽菊 / 主编

世界知识出版社

图书在版编目（CIP）数据

人文化成：中国与周边国家人文交流 / 张骥，邢丽菊主编. -- 北京：世界知识出版社，2018.9
ISBN 978-7-5012-5854-3

Ⅰ.①人… Ⅱ.①张… ②邢… Ⅲ.①中外关系-文化交流-研究 Ⅳ.①G125

中国版本图书馆CIP数据核字(2018)第222060号

---

| | |
|---|---|
| 书　　名 | 人文化成：中国与周边国家人文交流<br>People-to-People Exchange between China and Its Neighboring Countries |
| 主　　编 | 张　骥　邢丽菊 |
| 责任编辑 | 范景峰 |
| 责任出版 | 王勇刚 |
| 责任校对 | 马莉娜 |
| 出版发行 | 世界知识出版社 |
| 地址邮编 | 北京市东城区干面胡同51号（100010） |
| 网　　址 | www.ishizhi.cn |
| 电　　话 | 010-65265923（发行）　010-85119023（邮购） |
| 经　　销 | 新华书店 |
| 印　　刷 | 北京虎彩文化传播有限公司 |
| 开本印张 | 165×240毫米　1/16　15印张 |
| 字　　数 | 320千字 |
| 版次印次 | 2018年9月第1版　2020年4月第3次印刷 |
| 标准书号 | ISBN 978-7-5012-5854-3 |
| 定　　价 | 80.00元 |

版权所有　侵权必究

《人文化成：中国与周边国家人文交流》由复旦大学国际问题研究院、复旦大学中外人文交流研究中心资助出版，特此致谢！

The publication of *People-to-People Exchange between China and Its Neighboring Countries* was made possible through a generous grant from the Institute of International Studies & Center for People-to-People Exchange Studies of Fudan University.

# 丛书总序

周边地区是21世纪中国和平发展的"首要"地区,周边外交在中国国家外交布局中处于"首要"地位。21世纪第二个十年以来,中国的周边环境面临着严峻挑战。挑战既来自外部大国尤其是美国对中国周边事务的干预力度加大,也来自周边部分邻国对中国快速崛起产生的疑惧和担忧。为此,必须正视中国周边地区进入动荡升温期和矛盾多发期的现实。

2013年10月,中央召开"周边外交工作座谈会",既表明中国政府对周边外交的重视,也凸显周边在中国发展大局和外交全局中的重要地位。中国国家主席习近平在座谈会上指出,做好周边外交工作,是实现"两个一百年"奋斗目标、实现中华民族伟大复兴的中国梦的需要,要更加奋发有为地推进周边外交,为我国发展争取良好的周边环境,使我国发展更多惠及周边国家,实现共同发展。

2017年10月,十九大报告对中国特色大国外交作出了顶层设计。周边外交作为中国特色大国外交推动构建新型国际关系,推动构建人类命运共同体的重要组成部分,被再次纳入进来,清晰显示出新时代中国外交仍将把稳定和经略周边视为工作重点,体现了中国外交一贯与邻为善、以邻为伴,睦邻、安邻、富邻的周边外交工作方针。在此形势下,用立体、多元、跨越时空的视角思考如何开展周边外交。中国学术界亟须对未来5—10年中国周边外交工作的战略目标、基本方针、总体布局进行深入研究和顶层设计。

2012年9月,根据教育部"2011计划"关于"国家急需、世界一流、制度先进、贡献重大"的精神,在中央海权办、外交部、国家海洋局、水利部、国家测绘地理信息局的直接支持下,由武汉大学牵头,联合复旦大学、中国政法大学、外交学院、郑州大学、中国社会科学院中国边疆研究所、水利部国际经济技术合作交流中心、国家海洋局海洋发展战略研究所等协同单位，共同组建了"国家领土主权与海洋权益协同创新中心"。2014年10月，"国家领土主权与海洋权益协同创新中心"被认定为2014年度"2011协同创新中心"。

2013年11月，根据"国家领土主权与海洋权益协同创新中心"的分工，复旦大学在既有中国与周边国家关系研究的深厚基础上，整合队伍，成立了"复旦大学中国与周边国家关系研究中心"，对接"国家领土主权与海洋权益协同创新中心"的培育和建设。"复旦大学中国周边外交研究丛书"（以下简称"丛书"）应运而生。

截至2017年底，"丛书"已出版4部著作，包括：《中国崛起背景下的周边安全与周边外交》（中华书局2014年7月出版）、《冷战后中国周边地区政策的动力机制研究》（中华书局2016年6月出版）、《中国周边外交十四讲》（社会科学文献出版社2016年12月出版）、《转型期日本的对华认知与对华政策》（中华书局2017年1月出版）。在此基础上，"丛书"计划未来每年出版1—2本著作。涵盖的领域将包括：新中国领导人治理疆域问题思想研究、中国周边外交的文化因素研究、中国周边外交的经济因素研究、中国与周边国家争端与利益共同体建设研究、中国对周边国家的公共外交研究、中国在周边国家的话语权提升研究、中国在周边的国际形象塑造研究、中国周边外交与地区公共产品提供研究、中国周边外交与地区合作组织研究、宗教问题与中国周边外交研究、民族问题与周边外交研究等。

"丛书"出版的主旨在于对中国周边外交进行原创性、理论性、前沿性、战略性、实践性的研究。回顾总结近代以来中国周边外交的历史经验，客观认识新时期中国周边外交的战略机遇期，科学评估中国迅速崛起后的中国周边环境局势，准确定位中国周边外交的战略取向；系统梳理中国周边众多结构性矛盾，按照中国的战略取向排列这些矛盾的轻重缓急；全面研判外部大国（尤其是美国）介入中国周边对我国阶段性正负面影响，努力建设中美在中国周边"兼容共处"的新型大国关系；理性认识中国与部分邻国的领土领海争端，找到双方都能接受的解决途径等。"丛书"在研究方法上将超越一般政策分析的方法，注重对于中国周边外交的学理性分析，不断提出新概念、新理念、新观点、新战略，使"丛书"的成果更加科学化和理性化，为中国周边外交建设作出务实的贡献。

"丛书"的出版是复旦大学中国与周边国家关系研究中心的主要工作

之一，也将是"国家领土主权与海洋权益协同创新中心"的重要成果之一。我们希望这套"丛书"的出版能为新时期中国更好地开展周边外交做出学术界应有的理论贡献，也希望通过这套"丛书"的出版，凝聚一支从事中国周边外交研究的学术队伍，更期待在中国外交学术界形成复旦特色的中国周边外交研究学派。

复旦大学中国与周边国家关系研究中心
暨国家领土主权与海洋权益协同创新中心复旦大学分中心
石源华　祁怀高
2018年8月

# 前 言
## 深化中外人文交流基础研究

张 骥 邢丽菊

中外之间的交往有着悠久的历史，人员往来、文化交流，乃至文明对话是中国与外部世界关系中亘古不变的主题。然而，在漫漫历史长河中，中外之间有关"人"和"文"的互动也随着政治经济因素、历史地理条件的变迁，特别是国运之兴衰而此起彼伏。

进入21世纪第二个十年，特别是党的十八大以来，中外人文交流在中国外交中的地位和作用得到显著提升。中国先后与世界主要大国（地区组织）建立起八大高级别人文交流机制。在与其他国家特别是周边国家和发展中国家的双、多边关系中，人文交流也越来越被作为重要内容。在中国倡导的"一带一路"倡议和"人类命运共同体"构建中，人文交流成为主要维度和政策重点。人文交流已经逐渐发展成为新时代中国对外关系政治、经济支柱之外的第三大支柱。

人文交流作为中国对外关系的主题在新时代中国外交中的兴起，其意义尚未被充分认识。"中外人文交流"这一概念和实践的形成，本身就难以运用现成的国际关系和外交的概念和理论框架予以解释，诸如"公共外交""民间外交""文化外交""价值观外交""软权力"[1]等等，即便具有中国实践含义的"人民外交"[2]"对外宣传"等概念也不能概括甚至等同于"人文交流"。这些概念和理论，未能从本质上捕捉到中国这一不断成长的行为体对传统国际关系的超越，中国实践所具有的创新性，以及中国人对国际关系的独特认知。同时，中外人文交流尽管有历史传统可循，但其当代

---

[1] 陈玉聃：《何以化天下：对约瑟夫·奈"软权力"论的反思》，见本书后文。
[2] 肖佳灵：《当代中国外交研究"中国化"：问题与思考》，《国际观察》，2008年第2期，第13页；Liu Yongtao, "People-to-People Exchanges in Chinese Diplomacy: Evolutions, Strategies, and Social Practice", *Stosunki Międzynarodowe–International Relations*, 2015, Vol.51, No.4, pp.243-247.

意义又并非是历史上中华与外部文化关系的简单映射。"人文"一词尽管充满了中国传统的表征,但中国与世界关系的巨大变迁使得当代中外人文交流具有鲜明的时代特性。正如俞新天研究员在本书中所指出的那样,当代中外人文交流的时代性,体现在中国已经成为一个全球大国,世界各国对中国的国际交流和沟通有新的更高期待,中国人的精神面貌发生了前所未有的变化。①

实践走在了理论前面。我们既不能懈怠于完全套用现有的"公共外交""民间外交""文化外交"等理论来解释人文交流,这在实际上消解掉了人文交流对国际关系的创造性;同时也不能故步自封于中国话语和概念的自我解释与自我实现,而必须探寻人文交流所具有的普遍实践价值和理论意义,使得人文交流这一概念和相关理论能够进行国际学术对话。我们也不能满足于"历史—文化"路径的单一归纳,仅从文化的视角来理解和阐释当代的人文交流。忽视人文交流的政治经济基础,忽视人文交流中政府的角色与夸大人文交流的意识形态色彩,夸大人文交流的纯民间属性一样,都不能客观、准确和立体地把握当代人文交流所具有的时代特征。这既对理论研究提出了重大的挑战,也为理论创新提供了难得的历史机遇。

早在2013年起,复旦大学积极对接国家对外战略的新需求,在国内率先开展中外人文交流学术和咨政研究。复旦大学充分发挥综合性大学优势,依托政治学和国际关系学科,在吸纳哲学、宗教学、历史学、文学、新闻传播学等多学科的基础上,培育和打造了一支由优势学科支撑、多学科参与的科研咨政团队,开展中外人文交流理论研究,服务国家相关战略和政策的制订与推进,并积极参与中外人文交流事业。2014年9月,复旦大学召开了"人文外交与中国的战略"研讨会,并于12月发布了《人文外交:中国特色的外交战略、制度与实践》②研究报告。2015年1月7日,《光明日报》"理论周刊"整版发布了报告摘要。③这份报告从文化基础、战略选择、制度建设、能力建设、国际经验等方面比较系统地对中外人文交流

---

① 俞新天:《论新时代中国民间外交》,见本书后文。
② 复旦大学国际问题研究院:《人文外交:中国特色的外交战略、制度与实践》,2014年12月。
③ 《人文外交战略、制度与实践》,《光明日报》,2015年1月7日,第16版。

（当时还初步定义为"人文外交"）的基本内涵进行了较为理论化的界定，[①]并初步提出了中国发展中外人文交流的战略和制度设计，是国内该领域较早的一份研究成果，在学术界和政策界产生了重要影响。

随着几大高级别人文交流机制的相继建立和持续运转，复旦大学的相关研究转向对国别机制的深入研究，并充分动员国内其他高校和研究机构相关国别研究的优势力量，形成了更加宽深的研究队伍，于2015年7月发布了《构建人文外交新格局：中外人文交流对话机制研究》[②]专题报告，并在2015年底获得《深化中外人文交流的战略布局与运行机制研究》教育部哲学社会科学研究重大课题攻关项目立项。同时，复旦大学还进一步深化对中外人文交流宏观政策设计和理论构建的研究，并与相关政府部门开展了紧密的对接和合作，产生了大量有影响的政策咨询成果。复旦大学已逐渐成为我国中外人文交流的重要智库和研究基地。2017年教育部在全国设立中外人文交流研究中心，其中一家综合性中外人文交流研究中心及中美、中俄、中欧、中英四家国别人文交流研究中心设在复旦大学。

复旦大学相关研究议程的发展演进，从一个侧面反映了中外人文交流实践和理论探索的发展。实践的发展不断向理论研究提出新的命题和新的要求，而理论的研究也总在不断检视过往的实践。在当前中外人文交流的布局中，周边仍然是需要予以重点关注的区域。为此，我们于2017年10月组织召开了"中国文化与周边国家人文交流"学术研讨会。本书即是在会议论文和会议研讨基础上经过作者精心修改完善形成的，是我们最新的研究成果，也反映了我们对中外人文交流的最新思考。

第一个启示在于，中国与周边国家的人文交流应该在新的时代条件和国际环境下创新发展。周边之于中国外交的重要，无需赘言。中国与周边国家的人文交流古来有之，也从未间断过。然而今天中国与周边国家的人文交流并非一帆风顺，也并不是历史的简单重复。对东北亚地区而言，人文交流的发展仍然在某种程度上受到政治因素的干扰。而恰恰是这样的状态，更加凸显了人文交流对于稳定国家间关系的社会民意基础的重要性和迫切性。对于南亚、东南亚地区而言，传统的文化纽带如何转化为今天构

---

① 武心波、宗立宁：《"缘"：中国"周边人文交流"新视角——以中日韩为例》，见本书后文。

② 复旦大学国际问题研究院：《构建人文外交新格局：中外人文交流对话机制研究》，2015年7月。

建"亲诚惠容"周边关系的动力与手段,仍是一个需要解决的问题。而在周边的探索,对于如何在"一带一路"建设中做好"民心相通"具有重要的示范意义。

再一个更为重要的启示在于,我们发展同欧美国家人文交流的方式并不能简单地照搬于周边。同样,发端于传统发达国家间关系或者传统发达国家与发展中国家关系的"公共外交""文化外交""价值观外交""宗教外交"等的理论与实践也不能简单套用于中国与周边国家的人文交流。我们必须基于不同的国家特性、文化特性和双(多)边关系特性去构建和发展具体的人文交流路径与内容。

当然,基于周边的这些思考也促使我们继续深化人文交流基础理论的研究,我们在本书中专辟一部分进行讨论。对于传统文化与人文交流的复杂关系,人文交流内涵的泛化与误释,人文交流路径与内容的去单一化,人文交流在多边框架中的功能发挥等问题提供了新的思考。

2017年下半年,中共中央办公厅、国务院办公厅印发了《关于加强和改进中外人文交流工作的若干意见》,这是中国党和国家首次就中外人文交流工作制定专门文件,进一步凸显了中外人文交流工作重要性的提升。《意见》在总结中外人文交流取得辉煌成就的同时,也指出了下一步加强和改进中外人文交流工作的方向和举措。这对加强中外人文交流的研究提出了新的任务和要求。

随着中国特色大国外交实践以前所未有的速度向前推进,我们迫切需要从理论上回应当代中外人文交流实践中尚未解决,以及不断涌现的问题。当然,理论创新更需要我们基于自身的当代实践、文化传承与思想渊源去构筑当代人文交流的理论基石,这一任务仍远未完成。

# 目 录

丛书总序....................................................................1
前言　深化中外人文交流基础研究..............................1

## 专　论

国家形象是一种软实力..............................张蕴岭　3
中国—东盟人文交流：成果、挑战与建议............徐　步　10

## 人文交流理论

何以人文：新时代中国外交思想的传统文化内涵..........邢丽菊　23
何以交流：中外人文交流的路径与源流...................张　骥　37
何以化天下：对约瑟夫·奈"软权力"论的反思...........陈玉聃　44
论新时代中国民间外交..................................俞新天　50
"缘"：中国"周边人文交流"新视角
　　——以中日韩为例...........................武心波　宗立宁　65
人文交流在新型多边合作机制中的定位与作用.............许利平　87

## 中国与周边国家人文交流

中日人文交流：历史与现实的视角 ………………………… 徐静波　95

中国与日本人文交流：试论"大禹下东洋"的启示 ………… 王　敏　104

从斯宾塞进化论的翻译看近代中国
　　对日译经典的吸收与抵抗 …………………………… 宋晓煜　114

"汉学"与中韩人文交流 …………………………………… 张　敏　129

中韩人文交流的传统与特点 ……………………………… 牛林杰　146

中国传统审美文化对韩国的影响 ………………………… 蔡美花　158

韩国人的"中国观"：特征与变化 ………………………… 王晓玲　168

中印人文交流：背景、内容与挑战 ……………………… 罗绍琴　182

印度的佛教外交：态势、动机与前景 …………………… 邹应猛　205

努力夯实促进中国与东南亚国家关系发展的民意基础 …… 杨保筠　215

# 专论

# 国家形象是一种软实力

张蕴岭

**【内容提要】** 国家形象是一个国家对自己的认知以及国际体系中其他行为体对其认知的结合,同时也是一种软实力和影响力,对国家的对外关系具有重要影响。近代中国形象先后经历了衰败中国、革命中国、改革开放中国等的巨大演变,而且不同区位的国家对中国的认知也有很大差别,因距离远近、认知主体、认知受众等不同而定位不同。特别是周边国家对华认知定位很不同,其中影响这种认知最大的因素是中国军力的增长。党的十九大以来,中国特色社会主义进入了新时代,中国也需要更好地塑造国家形象,用中国智慧和中国方案为人类作出更大贡献。

**【关键词】** 中国　国家形象　文化　软实力

**【作者简介】** 张蕴岭,中国社会科学院学部委员、山东大学特聘教授。

国家形象是一个国家对自己的认知以及国际体系中其他行为体对它的认知的结合,具有二元性,也就是说是自我认定与他人认知。同时,国家形象还是一种软实力,一种影响力,会对对外关系产生重要影响。这种形象之所以重要,是因为它影响国家间的关系,影响政策走向,影响社会公众认知。同时需要特别强调的是,纠正负面国家形象的代价巨大。

## 一、中国的自我定位和外部认知

关于自我定位。习近平主席指出了四个定位:第一是塑造文明大国形象,重点展示中国深厚的历史底蕴、各民族的多元一体、文化的和谐多样性。第二是跟西方不一样的东方大国形象,政治清明、经济发展、文化繁

---

① 本文原载于《世界知识》,2017年第23期,第16—18页。

荣、社会稳定、人民团结、山河秀美。第三是负责任的大国形象，坚持和平发展，促进共同发展，维护国际公平正义，为人类作出贡献。第四是充满活力的社会主义大国形象，对外更加开放，更具亲和力，充满希望，充满活力。

关于周边形象定位。习近平主席指出，坚持与邻为善、以邻为伴，坚持睦邻、安邻、富邻，突出体现亲、诚、惠、容的理念，坚持睦邻友好，守望相助；讲平等，重感情；常见面，多走动；多做得人心、暖人心的事，使周边国家对我们更友善、更亲近、更认同、更支持，增强亲和力、感召力、影响力。我们希望周边国家对我们好，前提就是我们自己首先要好，要用自己良好的形象增强我们的感召力、影响力。王毅外长也提出，中国要成为可亲的大国。

外部认知是国家国际形象的重要因素，外部认知的基础是本国的表现与行为。从历史上看，中国的中心地位是基于中国本身的成就、行为被外部认可与接受。外部认知受多种因素的影响，一则具有总体、分层、动态的特点，再则也受到外部行为体自身利益偏好、价值观取向、舆论引导等的影响。中国本体就像一个多棱镜，看你从哪个角度看，不同的角度看到的形象往往不一样。还应该看到，当今外部世界对中国形象的认定要比历史上复杂得多，特别是周边国家对中国形象的认定受到多重因素的影响。

## 二、中国形象的演变与多重性

首先，近代中国形象经过了巨大的演变，先后经历了失落，即衰败中国，包括自身衰败和对外无能；新中国革命，即"革命中国"的形象；改革开放中国，即经济快速发展、"特色中国"的形象。当前，中国既是崛起大国，也是挑战性大国的形象。当前的中国形象，在自我定位与外部认知上还存在巨大反差。当今，是近代以来我们对自己国家形象认定最好的时期，但是外部世界对中国的看法存在分歧，特别是对中国作为大国的行为，认知差别很大。

外部对中国的认知，就整体而言，可以说主要有两点共识：一是认为中国是对地区和世界具有重大影响的大国，这恐怕是中国近代形象最大的变化之一；二是中国将成为世界第一大国。对这两点，不管是全世界还是本地区，似乎大家都没有争议。不过，对于中国将成为什么样的大国，我们与外部世界的看法分歧甚大。比如，我们自己认定是发展中国家，到2050年之前中国都是发展中国家，但很多国家把中国当成发达国家对待。自我定位为发展中国家和外部将我们定位为发达国家，形象认定和要求很不一样。

再则，不同区位的国家对中国的认定也有很大的差别。一般地说，近邻国家与远距离国家对中国的看法不同，前者的认知要比后者更为负面，即离我们越近，对我们的负面评价越多。另外，认知主体不同，差别也会很大：政界与公众之间的认知有很大的差别，因为视角不同；媒体与精英的认知也有很大差别；受不同因素的作用，认知的定位也有差别。

还有，望远镜与显微镜下的中国形象差别也很大。所谓望远镜，就是从远处看中国，往往正面居多；而显微镜，就是近处、细处看中国，会把很多望远镜下看不到的都看清楚，特别是看到负面的东西。中国很大，又是发展中国家，形象认定最好是把望远镜和显微镜下的观察掺和掺和、搅和搅和，混合度越强，形象就越真实。但现实中，外部认知很难把这两个方面完全融合在一起。特别是，中国形象还具有很鲜明的"转型期特征"，即是一个发展中的大国。

我们可以通过几项调查来了解下外部世界对中国形象的看法。

美国民调机构皮尤中心对38个国家的4万人做了一项调查。在"总体好感度"这项上，对中国抱有好感度的约为47%，对美国抱有好感度的约为49%，比较接近。其中18—24岁的人群里，对中国抱有好感度的达到62%，应该是年轻人更喜欢中国这种上升、有活力，对未来充满希望的状态。但是在第二项"对处理国际事务的担当"上，情况就不一样了，38国中只有12国给中国打了正面分，却有24国给美国打了正面分，美国超过了中国的一倍，也就是说很多国家对中国还是不放心。

第二个调查是日本民意调查机构在1804名日本人中进行的，其中"对中国有好感的"为16.8%，"比较有好感的"为13.4%，"特别有好感的"仅有3.4%；"对中国没好感的"却有80.5%，其中，"比较没有好感的"为34.6%，"根本没有好感的"为46%，比例都比较高。将近一半被调查的人对中国根本没有好感，值得注意的是，年轻人的好感比例高于年长者。

第三个是韩国调查机构所做的对华认知调查，对中国有"亲近感"的仅为9.7%，在"对韩国威胁最大的国家"的调查中，选择中国的为16.8%，选择日本的为10%，选择朝鲜的为66.7%。选择中国的比例竟高于日本，这可能跟我们平时的感觉不太一样。在皮尤中心2017年的调查中，有83%的韩国人把中国认定为最大威胁。不过，应该看到，朝鲜半岛对抗性强，韩国人情绪变化大，因此，调查结果受时点和事件的影响很大。当年"天安号"事件发生后，一家韩国调查机构所做的民意调查显示，绝大多数韩国人视中国为敌人，原因是他们认为事件是朝鲜人干的，而中国姑息朝鲜。

**形象调查一：**
皮尤中心对38国4万人的调查

1、"总体好感度"

中国好感度47%　　美国好感度49%

注：其中青年（18-24）对中国有好感的占62%

2、"对处理国际事务的担当"

中国12个正面　　美国24个正面

注：2015年的调查是6：36

图1

**形象调查二：**
日本某机构对1804人做的调查

- 对中国有好感的

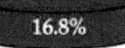
16.8%

注：其中特别有好感的为3.4%，比较有好感的为13.4%

- 对中国没有好感的

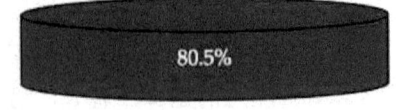
80.5%

注：其中，根本没好感的为46%，比较没好感的为34.6%
注：年轻人的好感比例高于年长者

图2

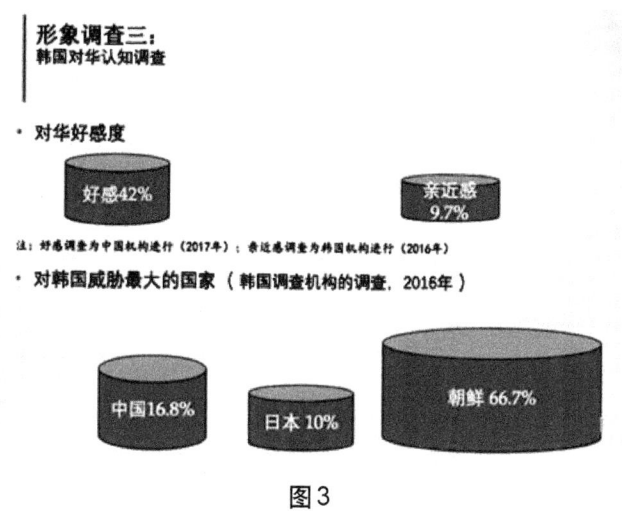

图3

## 三、影响外部世界对华认知的因素

出于多种原因，周边国家对华的认知定位很不同，可以分为四组：第一组是稳定认知组，主要是没有争端和重大利益冲突的国家，包括东南亚的老挝、柬埔寨、文莱、马来西亚、泰国，南亚的尼泊尔、斯里兰卡、孟加拉国、阿富汗，中亚的哈萨克斯坦、吉尔吉斯斯坦、塔吉克斯坦、乌兹别克斯坦和土库曼斯坦。第二组是负面认知组，主要是有争端或有重大利益冲突的国家，包括日本、越南、菲律宾、印度。不过，这一组也不是铁板一块，会发生变化。比如菲律宾，换了总统，政策变了，对中国的舆论和认定也发生变化。第三组是特殊利益协同国家，包括俄罗斯、巴基斯坦，关系好、长期合作，没有重大利益冲突，认知以正面居多。第四组是不稳定国家，包括韩国、朝鲜、印尼。对中国的形象认定受事件、利益和格局的影响大。当然，这样的分组也不是绝对的，要用发展的眼光来看。

其实，当前对中国国家形象认知影响最大的因素是中国的军力增长，可以说属于不确定性影响因子。比如，美国、日本、越南、印度、韩国等一些国家，对中国军力增长的负面思维多，因此，负面影响因子所起的作用就大。

也要看到，外部对中国国家形象的认知认定也在发生转变。比如，经济成功被认可一直是最重要的正面影响因素。中国在最近几十年里在经济方面取得了巨大的成就,几亿人民成功脱贫,这是了不起的正面形象。而如今,特别是对未来的中国,考虑多的是中国的大国行为,不确定性所产生的负面认定也就大。还有一点,现在,政治因素(体制、意识形态等)对中国国家形象负面认知影响度降低,特别是考虑到未来,行为因素的作用上升了。

现实中,中国的大国行为存在着这样几方面的问题:第一是理念与行为不一,也就是说的与做的不一致,或者说得好,做的不那么好。第二是未来的不确定性。中国的现代化、实现中国的强国梦是一个长进程,时间序列长,不确定性就增加,不确定性导致外部对中国未来发展存有疑虑。第三是政府与个体(机构、个人)行为的分离。对外部认知来说,往往把中国人(机构)个体与国家整体联系起来,个体的负面行为对国家形象造成很大的影响。

## 四、对中国国家形象的思考

一般来说,正面形象与好的国家关系是正相关关系,即国家形象好,国家间的关系就越好。但事实上,国家间关系的定位与发展的基础是核心利益与重大利益,在一些情况下,即便形象正面,利益冲突也会影响国家间关系。比如,即便认定中国发展成功、社会治理做得不错,但在遇到领土争端、核心利益冲突的时候,双方的关系马上就会变化,如前面提到的韩国"天安号"事件、"萨德"部署之后的中韩关系。也就是说,两国关系不好,不一定是你的国家形象不好,可能是受到暂时因素的影响。

中国周边关系中的形象因素具有很强的转型特征,我把它分成几个方面:一是做新型大国是根本定位,新型大国的形象需要时间和行为检验,起决定因素的是自身可持续的成功和行为(做法)被外部接受;二是"不一性"会长期存在,整体与个体不一、远和近不一等,会长期存在,这将对中国的国家形象产生影响;三是不能把做可亲的大国作为政策目标,国家间关系有多重调节的决定因子。当然,从未来发展看,作为新型大国的中国逐步被认可和接受是可期的。

党的十九大对中国的未来发展做出了新的历史定位,即中国特色社会主义进入了新时代。显然,今后相当长时期,中国的第一要务是发展自己,建设全面现代化,建成现代化强国。这也是中国国家形象的一个基本定位。中国坚持走和平发展的道路,永不称霸,这是另一个国家形象定位。同时,中国走近世界舞台的中央,要用中国智慧、中国方案为人类作出更大贡献,做世界和平的建设者、全球发展的贡献者、国际秩序的维护者,这是第三个形象定位。外部正在以不同的视角观察、认识、接受和应对新时代的中国。周边是检验中国方略、誓言、抱负的首选之地,所以一定要把我们周边的事情做好。

# 中国—东盟人文交流：成果、挑战与建议

徐 步

**【内容提要】** 中国与东盟自1991年建立对话伙伴关系以来，双方在人文领域的合作取得了一系列丰硕成果，主要表现为：文化合作机制成熟、教育交流成果突出、旅游合作发展迅速、青年领域项目丰富、媒体智库交流频繁等。尽管如此，当前中国与东盟人文交流在亲和度、受众面、品牌性、传播力等方面还有待继续提高，双方关系中的近而不亲、官近民疏等现象日益成为深化合作的障碍。为此，我们应充分发挥地缘人文优势，从战略高度谋划、民心角度筹划、重点领域创牌、受众广度实施等方面，通过深入人心的人文交流提升东盟国家对中国的认同度与接受度，真正将人文交流打造成中国—东盟战略伙伴关系的新支柱。

**【关键词】** 人文交流　中国—东盟关系

**【作者简介】** 徐步，中国前驻东盟使团团长、特命全权大使。

中国与东盟国家地理相邻、山水相连、文化相通，人文往来源远流长。早在15世纪，明代航海家郑和曾七下西洋，五次到访马六甲，三次到访印尼，留下许多记载和丰富故事，成为中国与东盟人文相亲的美丽佳话，是"海内存知己，天涯若比邻"的真实诠释。2013年，习近平主席访问印尼时提出共建"21世纪海上丝绸之路"和打造"中国—东盟命运共同体"，[①] 李克强总理在第16次中国—东盟领导人会议上提出"2+7合作框架"，[②] 人文交流都是其中不可或缺的内容。

民可载舟，亦可覆舟。2018年是战略伙伴关系15周年，中国—东盟关

---

① 《习近平主席在印尼国会发表重要演讲》，新华网，http://www.xinhuanet.com/world/xjpynghyj/（上网时间：2017年9月11日）。

② 《李克强在第16次中国—东盟（10+1）领导人会议上的讲话》，中国政府网，http://www.gov.cn/ldhd/2013-10/10/content_2503038.htm（上网时间：2017年9月11日）。

系面临承上启下的重要时期，认真梳理中国—东盟人文交流合作的现状与问题，从战略高度和长远角度谋划中国—东盟人文交流合作蓝图，对夯实民意、增进互信、深化合作，提升中国—东盟战略伙伴关系，打造中国—东盟命运共同体具有重要意义。

## 一、成果丰硕

中国与东盟自1991年建立对话伙伴关系以来，在文化、教育、旅游、青年、科技、环保、卫生、扶贫、救灾、媒体智库等人文领域的合作取得丰硕成果，为增进了解、促进合作发挥了积极作用。

### （一）文化合作机制成熟

中国与东盟建立了中国—东盟文化部长会议、中国—东盟文化论坛、10+3文化人力资源培训等多个合作机制。2005年，双方签署《文化合作谅解备忘录》，确立了文化合作框架。2012年，首届中国—东盟文化部长会议在新加坡举行。2014年举办"中国—东盟文化交流年"，以"共享文化、共创未来"为主题，涵盖文体、影视、旅游、青年等各领域。[①] 同年，第二届中国—东盟文化部长会通过了《中国—东盟文化合作行动计划》（2014－2018），将合作拓展至文化产业、文化遗迹保护、公共文化服务等更广领域，标志着双方文化交流合作进入全方位发展阶段。双方还通过举办论坛研讨、人员交流、展演展览等多种文化交流活动，打造了许多辐射面广、有影响力的文化品牌。2006年以来，中国已成功举办10届中国—东盟文化产业论坛，促进了双方文化人力资源、公共文化服务合作。[②]

### （二）教育交流成果突出

作为中国—东盟教育合作的重要平台，中国—东盟教育交流周已在贵阳举办10届，期间举办大学校长论坛、学术研讨会、教育资源展、专题研修班、青少年文化节、学生夏令营等170项形式多样、内容丰富的活动，

---

[①] 陆建人、范祚军主编：《中国—东盟合作发展报告2014—2015》，北京：中国社会科学出版社，2015年，第18—19页。

[②] 中华人民共和国文化部：《中国—东盟文化论坛10周年综述》，中国—东盟中心网站，http://www.asean-china-center.org/2015-10/09/c_134696122.htm（上网时间：2017年3月21日）。

吸引来自中国及东盟国家的参会者11834人，参会学校及教育机构2717所，成功签署1088份教育合作协议或合作备忘录，为中国—东盟教育及人文交流搭建了广阔的平台，成为双方互学互鉴、合作共赢的坚实桥梁。①

双方还建立了教育部长圆桌会、中国—东盟商学院网络等机制。2016年是中国—东盟教育交流年，双方举办第九届中国—东盟教育交流周及第二届教育部长圆桌会，有力促进了教育、青年和文化等领域交流与合作。2017年7月28日第十届中国—东盟教育交流周开幕式通过了《中国—东盟教育合作行动计划（2017—2020）》，为未来合作规划了蓝图，指明了方向。

中国和东盟国家逐步扩大互派留学生规模，目前已达到20万人，实现"双十万"计划。2016年李克强总理在第19次中国—东盟领导人会议上提出将打造"中国—东盟双十万学生流动计划升级版"，实现到2025年双方互派留学生达到30万人次的目标。2016年，中方提出设立"中国—东盟海上丝绸之路奖学金"，面向东盟10国提供1000个奖学金名额。②

中国与东盟成立了多个联盟式长效合作机制。中国9所卓越大学联盟与东盟9所知名工科大学联合成立"中国—东盟工科大学联盟"，就课程开发、人员流动、奖学金等达成合作共识。60所中国和东盟国家轨道交通类院校成立的教育培训联盟，成员高校将建立学历教育"立交桥"，实现学分、学历互认。30家"中国—东盟职业培训中心"所在高校联合成立"中国—东盟教育培训联盟"，为东盟国家提供优质服务。中国—东盟职业技术教育与培训合作交流机制倡议成立的"中国—东盟职教合作联盟"，向中国和东盟职业院校提供服务。中国目前还在东盟国家建立了31所孔子学院，34个孔子课堂。③

### （三）旅游合作发展迅速

旅游是中国与东盟务实合作重点领域。双方不断开发旅游合作潜力，互为主要旅游客源对象。2016年，中国与东盟双向人员往来达到3800万人

---

① 《十年教育同携手"一带一路"谱新篇——中国—东盟教育交流周走过不平凡的十年》，中华人民共和国教育部，http://www.moe.gov.cn/jyb_xwfb/moe_2082/zl_2017n/2017_zl38/201707/t20170728_310311.html（上网时间：2017年9月13日）。

② 《李克强在第19次中国—东盟（10+1）领导人会议暨中国—东盟建立对话关系25周年纪念峰会上的讲话》，中国政府网，http://www.gov.cn/premier/2016-09/08/content_5106318.htm（上网时间：2017年9月13日）。

③ 国家汉办：http://www.hanban.edu.cn/（上网时间：2017年9月18日）。

次，中国赴东盟游客1980万，增长6.4%，已成为东盟第一大游客来源国，东盟赴中国游客1034万人次，增加57.8%。每周有5000多个直航往返中国52个城市与东盟37个城市之间。① 2016年9月，在老挝举行的第19次中国—东盟领导人会议上，双方决定将2017年设为中国—东盟旅游合作年。2017年3月16日，"中国—东盟旅游合作年"开幕式在菲律宾马尼拉国际会议中心隆重举行。中国总理李克强和菲律宾总统杜特尔特分别向开幕式致贺词，汪洋副总理和菲律宾旅游部部长泰奥在开幕式上分别宣读贺词并致辞。2017年11月17日，"中国—东盟旅游合作年"闭幕式及首届旅游部长会在昆明中国国际旅游交易会期间举行。2017年11月13日，第20次中国—东盟领导人会议在马尼拉发表《中国—东盟旅游合作联合声明》。

### （四）青年领域项目丰富

中国—东盟首届青年事务部长会议于2004年9月29日在京召开。来自东盟各国负责青年事务的部长、负责青年事务的官员、青年企业家及东盟秘书处官员与会，围绕"中国—东盟青年发展合作，创造更加美好繁荣的未来"的主题交换意见。会议通过了《中国—东盟青年合作北京宣言》和《首届中国—东盟青年事务部长会议后续行动计划》。② 目前，中国和东盟国家建立了中国—东盟青年营、湄公河青年友好计划、中国—东盟青年交流访问计划、东盟青年领袖培训计划、中国—东盟青少年文化交流节、中国—东盟青年企业家协会、中国—东盟青年企业家俱乐部等多个交流机制，举办了中国—东盟青年足球友谊赛、中国—东盟青年艺术品创作大赛、中国—东盟青年教育论坛和创新大赛等形式多样的活动，有力提升了双方青少年的友谊和相互了解。

### （五）科技合作搭建平台

中国与东盟国家建立了科技合作部长会、科技联委会等机制。2012年为中国—东盟科技合作年，双方启动中国—东盟科学技术伙伴计划。在该

---

① ASEAN, China to boost tourist traffic in the year of tourism cooperation, ASEAN Secretariat, http://asean.org/asean-china-to-boost-tourist-traffic-in-the-year-of-tourism-cooperation/（上网时间：2017年3月21日）。

② 《首届中国—东盟青年事务部长会议在京召开》，人民网，2004年9月29日，http://www.people.com.cn/GB/shizheng/1026/2893814.html（上网时间：2017年3月21日）。

计划框架下，中方为100名东盟青年科学家来华开展短期科研提供支持，并建立了联合实验室、中国—东盟遥感卫星数据共享和服务平台及中国—东盟技术转移中心等。①2014年10月，武汉光谷北斗公司与黄石市政府签约，投资20亿元建立"中国—东盟北斗示范城"，为"北斗"全面覆盖东盟市场树立窗口。2016年9月13日，首届中国—东盟卫星导航合作论坛在广西南宁召开。

### （六）环保合作前景广阔

中国与东盟于2010年在第11次中国—东盟领导人会上宣布成立中国—东盟环保合作中心（CAEC），分享科技创新和生态建设成果，成为中国与东盟国家环保合作的综合平台。双方合作主要文件包括《中国—东盟环保合作战略（2009—2015）》《中国—东盟环保合作战略行动计划（2014—2015）》《中国—东盟环保合作战略（2016—2020）》。双方尚未建立环保部长级会议，主要合作机制包括10+3环境部长会议、东亚峰会环境高官会和部长会，以及中国—东盟环保合作论坛、中国—东盟绿色使者计划、生物多样性和生态保护合作计划、环保技术和产业合作及联合研究等。②

### （七）卫生合作继续推进

中国与东盟于2006年建立卫生部长会议机制，每两年举办一届，迄今已举办5届，第6届将于2017年在文莱与东盟卫生部长会背靠背举行。③双方2012年签署《中国—东盟卫生合作谅解备忘录》，2014年签署《落实中华人民共和国政府和东南亚国家联盟成员国政府关于卫生合作的谅解备忘录行动计划（2014—2018）》。中国—东盟卫生合作的重点领域包括：传染性疾病防控、公共卫生应急响应机制和减少自然灾害对卫生影响的能力建

---

① 《2012中国—东盟合作》，中华人民共和国外交部，http://www.fmprc.gov.cn/chn//gxh/zlb/zcwj/t990371.htm（上网时间：2017年3月21日）。

② ASEAN-China Dialogue Relations, The ASEAN Secretariat, http://asean.org/asean/external-relations/china/（上网时间：2017年3月21日）。

③ Overview of ASEAN-China Dialogue Relations, The ASEAN Secretariat, http://asean.org/?static_post=overview-asean-china-dialogue-relations.（上网时间：2017年3月21日）；中国—东盟关系（10+1），中华人民共和国外交部，http://www.fmprc.gov.cn/chn//pds/wjb/zzjg/yzs/dqzz/dmldrhy/t575554.htm（上网时间：2017年3月21日）。

设、非传染性疾病防控、食品安全和快速警报系统、卫生人力资源培训、传统医药发展、医药及疫苗开发等。

### (八) 扶贫合作产生影响

中国与东盟设立了中国—东盟社会发展与减贫论坛。自2007年起，该论坛每年举行一次，迄今已举行11届，为中国和东盟国家扶贫领域的政策制定者、理论研究者和发展实践者提供分享社会发展、减贫政策与经验交流的平台。2017年7月25日，第11届主题为"中国与东盟：减贫创新与实践"的中国—东盟社会发展与减贫论坛在柬埔寨暹粒开幕。来自中国和东盟十国的政府官员、专家学者、媒体、中资企业代表、非政府组织及国际组织代表120余人参加论坛。① 此外，自2013年以来，中方在10+3机制框架下每年举办"10+3村官交流项目"，提升东盟村官能力建设水平，推动本区域减贫工作，已经成为品牌项目。2016年9月19日，由中国国际扶贫中心主办、上海市人民政府合作交流办公室协办，东盟秘书处及亚洲开发银行等机构支持的第四届"10+3村官交流项目"在上海开幕。

### (九) 人道主义救灾合作日益深化

中国与东盟在经历2003年非典、2004年印度洋海啸、2006年印尼爪哇地震、2008年汶川大地震、2008年缅甸纳尔吉斯热带风暴、2013年菲律宾"海燕"台风的一系列重大灾害过程中，积累了丰富的救灾合作经验，增进了民众之间的情感和友谊。② 2013年10月，中国总理李克强在出席第16次中国—东盟领导人会议期间，提出要加强中国—东盟防灾减灾领域合作，并宣布向东盟提供5000万人民币无偿援助，以协助东盟落实《东盟灾害管理与应急反应协议》。③ 2014年10月，双方正式签署了《关于灾害管理合作安排的谅解备忘录》，随后中方派出专家组与东盟方进行了对接，并就落实援助项目的细节保持密切沟通。东盟秘书长黎良明称赞该谅解备

---

① 《中国—东盟社会发展与减贫论坛在柬埔寨举行》，人民网，2017年7月25日，http://world.people.com.cn/n1/2017/0725/c1002-29427747.html（上网时间：2017年9月18日）。

② 韦红、魏智：《中国—东盟救灾区域公共产品供给研究》，中国智库网，http://www.china-thinktanks.org.cn/content/detail/id/2892066（上网时间：2017年9月18日）。

③ 《李克强在第19次中国—东盟（10+1）领导人会议暨中国—东盟建立对话关系25周年纪念峰会上的讲话》，新华网，2016年9月8日，http://news.xinhuanet.com/world/2016-09/08/c_1119528511.htm（上网时间：2017年9月18日）。

忘录是"在灾害管理领域与中国发展伙伴关系的里程碑"。媒体评论认为，在人道主义援助和灾难救援领域开展合作是促进双方建立信任和善意的最简单方式之一。①

### （十）媒体智库活动频繁

中国与东盟媒体深度参与中国—东盟各领域合作的跟踪报道，还依托中国—东盟博览会等平台开展包括媒体合作高层研讨会、媒体交流大会等重要活动，举行了诸如"中国—东盟汽车拉力赛暨中国—东盟媒体汽车拉力赛"、"东盟媒体海上丝绸之路中国行"、中国—东盟交通广播媒体交流等活动，增进了业界相互了解，为扩大中国—东盟合作宣传发挥了积极作用。中国和东盟建立了中国—东盟智库战略对话、中国—东盟思想库网络等多个交流机制，有效促进了双方学术机构和学者加强对话并开展联合研究。②2012年，第15次中国—东盟领导人会议提出建立中国—东盟思想库网络（NACT）。2013年7月，在"纪念中国—东盟战略伙伴关系建立十周年研讨会"上，中国与东盟国家一致同意建设中国—东盟思想库网络，外交学院被指定为中国国家协调单位。2014年7月3日，中国—东盟思想库网络第一次国家协调员会议在北京召开。2016年5月18—19日，中国—东盟思想库网络"中国与东盟：深化战略合作伙伴关系——纪念中国—东盟对话伙伴关系25周年"工作组第一次会议在菲律宾马尼拉举行。③2017年5月16日，中国—东盟思想库网络"文化合作工作组会议"在贵阳市举行。

## 二、问题挑战

"合抱之木，生于毫末；九层之台，起于垒土"。保持中国—东盟友谊

---

① Shannon Tiezzi, "How Disaster Relief can Save China-ASEAN Relations", *The Diplomat*, 7 October 2014, http://thediplomat.com/2014/10/how-disaster-relief-can-save-china-asean-relations/（上网时间：2017年9月18日）。

② 中国—东盟中心，http://www.asean-china-center.org/，中国—东盟博览会，http://www.caexpo.org/（上网时间：2017年9月18日）。

③ 《中国—东盟思想库网络工作组第一次会议》，外交学院网站，http://www.cfau.edu.cn/art/2016/6/20/art_248_46690.html（上网时间：2017年3月22日）。

之树常青，必须夯实双方关系的社会土壤。① 中国与东盟在上述各领域的人文交流与合作为增进双方相互了解、夯实民意基础发挥了重要作用。同时也要看到，相比美国、日本、欧盟、澳大利亚等东盟对话伙伴国，中国与东盟人文交流在亲和度、受众面、品牌性、传播力等方面还有待提高，双方关系中"近而不亲"、"官近民疏"的现象日益成为深化合作的障碍。

一是亲和度不足。中国与东盟之间各领域人文交流与合作主要是政府主导，从项目活动设计到组织实施，主体多是官方，民间和社会组织参与较少，官方色彩浓，民间元素少，影响亲和度。美、欧、日等多是通过援助机构、非政府组织或民间团体等开展人文交流项目，既有旨在增进相互了解的人员交流，也有提供经验、相关设备、能力建设的具体项目，既有单向支持，也有联合研究，共同协作。相关活动多是支持东盟在人文领域的战略和规划，或符合与东盟的共同需求。

二是受众面有限。不少中国与东盟人文交流项目是中方自行冠名，并非与东盟或东盟国家共商共策，项目受众多是中方而非东盟方。即使在东盟国家，也多是华人华侨或合作伙伴。一些文化类商演项目无法触及普通草根民众，我国出访团组和对外交流活动大多在华人圈子展开。"欢乐春节"、孔子学院被一些东盟国家认为是拉拢华人而非拉近与当地本土民众距离的项目。

三是品牌性不够。中国与东盟人文交流活动领域广泛、内容丰富，但尚未形成中国独有的特色领域和在东盟国家树立家喻户晓的品牌项目。比如美、欧在教育领域有优势资源，通过青年交流计划和奖学金项目等培养东盟青年友好力量。美国"东南亚青年领袖倡议"和"富尔布莱特东盟访问学者计划"，日本"东亚学者和青年交流网络活动"、日本—东盟统合基金等在东盟国家享有较高知名度。韩国在美食、音乐、电影等方面培养了大批东盟粉丝，受到热烈欢迎。欧盟在高等教育、科技、环保等领域独占鳌头。

四是传播力不广。中国与东盟人文交流项目多由中方提议和主导，有关报道多针对国内，新闻语言多是中文，而非英语或东盟国家语言。中国—东盟教育交流周、中国—东盟文化论坛、中国—东盟博览会等重要机

---

① 《习近平主席在印尼国会演讲》，中华人民共和国外交部，http://www.fmprc.gov.cn/web/ziliao_674904/zyjh_674906/t1084354.shtml（上网时间：2017年9月18日）。

制的活动报道主要见于中国媒体，或者由东盟国家华文媒体转载，但东盟主流舆论和本土民众知之甚少。美欧在传播和舆论引导方面相对具有语言优势，日本、韩国运用英语及其他东盟国家语言传播方面投入较大。

五是疑虑心尚存。中国与周边国家虽地理相连，但在意识形态、宗教、语言、习俗等方面存在差异。历史上，一些东盟国家曾长期是中国藩属国。随着中国实力增强，东盟民众担心"朝贡体系"的复原。大量华人华侨在促进中国与东盟国家人文交流的同时，也让一些国家感到威胁与不安，担心其进行利益输出和意识形态渗透。另外，大量中国游客、企业人员更多追求短期或个人利益，没有以维护中国形象为己任，非但没有拉近与周边国家民众的关系，反而破坏对中国的好感。

## 三、对策建议

"国之交在于民相亲"。东南亚国家是中国首要周边，是"一带一路"重要沿线国。中国与东盟之间有形、有效、有力的人文交流，对促进民心相通、筑牢民意基础，打造更加紧密的中国—东盟命运共同体具有重要意义。中国应充分发挥地缘人文优势，按照中央《关于加强和改进中外人文交流工作的若干意见》有关精神，以中国—东盟战略伙伴关系15周年为契机，从战略高度谋划、从民心角度筹划、从重点领域创牌、从受众广度实施，通过深入人心的人文交流提升东盟国家的认同度和接受度，真正将人文交流打造成中国—东盟战略伙伴关系新支柱，为实施新时期对外人文交流战略添砖加瓦。

一是建立中国—东盟人文交流机制。利用中国—东盟战略伙伴关系15周年纪念峰会，召开首次中国—东盟人文交流机制，借鉴中美、中欧、中拉人文交流机制，从战略高度进行政治引领和顶层设计，将人文交流同中国与东盟各国双边合作、东盟社会文化共同体建设及中国与东盟建设命运共同体战略进行有效对接和有机结合，制定中国与东盟人文交流合作的中长期战略和具体行动规划。

二是创新中国—东盟人文交流模式。建立政府主导、社会参与、多种方式并存的活动机制，从官方到民间、从学界到产界，充分调动各方积极性进行相互协作，实现各领域人文交流的合力效应。既要"请进来"，也要"走出去"，既要用好中国与东盟国家人文相亲、文化相近的优势，也要尊重东盟方文化特性和价值观,加大对东盟文化多样性和独特性的考察研究,结合东盟本土人文特点进行创新和提升,增加感知度和接受度。既要重视对东盟政府人文发展的支持,也要加大对草根和民生领域的项目扶持,将中国人文渗透到社会各阶层,在普通民众中培养对中国文化的亲近感。

三是增强中国—东盟人文交流品牌效应。将文化、教育、青年、旅游、科技作为五大重点领域,在现有合作基础上打造更具针对性、包容性、实效性的品牌项目,从"大而全"向"少而精"转变,重点支持、优选一批精品项目,重点推介发展。在区域层面,针对东盟在上述各领域的五年蓝图,共商合作规划,打造区域品牌项目。在国别层面,根据东盟各国经济、社会发展的实际情况和水平,量身制定国别战略。建立专业团队和数据系统,对双方人文交流项目进行量化评估,实施科学测评、论证和反馈监测,使人文交流项目具有预见性、可行性和质量效益保证。

四是建立中国—东盟主流媒体联合报道中心。充分利用中国—东盟博览会、中国—东盟中心等平台,建立中国—东盟主流媒体联合报道中心,培养更多小语种专才,对中国—东盟之间的重要人文交流活动进行中文、英文及其他多种语言同时报道。充分利用网络传播快、受众广的特点,用好新媒体、APP等现代传媒手段,扩大受众面,提升影响力。充分发挥中国—东盟智库联盟作用,加大对中国—东盟人文合作研究力度,成立中国—东盟关系研究奖学金。将更大资源和政策分配给有资质、有能力、有经验的民间团体,走进东盟国家第一线,以各种方式深度展开社情民情调查,深耕民意,开展更多民间外交。

五是要充分发挥地方区位优势作用。充分发挥云南、广西等与东盟国家毗邻的省区市,广东、福建、江苏、浙江等经济发展水平较高的省份,以及贵州、海南等拥有与东盟合作有效平台的省份的区位优势,以这些省区为重点和桥梁,深入开展中国与东盟国家地方和民间人文交流活动,并以此向整个中国辐射。同时注重与东盟国家人文交流的平衡性,因国施策,并对中南半岛和海岛国家进行全覆盖。

六是确保中国—东盟人文交流资金。在充分利用中国—东盟合作基金、亚专资、丝路基金等现有资金的基础上,建议以政府为引导、鼓励社会参与的方式筹集相关资金,创立专门对外人文交流基金会。资金使用以项目申请获取,重点用于扶持品牌性人文交流项目,做到专款专用,坚持社会效益和经济效益的统一，不断提升中国—东盟人文交流的层次、水准和规模。

# 人文交流理论

# 何以人文：新时代中国外交思想的传统文化内涵

邢丽菊

**【内容提要】** "人文"是中国传统文化的基本精神，体现了对人的生命、尊严和价值的关怀。中华优秀传统文化是中国推动建立以合作共赢为核心的新型国际关系、坚定不移走和平发展道路的重要理论基础。党的十八大以来，中国领导人在许多重要外交政策的讲话中，善于把中国文化与当前世界形势的发展结合起来，展现了高度的文化自信和深邃的哲学内涵。新时代中国外交思想体现了中国传统文化的关联性、动态性、互补性、和合性、整体性等特征，具有鲜明的中国特色、中国风格、中国气派，为世界和平发展作出了思想和实践贡献。

**【关键词】** 人文交流　中国外交思想　传统文化　命运共同体

**【作者简介】** 邢丽菊，复旦大学国际问题研究院教授。

## 一、序言："人文"概念的缘起

在中国传统文化中，"人文"一词源自《周易·贲卦》："刚柔交错，天文也；文明以止，人文也。观乎天文以察时变，观乎人文以化成天下"。这就有了我们后来常说的"人文化成"。《尚书·泰誓上》曰："惟天地，万物父母；惟人，万物之灵。"意即天地是万物之父母，人是万物之灵。《老子》有言："故道大，天大，地大，人亦大。"把人和道、天、地并列，称之为四大之一。《礼记·礼运》曰："故人者，其天地之德，阴阳之交，鬼神之会，五行之秀气也。"从天地、阴阳等角度肯定了人的崇高地位。历史上，中国虽然出现了很多不同的学派和教派，但几乎都是将人本主义和人文关怀放在重要位置。以孔孟为首的儒家体现的是以仁义礼智为核心的人本主义情怀，它重视人的道德修养和情操建设，主张"内圣外王"，依靠道德的教化来实现和谐、和平发展的大同世界；以老庄为首的道家注重"道法自然"，它所提出的"养生之道""返璞归真""清静自然""形神兼养"等都是对人的健康、生命和生活环境的关注和关怀；佛教思想虽然不是源于中国，但在中国经历了千余年的本土化和民族化发展，并对中国人的思维和行为方式产生了重大影响。佛家以慈悲为怀，主张个人修行，提倡"众生平等"、"不杀生"以及"因果说"等，劝导人们做善事有善报，这些都体现了对生命和个人的关怀。可见，在中国传统文化中，"文"以"人"为本位，"人"以"文"为本性。人文是中国传统文化蕴含的基本精神，它是对人的生命、尊严和价值的理解和尊重，是对终极理想和信仰的执着追求，是中国传统文化的核心精神和突出特色。

现代意义上的人文也并无二异。《辞海》把人文界定为"人类社会的各种文化现象"，包括"人"和"文"两个方面。汉语中将人文与交流放在一起，就是强调以人员交流和文化交流为主要内容的跨国交流现象。关于文化与外交的关系，美国学者洛弗尔（John P. Lovell）认为，"人是在一定的文化氛围中成长的，受到其风俗习惯、基本价值观和信仰的熏陶。……在每个国家，统治本身和外交政策的制定等都是在某种特定文化背景中产生的"。[①] 一个国家和民族的灵魂在于文化，它体现了一国或民族的核心价值观。文化对国家外交政策的影响是深远的。作为国家核心价值观的文化通常会体现在国家软实力上，体现这个国家的战略利益。众多研究已经表明，文化软实力代表了一个国家或地区文化的影响力、凝聚力和感召力，是一个国家和民族创造力的重要源泉。在当今国际形势下，文化软实力已经越来越凸显其深厚的国际影响力和竞争力。

中国新一届政府成立以来，高度重视传统文化及人文交流的重要作用。习近平主席多次在重大场合强调要大力弘扬中华传统文化，明确指出中华优秀传统文化是我们突出的优势，是最深厚的软实力。党的十九大报告中多次强调文化自信，指出中国特色社会主义文化源自中华民族五千多年文明历史所孕育的中华优秀传统文化。新时代以来，我国制定了"文化强国"的发展战略，采取"走出去"与"引进来"二者并重的方针，一方面大力推动具有悠久历史积淀的中华文化走向世界，另一方面积极吸收世

---

[①] 李智：《文化外交——一种传播学的解读》，北京：北京大学出版社，2005年，第7页。

界各国的优秀文明成果,努力寻求实现中华民族文化复兴之路。这既是营造良好外部环境、塑造良好国际形象的战略选择,也是促进各国文化交流互鉴、维护人类文明多样性的必然要求。

## 二、人文交流的动因及意义

现代国际关系中,人文交流与政治安全合作、经济贸易合作一道构成国际关系的三大推动力。与前两者相比,人文交流是"人与人之间沟通情感和心灵的桥梁,是国与国加深理解与信任的纽带……它与其他外交手段相比更具有基础性、先导性、广泛性和持久性"。[①] 人文交流的基本内涵就是以和平的方式,推动各文明和文化之间的相互理解和共同繁荣,推动世界文化的多元化、和平化发展。

党的十八大报告将人文交流置于非常高的战略位置,明确提出要扎实推进公共外交和人文交流;十九大报告再次强调,加强中外人文交流,以我为主、兼收并蓄,提高国家文化软实力。人文交流旨在促进不同文明和文化的相互借鉴与包容,为深化双多边合作奠定坚实的民意基础和社会根基。

作为世界四大文明古国,中国文化博大精深,源远流长。但相比于近代以来的西方文化,我们在世界文化生态中的地位还远远算不上强国。我们必须清醒地认识到,中国虽然有广袤的国土面积和首屈一指的人口,还有"国富兵强"的经济和军事力量做后盾,但这些只是"强大",并非"伟大"。历史上的中国之所以伟大,靠的不是武力与财富的征服,而是文化与文明的传播与感化。[②] 纵观历史上任何一个国家,经济与军事等国力的发展固然重要,但能够恒久留存在历史长河中的终究还是文化、价值等精神方面的因素。

当前,中国的国际地位已经发生了巨大变化,成为迅速崛起的新兴大国。面对中国的发展,国际上诸如"中国威胁论""中国崩溃论""资源掠夺论"等有色主义论调层出不穷。如何加强国际传播能力建设并在国际舞台上积极传播"中国好声音",努力营造有利于中国发展的外部舆论环

---

① 刘延东:《深化高等教育合作,开创亚洲人文交流新局面》,《世界教育信息》,2010年第12期,第11页。

② 彭国翔:《重建"斯文":大国崛起的当务之急》,《学术前沿》,2013年3月号,第17页。

境,这个问题尤为重要。不仅如此,相比于过去如何对待西学东渐的外来文化,中华文化如何"走出去""走进去",进而影响世界,即中华文化在国际舞台上的话语权问题就成了一个新的时代课题。因为一个走不出国门的文化,是无从谈及其先进性的。新时代中国特色先进文化应该集时代性、民族性与包容性于一身。只有将民族性与时代性有机统一起来,使本土文化与外来优秀文化实现融会贯通,才能使中华文化保持旺盛而持久的生命力。①

### (一) 人文交流是推进民心相通的重要途径

人文交流按其字面意思,指的是人与人之间的思想文化交流。交流也好,沟通也罢,都只是一种渠道,一种手段。可以说,交流本身并非软实力。但是,这种交流因其触动人们的思想,进而可能影响到政府决策,从而对国与国之间的关系产生直接重大的影响。"国之交在于民相亲,民相亲在于心相通。""以心相交者,成其久远。"国家之间的关系说到底是人与人的关系,只有打动人心,才能实现其他合作领域的"感而遂通"。正如德国哲学家卡西尔所言,人文沟通是"理想世界的力量",一切真善美的实现最终都要依赖于这种力量。② 人文交流以民众互动、互识、互知为出发点和落脚点,广泛动员更多的行为主体进行面对面的、切身实地的交流与沟通,让参与民众直接感受相互间思想文化的激荡碰撞。

要实现民心相通,就必须依托多层次、宽领域、全方位的渠道加强沟通与交流。中国所倡导的人文交流涵盖范围相当广泛,内容非常丰富。以中美人文交流机制为例,涉及教育、科技、文化、体育、妇女、青年、地方交流等七大领域。③ 人文交流旨在通过沟通和交流,追求情感和文化上的理解与认同,并将此转化为具有亲和力和感召力的柔性力量。美国学者约瑟夫·奈认为,国际关系中的软实力大都来自一个国家、组织和个人体现出的价值观、国内管理和政策所提供的范例,及其处理外部关系的方

---

① 徐坚:《论文化强国的中国道路》,《国际问题研究》,2015年第5期,第1页。
② [美]克莱斯·瑞恩:《异中求同:人的自我完善》,北京:北京大学出版社,2001年,第24页。
③ 刘延东:《系牢中美人文交流纽带》,《今日美国报》,2015年6月22日,http://www.fmprc.gov.cn/web/ziliao_674904/zt_674979/dnzt_674981/qtzt/zmzlyjjdh_674999/dqlzmzldil_675001/t1275007.shtml(上网时间:2017年3月21日)。

式。<sup>①</sup> 应当说，软实力不仅包括塑造人们喜好的能力，更重要的是吸引人心的能力。它主要通过制度、价值观和感召力赢得人心，通过以情动人和以理服人等相对温和的手段争取人心。中国政府与很多国家都签订了政府间人文交流协议，高层访问密切，民间交往活跃。教育交流年、文化旅游年、国际博览会、电影艺术节等各种活动精彩纷呈。这是促进人文交流互鉴、塑造良好国际形象、加强软实力建设的必然要求。

## （二）人文交流是促进政治互信的重要基础

互信是人们在复杂的社会环境中产生牢固关系的基本条件。无论是雇佣关系，还是合作关系，如果不能以互信为基础，人们相互间的关系就会很脆弱，也很难长久持续下去。政治互信是国与国之间构建长期稳定合作关系的重要条件。所谓政治互信，指的是一国政府和公众对另一国的政治体制、发展道路、价值观念及政策取向有基本的理解和明显的认同。"信"在中国文化价值观中占据特殊重要的地位。两千多年前的孔子就曾说，"人而无信，不知其可也"。[②] 习近平主席曾指出，信任是人与人关系的基础、国与国交往的前提。[③] 信任关系的建立是一个系统的工程，需要有关行为主体在多方面做出长期不懈的努力。国与国之间在政治、经贸、安全、文化等利益上难免诉求不尽相同，利益不尽一致。如何缩小分歧而非放大矛盾，如何寻求共识而非突出差异，答案不是简单而唯一的。

政治互信的构建不是孤立的，而是与其他各领域的沟通和交流相互促进的。人文交流虽不能必然导致政治互信的建立，但没有人文交流的广泛开展，要建立政治互信则无从谈起。人文交流因其内容丰富多彩、形式灵活多样，对拉近不同对象间的距离、增进相互间理解所发挥的作用是难以替代的。1971年中美两国乒乓球运动员的互动是一个突出的例子。中美两国老一辈领导人和政治家以非凡的战略远见和高超的外交艺术，用小小银球推动了中美关系的"大球"，不仅开启了中美关系40余年不平凡的发展

---

① ［美］约瑟夫·奈：《软实力》，马娟娟译，北京：中信出版社，2013年，第12页。
② 《论语·为政》。
③ 习近平：《为构建中美新型大国关系而不懈努力——在第八轮中美战略与经济对话和第七轮中美人文交流高层磋商联合开幕式上的讲话》，中华人民共和国外交部，2016年6月6日，http://www.fmprc.gov.cn/web/ziliao_674904/zyjh_674906/t1369845.shtml（上网时间：2017年3月21日）。

历程,而且深刻改变了世界格局。<sup>①</sup> 时任美国总统尼克松也曾说过,他从未料到美国对中国的主动外交行动会以乒乓球队访问的形式得以实现。<sup>②</sup> 中国政府主张"和平合作、开放包容、互学互鉴、互利共赢"的丝路精神,这既是中国开展对外人文交流的基本方针,也是顺应国际形势发展、增进不同文明互鉴、符合各国共同利益的国际关系准则。大力开展人文交流,将使国外民众更好地理解中国的政治制度、发展道路、传统文化以及外交政策理念,将会促进中国与"一带一路"沿线国家政治互信的建立。

### (三)人文交流是深化经贸合作的重要保障

新型国际关系理念以合作共赢为核心,合作是路径,共赢是目标。这既是对中国传统外交思想的丰富和发展,也是对世界秩序演进的重要判断。<sup>③</sup> 特别是当前的"一带一路"是经济贸易和文化发展的双核倡议,它主要以经贸合作为基础,以开放包容为理念,以人文交流为支撑。"一带一路"是中国率先提出的,但这并非只是中国自己的事情,它致力于将中国的发展融入沿线国家乃至世界的共同发展中,致力于将中国的发展战略与沿线国家现有的机制实现对接联通,致力于统筹中国与沿线国家的共同利益以及具有差异性的利益关切,最终目标是与各国建立利益攸关的共同体。

经贸合作与人文交流相辅相成,相互促进。当前,经济全球化在曲折中发展,区域经济一体化在更深层次推进,贸易、投资、服务、人员等领域的便利化、自由化进展虽不顺利,但各方仍在继续努力。经济生活在任何一个社会中都不是完全独立的,而是与政治、文化、教育等紧密联系在一起。中国近年来大力推动与一些地区和国家建设自贸区,主张与一些地区和国家建立经济共同体和命运共同体。要深入开展经贸合作,特别是要建设经济共同体和命运共同体,必须要对相互间的发展需求、消费模式、经营理念及文化习惯等有深度的了解。只有依托广泛的人文交流,并借此形成相互理解和信任的关系,经贸合作才能真正成为相互关系中稳定的压

---

① 《刘延东同志致中美乒乓外交40周年系列活动贺信》,《中国体育报》,2011年8月18日。
② 《中美开始乒乓外交》,人民网,2015年4月10日,http://www.people.com.cn/GB/historic/0410/1145.html(上网时间:2017年3月21日)。
③ 阮宗泽:《构建新型国际关系:超越历史,赢得未来》,《国际问题研究》,2015年第2期,第30页。

舱石。与此同时，人文交流本身也可以为经贸合作带来巨大的直接收益。在推进人文交流建设的过程中，文化、教育、体育和卫生等领域都是有巨大潜力可以挖掘的新型产业。人文交流对推动中国对外教育产业合作、文化产业合作、旅游产业合作及健康产业合作等提供了重要的历史机遇和广阔的市场舞台。

## 三、新时代中国外交思想的传统文化内涵

十八大以来，中国外交在稳步推进的过程中，体现出众多的中华传统文化底蕴，形成了鲜明的中国特色。中国外交的优良传统之一就是善于从丰富的历史资源中汲取经验，并以此来构筑中外人文交流的共同心理基础。

（一）关联性。中国传统文化通常把各种事物视为关联性的存在，认为它们之间存在一种有机的联系，其中最有代表性的便是宇宙论。中国宇宙论的起源一般借用出生或繁殖的隐喻，而非造物主的创世，这与农业文明对作物以及祖先的崇拜有关。汉代的阴阳五行等学说认为，宇宙间的要素相互关联、相互影响，各个组成部分自发协调地合作。如五行说认为在宇宙的关系网中，金木水火土五种要素都不是孤立的，而是依托其他元素而产生作用。对事物关联性的认识，是中国传统文化的一个基本特点。

正是认识到事物都相互关联，中国传统文化强调协调和合作。习近平主席多次指出，在当今全球化背景下，国与国之间的联系越来越紧密，相互依存度越来越大，"合则强，孤则弱。"要积极树立双赢、多赢、共赢的新理念。基于这样一种判断和把握，中国外交提出要构建以合作共赢为核心的新型国际关系。新型国际关系的"新"就在于以合作取代对抗，以共赢取代独占，其核心是"合作共赢"。合作是路径，共赢是目标，二者相辅相成、浑然一体。这一思想具有鲜明的中国特色，符合当今世界潮流，其意义在于"超越历史，赢得未来"。[①]

上述理念体现在中国外交思想的方方面面：政治上要树立建设伙伴关系的新思路，积极构建全球伙伴关系网络，在坚持不结盟原则的前提下广

---

① 阮宗泽：《构建新型国际关系：超越历史，赢得未来》，《国际问题研究》，2015年第2期，第30页。

交朋友,"志同道合,是伙伴;求同存异,也是伙伴";经济上要开创共同发展的新愿景,打造开放型的亚太经济格局,发掘经济增长新动力,并通过陆上和海上两个方向产生广泛的辐射效应,让各国参与进来,实现共同发展繁荣;安全上要营造各国共建、共享、共赢的安全之路,中国不仅致力于维护地区稳定与安全,还积极打造亚信等安全对话合作平台,倡导亚洲新安全观,为维护亚洲乃至世界的安全稳定提供新的思路和理念;文化上要形成不同文明包容互鉴的新气象,不孤立或排斥任何一种文明,积极吸收各民族和宗教的优秀文化。

(二)动态性。中国传统文化强调事物的动态变化,最具代表性命题当属《周易》"生生之谓易"。《周易》的"易"就是指世界是不断变化发展的,变化是事物存在的基本方式,存在就是变化。对于这样一个变动不已的世界,我们不能死板对待,而需随变而适。但变化不是没有内容的,其内容便是"生生"。不断有新事物生成,这才是变易的本质。宇宙不是静如止水,而是充满创造的活力,故"天地之大德曰生","富有之谓大业,日新之谓盛德,生生之谓易。"变化包含创新,永久的变易包含永远的创新,变易是生命的不断充实、成长、创新。正是这种变易哲学支撑着中华文明不断与时俱进地发展。

国家的实力、国家的利益及国家间的关系都是动态的、发展变化的过程。这种动态性要求对外政策必须把握形势的变化和发展,不断推陈出新,最有力地维护国家利益。中国外交思想强调紧跟世界大势,与时俱进。"天下大势,浩浩荡荡,顺之者昌,逆之者亡。"顺应时代潮流前进才是明智之举。面对复杂的国际环境、艰巨的发展任务,今天的中国在处理对外关系时,比以往任何时候都更加需要观念及政策创新。"不日新者必日退",创新是一个国家兴旺发达的不竭源泉,也是中华民族最鲜明的民族禀赋。[①] 当今世界各国变得越来越相互依存,全球化程度越来越高,这就需要新的发展模式和新的管理经验来完善并促进全球治理。

习近平主席多次运用比喻指出,不能身体进入21世纪,而脑袋还停留在过去,要紧跟时代步伐前进。"一带一路""亚洲基础设施投资银行(简称'亚投行')"等倡议,反映了中国外交思想创新发展的思路。"一带一路"是传承古代丝绸之路精神、加强沿线亚欧非各国互联互通伙伴关系、

---

① 人民日报评论部编:《习近平用典》,北京:人民日报出版社,2015年2月,第247页。

推进沿线国家发展与区域经济合作的重要事业,是国际合作以及全球治理新模式的积极探索,将为世界和平发展增添新的正能量。"亚投行"是基于当前亚洲各国基础设施相对薄弱并严重制约当前经济发展而提出的,与中国倡导构建更加公平合理的国际金融和经济秩序一脉相承,与中国致力于使自身发展有益于世界其他国家发展的国际关系新理念一脉相承。

(三)互补性。中国传统文化的诸多概念都存在互补关系,如乾坤、日月、刚柔、阴阳等,其中最有代表性的便是阴阳。《周易》认为"一阴一阳之谓道",阴阳并非仅代表对立,二者实为一种互补或对应,这是天道。庄子和荀子认为阴阳二气是宇宙最基本的构成要素,相互作用,相互感应,二者的相互配合才得以生成万物。阴阳彼此为对方提供存在条件,二者的互补互动构成了世界。儒家的"一物两体",道家的"无为"与"有为",佛家的"出世"与"入世"都说明了事物之间互补的重要性。英国汉学家葛瑞汉(A.C.Graham)曾指出,"中国人倾向于把对立双方看作互补的关系,而西方人则强调二者的冲突"。[①]《楚辞》曰"夫尺有所短,寸有所长,物有所不足……神有所不通",即使是万能的神也有法力不通的死角。这就需要"博观而约取,厚积而薄发",需要"三人行,必有我师焉"的虚心态度。

互补性强调互学互鉴。随着全球化的发展,各国文化交流更加深入,这就不免会出现碰撞和交融。当今世界文化呈现多元化特征,不同文化之间存在区别和差异,但也各有优势和长处。习近平强调,中华民族之所以历经数千年而生生不息,就是得益于见贤思齐、海纳百川的学习精神。"物之不齐,物之情也。"世界上有200多个国家和地区,2500多个民族和众多宗教,创造了丰富多彩的文明。每一种文明都是人类共同的宝藏。[②] 文明是多彩的,因多彩才有交流互鉴的价值;文明是平等的,因平等才有交流互鉴的前提;文明是包容的,因包容才有交流互鉴的动力。[③] 习近平在出访演讲中,经常恰到好处地引用东道主国家的谚语、名言或者诗人、文学家

---

① [英]葛瑞汉著:《论道者》,张海晏译,北京:中国社会科学出版社,2003年,第379页。
② 王毅:《构建以合作共赢为核心的新型国际关系》,中华人民共和国外交部,2015年3月23日,http://www.mfa.gov.cn/mfa_chn/zyxw_602251/t1247689.shtml (上网时间:2017年3月21日)。
③ 习近平在联合国教科文组织总部的演讲,2014年3月27日。

的名句，显示出他对其他文明虚心好学的气度。① 李克强在谈到人们对中国的看法时引用古诗"横看成岭侧成峰"指出，看问题角度不同，可能会得出不同的结论。中国外交思想主张，要积极维护世界文明的多样性，尊重各国各民族文明，正确进行文明学习互鉴；要秉承平等、谦虚的态度，不可居高临下对待一种文明，也不能生搬硬套、削足适履；要推动不同文明的交流对话、和平共处、和谐共生；要结合新的实践和时代要求对各种优秀文明进行正确取舍，坚持有扬弃地继承，努力实现传统文化的现代化，使之服务于文以化人的时代任务。

（四）和合性。中国文化中的"和合"意指多样性的统一。"和合"一词最早见于《国语》："商契能和合五教，以保于百姓者也。""和"是中国哲学的重要范畴，本指各种乐声的相互应和，引申为不同事物相互一致的关系。"合"指相和的事物融合而产生新事物。和合的核心在于"和"，中华文明本质上是一种"和"的文明。《老子》说："万物负阴而抱阳，冲气以为和。"《论语》讲"君子和而不同"；"礼之用，和为贵"，《中庸》认为"致中和，天地位焉，万物育焉"。中华文明所崇尚的"和"，包含和平、包容、开明、开放等多重内容。和合性要求既肯定和接受事物的多样性，又包容和接纳事物的差异性，并将不同的事物融合到一个和合体中，这就是"和而不同"。差异性是事物生长的前提，多样性的调和是万物生生不息的基本条件。"智者求同，愚者求异。"追求外部世界的和合是中华民族悠久的文化传统，《尚书》提出的"协和万邦"就反映了这样一种理想。

和合性要求找准事物之间的同，以"容"的胸襟最大限度地减少或化解异（分歧或矛盾），从而使双方实现和谐发展。求同存异一直是中国在处理与其他国家关系时的立场和主张。在中美关系上，习近平主席多次强调指出，宽广的太平洋足以容得下中美两个大国。中美两国国情各不相同，应该尊重彼此主权和领土完整，尊重各自选择的政治制度和发展道路，尊重彼此核心利益和重大关切，这是两国关系保持健康稳定发展的重要前提和基础。习近平主席提出建设中美新型大国关系的主张，指出中美共同利益远大于分歧，在面对分歧问题时，中美应该坚持通过对话协商来解决，妥善处理敏感问题，不做损害对方核心利益的事；中美在亚太地区

---

① 应琛：《习近平外交演讲中的世界主义情怀》，《中国外交》（人大复印报刊资料），2015年第1期，第4页。

应积极互动，鼓励包容性外交，共同为地区的和平稳定作出贡献。①习近平主席提出要从六个重点方向推进中美新型大国关系建设，把不冲突不对抗、相互尊重、合作共赢的原则落到实处，使中美新型大国关系更好地惠及两国人民。

中国外交思想不仅强调求同存异，也主张聚同化异。面对世界上诸多国家间纷争或全球热点问题，中国日益承担起负责任大国的作用，以和合的智慧来劝和促谈。中国外交以实际行动支持阿富汗局势的三重过渡，积极参与伊朗核问题全面协议谈判，在乌克兰问题上兼顾各方利益关切，在朝鲜半岛问题上提出"三个坚持"，在巴以冲突上提出五点和平倡议，在与周边国家有争议的海洋权益问题上主张搁置争议、共同开发、对话协商。中国外交思想中的有关主张，是对中国传统哲学文化的发扬光大，也是对当代国际关系理论的重要贡献。

（五）整体性。从整体而非局部来把握事物的性质、联系及其发展规律，是中国传统文化的显著特点。《易传》提出"三才之道"，视天地人为一体，认为三者间存在普遍联系。这种整体思维的集中体现是"天人合一"，认为人与天地万物共同构成和谐共生的整体。中国传统的中医治病，并非"头痛医头，脚痛医脚"，而是要从全身整体经络来诊断治疗。中国的艺术创作和鉴赏更注重整体的气象、神韵、格调、布局，与西方艺术有明显区别。从整体上把握事物的特点，才不会"只见树木不见森林"，才能抓住事物的普遍规律。

整体性要求把谋求自身利益与尊重他国或他人的利益放在一个整体中加以考虑。中国领导人多次阐述这种整体观的外交理念：中国追求的是共同发展，不仅要确保国家利益和发展空间，也要努力寻找各方利益的汇合点，把共同利益的蛋糕越做越大；中国不仅要维护自身安全，也要让别人有安全感。当今世界，没有一个国家能实现脱离世界安全的自身安全，也没有建立在其他国家不安全基础上的安全。只有各国齐心协力，共同应对错综复杂的安全挑战，才能实现共同、综合、合作、可持续的安全。在全球化深入发展的当今世界，国与国之间形成了你中有我、我中有你的密切互动关系，这就要求任何负责任的国家都要从世界的整体、而非一国之私

---

① 《习近平同美国总统奥巴马举行会谈》，中华人民共和国外交部，2014年11月12日，http://www.mfa.gov.cn/mfa_chn/zyxw_602251/t1209988.shtml（上网时间：2017年3月21日）。

或一已之私来制定和实施外交政策。中国外交要在各种纷乱复杂的现象中发现事物的本质，尤其要认清和把握长期趋势，体现出承前启后、继往开来的整体战略观念。

总之，以上五点特性并不是孤立的，而是有机统一的整体。中国传统文化的这种特性启示我们：世间万物都是相互依存、相互关联、相互作用、相互影响的，每一事物都是在与他者的关联中显现出自己存在的意义和价值。因此，人与人、人与社会乃至整个宇宙都应该建立起和谐共处、和平发展的关系。① 基于此，中国外交正式提出了建设"人类命运共同体"的基本理念，努力把中国与世界、把不同文化背景和不同经济发展水平的国家融为一体，使制约和阻碍合作共赢的各种问题和因素得以减少或化解。人类只有一个地球，各国共处一个世界，应把握大势，努力求同化异、聚同化异，通过迈向亚洲命运共同体，进而推动建设人类命运共同体。中国外交先后提出建设中国—东盟命运共同体、中非共同体、中巴共同体、中印共同体、中拉共同体等，这反映了中国对国际秩序构建的全新视角，体现了中国外交的灵活、创新、包容与务实。②

## 四、中国外交致力于提供更多全球公共产品

每一种文明都延续着一个国家和民族的精神血脉，文化的作用便在于文以载道、文以化人。但传统文化在其形成和发展过程中，不可避免会受到当时认识水平、时代条件等诸多因素的制约，这就既需要薪火相传、代代守护，更需要与时俱进、勇于创新，积极实现中华文化的创造性转化和创新性发展。中国特色的外交思想植根于中华文化沃土，有着深厚的历史渊源和广泛的现实基础。中国传统文化在今天依然是我们推进改革开放和社会主义现代化建设的强大精神力量。

当今世界并不太平，影响和干扰中国和平发展的因素还很多，障碍也不少。强权政治在世界范围内仍有市场，恐怖主义在很多地区依然泛滥，全球经济发展严重不均衡，传统安全与非传统安全问题相互交织。一些国家的反华势力不愿看到中国经济发展、社会稳定和人民幸福，不时抛出各

---

① 陈来：《中国文明的哲学基础》，《中国高校社会科学》，2013年第1期，第37页。
② 《习近平的"共同体"外交理念：中国思路促国际合作》，中国新闻网，2014年10月13日，http://www.chinanews.com/gn/2014/10-13/6669789.shtml（上网时间：2017年3月21日）。

种奇谈怪论。当中国埋头做自己的事，他们说中国对世界不负责任，只顾自己；还有一些人沉醉于预测"中国崩溃论"，无限放大中国面临的困难与挑战，对中国政府几十年来领导中国人民克服一个个困难的事实视而不见。近年西方舆论关于中国的评论总是在"中国威胁"和"中国崩溃"之间摇摆，究其原因是他们对中国的历史、文化和现实缺乏基本的了解。

和平发展不仅是全球发展和中国自身发展的必然要求，也是中国数千年传统文化积淀的必然要求。儒家提倡仁爱、仁政，主张用仁爱的精神来实现"天下大同"。儒家向来反对战争，孔子提倡"远人不服，则修文德以来之"。①孟子提倡"善战者服上刑"，反对"争地以战，杀人盈野；争城以战，杀人盈城"，②斥责"春秋无义战"。墨家创始人墨子深谙战争之道，但他提出的兼爱非攻思想则更执着地追求和平。墨子一生为了反对诸侯间的攻伐战争，多次大无畏奔走游说，阻止了多场战争。道家的无为、无争也体现了一种和平思想。老子提倡"以道佐人主，不以兵强于天下……大军之后，必有凶年"③。庄子提出"齐物论"，主张万物平等和谐相处，可谓是"道法自然"的和平论。兵家虽然以战争为研究对象，但在孙武看来，战争不是目的，和平才是最终目的，作战即使百战百胜，也是微不足道的，他主张"不战而屈人之兵"。④孙膑也认为"乐兵者亡"，"穷兵者亡"。⑤可见，兵家本质上也是主张和平的。

根植于中国优秀传统文化，准确把握当今世界变化发展的大势，新时代中国外交在理论和实践上不仅给中国外交明确了方向，也给世界提供了妥善处理国家间关系的应有之法。

在理论上，新时代中国外交推动建立合作共赢的新型国际关系，提出要与各国构建利益共同体、责任共同体和命运共同体，这些理念已经成为新时代中国外交的标志性方针。对周边及发展中国家，中国主要强调要建设命运共同体，主张通过加强务实合作，相互支持，建立更加公平、公正的国际政治和经济秩序。对欧美等发达国家，中国更加突出要建设责任共同体，主张通过加深相互理解，聚同化异，携手努力，为世界的和平与发

---

① 《论语·季氏》。
② 《孟子·离娄上》。
③ 《老子》。
④ 蔡德贵：《中国和平论》，济南：山东人民出版社，2007年9月，第12—14页。
⑤ 《孙膑兵法》。

展承担起各自应尽的责任。中国外交提出"亲、诚、惠、容"的周边外交理念,从地缘相近、人缘相亲、文缘相通方面大力发展同周边国家的睦邻友好关系;中国外交提出对非合作要讲"真、实、亲、诚",指出"授人以鱼,更要授人以渔"。强调中非合作的互利共赢性质,重在帮助非洲国家把资源优势转化为发展优势,实现自主与可持续发展。① 中国外交提出要建设新型大国关系,不搞对抗对立,而搞合作共赢。

在实践上,新时代中国外交基于互利共赢的原则提出一系列倡议,积极构建以平等、和平、包容为基础的全球伙伴关系网络。中国借助亚信平台提出亚洲安全观,进一步丰富了总体安全观的内涵。中国构建全方位、开放型对外合作格局,推进"一带一路"建设,为欧亚大陆共同发展注入新活力。中国倡导和践行多边主义,在全球热点和地区争端问题上积极促和、劝和、维和。中国以实际行动支持二十国集团、上海合作组织、金砖国家等在地区和平发展中发挥重要作用。中国积极维护《联合国宪章》的宗旨和原则,积极推动实现联合国千年发展目标,积极应对气候变化、能源合作等全球性问题。中国率先提出了"一带一路"和建设"亚投行"倡议,这些倡议不仅是出于中国自身的需要,更是着眼于世界各国的需要,是中国秉承构建人类命运共同体的理念,向世界提供的公共产品。

中国外交发端于博大精深的中华文明,落脚点是为中国的和平发展和世界的共同繁荣创造更好的环境。独具中国特色的文化价值观,为中国外交提供了宝贵的精神财富。当今世界面临的不仅是发展的困局,更折射出深层次的思想危机。② 中国外交就是要大力弘扬中国文化,奉献处理当代国际关系的中国智慧,为人类社会应对21世纪各种新挑战提供更多有益的公共产品。

---

① 《习近平总书记系列重要讲话读本之十:建立新型国际关系》,人民网,2014年7月15日,http://theory.people.com.cn/n/2014/0715/c40531-25280779.html(上网时间:2017年3月21日)。

② 王毅:《探索中国特色大国外交之路》,人民网,2013年8月9日,http://theory.people.com.cn/n/2013/0809/c112851-22507356.html(上网时间:2017年3月21日)。

# 何以交流：中外人文交流的路径与源流①

张 骥

**【内容提要】** 拿什么交流，向世界呈现一个什么样的中国是中外人文交流的核心命题。在近年来人文交流蓬勃开展的同时，交流内容局限、交流深度有限的问题逐渐凸显。中国开展与不同国家的人文交流，大致有替代型、对接型、辐射型三种路径。中外人文交流至少应当囊括三大源流：传统的中国——优秀传统文化创造性转化，追求现代化的中国——当代人文成果；社会主义的中国——社会主义先进文化。要超越以强调中国传统文化为主流的阶段，向世界提供更多当代中国的发展成果和人文成果。

**【关键词】** 中外人文交流　传统文化创新　当代人文成果　社会主义先进文化

**【作者简介】** 张骥，复旦大学中外人文交流研究中心主任，法国研究中心副主任，国际关系与公共事务学院副教授。

中外的文化交往和人员交流自古有之，是中国对外关系的重要内容。进入21世纪以来，随着中国与世界关系的新变化，特别是以北京奥运会和上海世博会为新的起点，中国在对外交往中越来越重视文化和"人"的维度，并将其明确定义为"中外人文交流"。中共十八大以来，中外人文交流在中国外交中的地位和作用得到显著提升。中国外交从政治、经贸两轮驱动发展为政治、经贸、人文三足鼎立。② 在中国成长为世界大国的进程中，无论是推动大国关系、加强周边外交和发展中国家外交，还是推动"一带一路"倡议、全球治理和人类命运共同体构建，人文交流的作用

---

① 本文的部分内容发表在《世界知识》2017年第23期《何以交流：中外人文交流的三大源流》一文中，收入本书时进行了大篇幅增修。

② 张骥：《超越"大国"和"周边"，中国式"全球外交"显雏形》，《东方早报》，2015年12月25日第A13版。

都愈加凸显,也愈加迫切。中外人文交流成为中国特色大国外交的创新实践。

同时,中国所倡导的人文交流不仅具有双边外交关系的意义。中共十九大报告倡导在推动构建人类命运共同体中"以文明交流超越文明隔阂、文明互鉴超越文明冲突、文明共存超越文明优越"。[①] 当今人类社会,文明偏见、文明歧视、文明对抗、文明冲突的现象仍普遍存在,不同文明和谐共生的局面远未形成。在这样的形势下,中国在国家间交往中倡导人文交流、提倡文明互鉴,有利于增进相互理解,促进国家间关系改善,营造良好的国际政治氛围,是对传统国际关系的超越。人文交流构成了中国倡导构建的新型国际关系和人类命运共同体的重要维度,是中国对人类文明的新的贡献。[②]

中国在近年来的外交实践中逐步提升人文交流领域的分量,发挥其对双边关系的促进作用。在大国关系中,中国创造性地同世界一些主要国家开展机制化的人文交流,先后建立起八大高级别人文交流和对话机制。2007年,中俄将成立于2000年的中俄教文卫体合作委员会更名为中俄人文合作委员会。2010年,中美在战略经济对话机制、战略对话机制之外,建立起人文交流高层磋商机制,形成三大对话机制。2012年,中英建立高级别人文交流机制。同年,中国与欧盟建立中欧高级别人文交流对话机制。2014年,中法建立高级别人文交流机制。2015年,中国开创了与发展中大国的人文交流机制,与印尼建立起副总理级人文交流机制。[③] 2017年,中国又先后与南非建立高级别人文交流机制,与德国建立高级别人文交流对话机制。在与其他国家和地区的双边、多边交往中,中国也逐渐将人文交流列为重要领域,各领域、各层次的人文交流蓬勃发展。中外人文交流已经成为新时代中国对外关系的三大支柱之一。可以预见,在中国日益走进世界舞台中央的进程中,将迎来中外之间的大互动、大交流、大沟通。

在看到近年来中外人文交流蓬勃发展的同时,我们也要清醒地意识

---

① 习近平:《在中国共产党第十九次全国代表大会上的报告》,新华网,2017年10月18日,http://news.xinhuanet.com/politics/19cpcnc/2017-10/27/c_1121867529.htm(上网时间:2017年10月19日)。

② 张骥:《共担人文交流时代责任 为构建人类命运共同体作出独特贡献》,《神州学人》,2018年第5期,第15页。

③ 教育部国际合作与交流司中外人文交流机制办公室:《交流互鉴 合作共赢——中外高级别人文交流机制综述》,《神州学人》,2016年第5期,第4—11页。

到，新时期的中外人文交流是中国外交在当代的创新实践，仍然处于探索的阶段。在人文交流的布局、机制、内容、手段等方面，还存在着不少挑战和问题，需要在实践中不断探索完善，也需要加强人文交流的基础研究，为实践提供理论支撑。其中的一个重要问题是，我们拿什么和世界交流？我们将为世界呈现一个什么样的中国？我们将为人类文明贡献什么样的新成果？这是中外人文交流的核心命题。

## 一、中外人文交流中的三种路径

从目前的实践看，中国开展与不同国家间的人文交流、建立高级别人文交流机制，大致可以划分为三种路径：

一是替代型。对于那些与中国在政治上、战略上存在分歧甚至矛盾，经贸关系竞争性较大的国家或地区，希望可以借助人文领域的交流对话作为突破口，改善双边关系的民意基础，营造良好的氛围。中国建立对美国、欧盟的人文交流机制，从初衷上看，大致属于这一类型。由于战略对话、经济对话阻力相对较大，双方妥协余地较小，甚至还会产生某些冲突，因此需要从人文等"务虚"的领域进行突破，发挥"润滑剂"的作用。2012年，中国国务委员刘延东在阐释建立中美人文交流高层磋商机制的目的时就指出："由于社会制度、文化传统、发展阶段的不同，（中美）两国难免有这样那样的猜忌、疑惑，甚至隔阂，但这些都不应成为合作的障碍。风物长宜放眼量。面对共同的挑战与责任，唯有增信释疑、求同存异才是正确选择，唯有包容理解、平等合作才能互利共赢。正是基于这种考虑，在两国元首的重要共识和鼎力支持下，国务卿女士和我共同创立了中美人文交流机制。"[①]

二是对接型。对于那些拥有悠久历史和灿烂文化，在对外交往中将人文和文化作为重要外交资源，两国文化相互有吸引力的国家，双方开展人文交流的资源丰富、意愿较强，也具备良好的民意基础和社会氛围，能够进行较好的对接。典型的例子是法国。文化本身构成了法国外交的重要目标，也是法国国际影响力的主要来源，法国开展外交的重要途径和手段。

---

① 刘延东：《深化中美人文交流，构建新型大国关系——在第三轮中美人文交流高层磋商会议上的讲话》，中华人民共和国外交部，2012年5月4日，http://www.moe.gov.cn/publicfiles/business/htmlfiles/moe/moe_176/201205/135627.html（上网时间：2017年12月19日）。

因此，在和法国的交往中，人文成为情理之中的首选。在2014年中法正式建立高级别人文交流机制之前，中法之间就已经具备了非常深厚的人文交流基础和历史传统。法国是第一个与中国互办文化年、语言年，互设文化中心的国家，也是第一个同中国开展青年交流的西方大国，还形成了"中法文化之春"等品牌项目，开创了不同政治制度、不同意识形态国家间文化交流与文明互鉴的新范式。中法高级别人文交流机制的建立，既有中法民间交往和人文交流的历史积淀，也有人文领域相互交流、沟通、对话的现实需要，更有两国高层和精英的政治推动，可谓水到渠成、锦上添花。

三是辐射型。主要是针对那些中国文化有较大影响，对中国文化、中华文明仰慕或者存在需求的国家或地区，中国也有能力向它们传播文化和价值观的"正能量"。例如中国儒家思想和佛教、道教等在东亚、东南亚等地区国家的深入影响。除了讨论得已经比较多的中华文化的影响外，徐以骅、李沁园等学者提出，在中国周边存在着一个以中国传统宗教，特别是"佛教黄金纽带"为影响辐射的"信仰周边"，主张发挥中国宗教在对周边国家民间交流中的积极作用。[1]还有一种越来越多的新情况，那些对中国现代化进程和成功经验仰慕的发展中国家，产生了学习中国经验、中国文化的巨大兴趣，渴望与中国开展更加广泛、深入的交流。在"一带一路"建设五大合作重点之一的"民心相通"中，就纳入了教育、医疗、科技、人才等广泛领域的合作内容。[2]中国也加强了与发展中国家在治国理政经验、人才培养方面的交流。

## 二、中外人文交流的三大源流

随着当代中外人文交流的广泛开展，交流内容局限、交流深度有限的问题逐渐突显。一方面，中国希望通过人文交流向交流对象和外部世界呈现一个怎样的中国并不十分清晰；另一方面，对于外部世界和交流对象希

---

[1] 徐以骅：《从"信仰中国"到"信仰周边"——中国与周边国家的宗教互动》，《宗教与美国社会》，2017年第1期，第4—13页；李沁园：《当代中国佛舍利外交与"信仰周边"的构建》，复旦大学硕士论文，2009年。
[2] 国家发展改革委，外交部，商务部：《推动共建丝绸之路经济带和21世纪海上丝绸之路的愿景与行动》，中华人民共和国外交部，2015年3月，http://www.mfa.gov.cn/mfa_chn/zyxw_602251/t1249574.shtml（上网时间：2015年4月1日）。

望从人文交流中得到什么，也不十分清楚。因而，在众多人文交流机制的起步阶段，尽管活动广泛开展，形式十分多样，交流热情积极，但交流内容并不能很好地适应需求的发展。

另一方面，随着人文交流对象的不断拓展，不同国家、地区，不同群体对人文交流的需求和态度的差异性也在不断增强。正如上文所论述的，实际上存在着不同的交流路径。同构的内容在实践中并不能很好适应不同交流对象的需求，有时候，不同路径之间的交流内涵存在较大差异，甚至相反。差异化、精准化的内容供给成为人文交流向深度发展的必然要求。

本文认为，面对不同国家、地区和群体的特点与需求，面对不同类型的人文交流路径，要丰富和拓展人文交流的内涵，向世界呈现一个更加真实、更加立体、更加多元的当代中国。中外人文交流至少应当囊括以下三大源流：

一是"传统的中国"。这是当前人文交流中主要和普遍采取的内容。传统文化似乎已经成为中国的首要国家镜像。人文交流总是离不开四大件：孔子、书法、京剧加熊猫，其中主要的三大件都离不开传统文化。这些人文元素在一定程度上确实能展现中国传统文化的经典，但并不是中国传统文化的全部，也不能全面反映传统文化的精髓。党的十九大报告指出，要推动中华优秀传统文化创造性转化、创新性发展。[①] 在中外人文交流中，不能仅仅停留在对传统文化的简单阐释和简单运用上，要充分挖掘中国传统文化的丰富宝藏，在内容、形式上都需要下大力气创新、创造。在新的时代条件下，我们自身对传统文化也开始了一个重新认识的过程，要让五千多年的中华文明在实现民族复兴的伟大进程中展现新时代的光辉，绽放新时代的异彩。

二是"追求现代化的中国"。实现现代化是当代各国人民共同的理想。中国在追求现代化的历史进程中，实现了民族独立、改革开放和国家强盛的伟大转变，不仅为发展中国家走向现代化开辟了新途径，也同样创造了发展进步的文化成果。这些中国智慧、中国经验、中国当代文化应该成为中外人文交流的重要内容，也是世界非常渴望和中国交流的内容。我们进行了伟大的现代化实践，但是对于这些实践的总结、抒写和传播还远远不够。这些实践成果对于追求现代化的国家也具有一定的普遍性意义，实际

---

① 习近平:《在中国共产党第十九次全国代表大会上的报告》。

上已经产生了很大的外部需求，而在人文交流中，我们还相对缺乏这方面的意识。更为缺乏的，是当代人文成果。人文交流说到底，是我们要有交流的内容，增加人文交流中当代中国的内涵已经刻不容缓。

另一方面，"追求现代化的中国"也应该是继续对外开放、继续向外部世界学习的中国。越是国家强大起来的时刻，越是需要继续吸收借鉴人类一切优秀文明成果的时刻。当然，今天的开放是更加自信、更加对等的双向开放和双向交流。中外人文交流，应该成为中国与世界相互学习的桥梁，而不是单向的输出和传播。

三是"社会主义的中国"。社会主义是当代中国的本质属性，社会主义先进文化和革命文化是当代中国文化的重要源流，也是当代中国的国家镜像之一。当代中国的治理理念、治理经验、外交理念、外交实践和文化构成中都有丰富的社会主义内涵。人民为中心的发展理念，消除贫困、反对腐败的巨大成就，"人类命运共同体""新型国际关系理念""新义利观""真实亲诚""亲诚惠容"等外交新理念，对"南南合作"的重新强调等都富含着社会主义的特征。这些也都应该成为人文交流的重要内容。随着中国的发展进步，中国与世界关系的变化，中国自身以及世界对于社会主义文化也有着一个重新认识的过程。

中国与世界的交流，站在了新的历史起点上。"任何一个大国的发展进程，既是经济总量、军事力量等硬实力提高的过程，也是价值观、思想文化等软实力提高的过程。"① 中国以更加自信的姿态开启了对外人文交流的大门。我们需要超越以强调中国传统文化为主流的阶段，向世界提供更多当代中国的发展成果和人文成果，展现一个更加全面的中国、发展中的中国和面向未来的中国。

与此同时，人文交流还要有更加广阔的视野和担当。中国在促进双边人文交流的同时，也在思考和推动促进人类不同文明间的对话和互鉴。人文交流成为中国所主张的"人类命运共同体"的五大维度之一。中国倡导在构建"人类命运共同体"中要"以文明交流超越文明隔阂，文明互鉴超越文明冲突，文明共存超越文明优越"。② 这是对传统国际关系的一大超越。以此为指引，中国也展开了搭建多边人文交流平台的尝试，先后倡导

---

① 《习近平在十八届中央政治局第十二次集体学习时的讲话》，中共中央文献研究室编，《习近平关于社会主义文化建设论述摘编》，北京：中央文献出版社，2017年，第198页。

② 习近平：《在中国共产党第十九次全国代表大会上的报告》。

举行了亚洲文明对话大会、中欧文明对话会、中阿文明对话会等。如何为人类不同文明的交流互鉴、和谐共生提供新的人文公共品，作出新的贡献将是中外人文交流未来面临的又一重任。

# 何以化天下：对约瑟夫·奈"软权力"论的反思[①]

陈玉聃

**【内容提要】**约瑟夫·奈的"软权力"论是文化外交研究中最常被引用的理论，但它终究囿于冷战思维和霸权思维的局限性，以"己之所欲"（you want）为根本指向，将他者和文化都作为实现自身权力的工具，这显然无法指导当下的实践。对文化的研究是否仅有这一种进路？在剥离了权力之后，文化在文化外交或人文交流中的意义何在？本文将就此作出探讨。

**【关键词】**软权力　人文交流理论　命运共同体

**【作者简介】**陈玉聃，复旦大学国际关系与公共事务学院国际政治系副教授。

"软权力"或曰"软实力"（soft power），是美国著名国际政治学者约瑟夫·奈在上世纪末提出的概念，一经发明，便风靡世界，在我国的政治和社会领域也成了耳熟能详的词汇。当然，中文语境中的软权力或软实力，已同奈的原初界定有了极大差别，但在学术研究中，若论及文化外交或人文交流的理论，却几乎言必溯及奈之软权力，中外概莫能外。奈的软权力说是否是放之四海而皆准的法则？文化是否只有权力这一种维度？我们是否有可能做出理论的突破？本文试图就此探讨一二。

## 一、理论溯源

"软权力"一词虽是奈的首创，文化也被他认为是其中至关重要的组

---

[①] 本文原载于《世界知识》，2017年第23期，第22—23页，收入本文集时经过了一定的修改和扩充。

成部分，但在国际政治的理论和实践中，文化与权力的结合并非是新鲜事物。早在上世纪30年代末，现实主义国际政治理论的奠基者之一爱德华·卡尔（Edward H. Carr）便在其名著《二十年危机》中对权力形式进行了区分，除军事和经济权力之外，第三种便是"支配意见的权力"（power over opinion）。① 无独有偶，现实主义的另一位奠基者汉斯·摩根索（Hans Morgenthau）也在其煌煌巨著《国家间政治》中，专门分析了"文化帝国主义"（cultural imperialism），他甚至还为一部题为《文化路径：国际关系中的另一条道路》（*The Cultural Approach: Another Way in International Relations*）的著作撰写过书评。②

在实践中，国家以文化来支持自身的外交和权力，这自古以来在世界各地都屡见不鲜，文化甚至被称作数千年来"王者们的第一张牌"（The first resort of kings）。③ 1984年，著名外交官帕森斯爵士（Sir Anthony Derrick Parsons）在英国文化协会（British Council）成立五十周年典礼上发表主旨演说。他充满感情地说道："我知道一些在政变之后担任政府部长的反西方革命者，因为他们年轻时唯一能获得的可堪一读的书籍来自当地的英国文化协会图书馆，因为他们对观看巡回剧团演出《哈姆雷特》的情景铭记在心，因为他们的孩子在英国文化协会学校快乐地生活过，因为他们在某处英国乡村小镇有过一段短暂而愉快的经历，他们对于英国的态度便因此软化了。"④ 这不啻是对文化软权力理论深刻而生动的解说。

既然在理论和实践领域都不乏先行者，奈的"软权力"说，独特之处在哪儿？究其时机和表述，我们或可认为，奈的理论着重于对冷战经验的总结和对美国霸权的思考：美国在冷战期间何以战胜苏联，在冷战之后又何以维护地位？这既是他区别于前辈的贡献，又是其学说的局限之处。因为在冷战思维和霸权思维之下，对文化的观察不可避免地带有眼界上的狭隘。

---

① [英]爱德华·卡尔，《20年危机 (1919-1939)：国际关系研究导论》，秦亚青译，北京：世界知识出版社，2005年，第120页。

② Hans J. Morgenthau, "Book review: The Cultural Approach: Another Way in International Relations", *American Journal of Sociology*, 1948, 53(5), pp.397-398.

③ Richard T. Arndt, *The first resort of kings: American cultural diplomacy in the twentieth century*, Washington D.C.: Potomac Books, Inc, 2005.

④ Anthony Parsons, "'Vultures and Philistines': British Attitudes to Culture and Cultural Diplomacy", *International Affairs*, 1984, 61(1), pp.6-7.

我们不妨进入到奈的文本中细作探寻。在2014年的一篇文章中，他对自己的"软权力"概念再次做了精辟的总结。"权力是如此一种能力：通过影响他者获得己之所欲（you want）的结果。"而"影响他者的行为有三种主要的方式"，在胁之以威的"大棒"和诱之以利的"胡萝卜"之外，第三种方式是"吸引，即让己之所欲（you want）成他者之所欲"，这就是软权力。[①] 由此可见，在奈的理论中，文化在本质上是权力的工具，是实现权力的一种手段；他者在本质上是自我的工具，是实现"己之所欲"的手段。而其背后的逻辑链则是：一国的文化资源可以形成文化吸引力，文化吸引力可以"变现"为国家吸引力，国家的吸引力最终能形成国家的影响力或控制力。

文化，在此视角下，无非是被用来构造一个符合自身要求的世界。

上述的这条逻辑虽然看似明白无误、自然而然，但实际上在每一环都并非没有问题，我们可以举出无数的反例，说明一国的文化资源未必形成文化上的吸引力，国家在文化上的吸引力也未必能形成影响力或控制力；尤其从文化吸引力到国家吸引力的"变现"，更可谓"惊险的一跃"，文化上的亲近所带来的，有时不是国家间的亲近而是相疑相悖，从波兰—苏联到中国—日本，这在历史上都不乏其例。当然，这并不是说软权力说完全不正确，而是说从文化到软权力，这一逻辑链存在着诸多的不确定因素；权力，往往是文化所不能承受之重。更进一步说，在国际政治中，权力是否是审视文化的唯一标准？如果足以增进国家在国际社会中的权力，我们就发展人文交流，如果无法增进甚至有所贬损，我们就停止？美国退出联合国教科文组织，背后的思维便无非如此。

而这条逻辑链的深层基础，便是之前所提到的"工具化"：文化作为权力的工具，他者作为自我的工具。一切围绕着"己之所欲"，"己之所欲"则惟有权力。这种工具化，是文化的异化，他者的异化，也是自我的异化。这样的异化，或许符合国际政治在特定时期（如冷战）、特定领域（如安全）的要求，却不应是唯一和全部。权力固然是文化在国际政治中的重要维度，但除此之外，是否尚有其余？

---

① Joseph S. Nye, "The Information Revolution and Soft Power", *Current History*, 2014, 113(759), pp.19-22.

## 二、极端案例

若要回答这个问题,我们不妨寻找一个极端的案例,在其中文化的权力要求全然落空,从而检视它是否仍存剩余的价值。在中国历史上,宋与高丽之间,便有如此的极端之事。

宋徽宗雅好文艺,直追古人。除在绘画书法上别有建树,在音乐领域也独有创见。他曾制乐名为"大晟",自认"追千载而成一代之制",并"将荐郊庙、享鬼神、和万邦、与天下共之"。乐成不久,徽宗便两次超规格地赐乐与高丽睿宗,称"往祗厥命御于邦国,虽疆殊壤绝同底大和,不其美欤"。当然,除了礼乐教化,赐乐背后也存在着现实的政治动机,即以文化吸引力,说服高丽协助抵抗辽、金。显然,就权力目的而言,此次音乐外交全然失败,高丽虽对赐乐受宠若惊,却拒绝了结盟请求,并于1126年臣服于金。然而,赐乐之事又并非全无价值,因为根据国内外学者的研究考证,大晟乐不久便在中国失传,却在高丽辗转流传,开雅乐之先河。[①] 权力在一时,文化在千古。

更进一步说,宋徽宗本人便是文化与权力关系的一个绝佳案例。这位"诸事皆能,独不能为君耳"的帝王,常常被作为中国历史上失败的典型。然而,正如李冬君教授所言:"如果以秦皇汉武、唐宗宋祖为帝王尺度,如今我们能记住二十五史里的几位帝王呢?这些帝王又给我们留下了多少可以普世并流传的精神价值的承载体呢?"相反,宋徽宗却"是一个属于文化中国而非王朝中国的人",开启了此后千年的文艺范式。这位艺术史学者别出心裁地提出了两种标准,一是王权尺度,一是人权或者说艺术的尺度。照前一种尺度,宋徽宗是个彻底的失败者,照后一种尺度,他却是少有的伟大君主。[②]

如何定位宋徽宗和他的音乐外交,就是如何定位文化与权力的关系。我们自然万万不能像宋徽宗这样,独耽于艺文而亡国。对一个国家而言,

---

[①] Keith Pratt, "Sung Hui Tsung's Musical Diplomacy and the Korean Response", *Bulletin of the School of Oriental and African Studies*, 1981, 44(3), pp.509-521;宫宏宇:《赵佶的音乐外交与宋代音乐之东传》,《黄钟》(武汉音乐学院学报),2001年第2期,第22—29页。

[②] 李冬君:《文艺皇帝宋徽宗如何用文艺复兴照亮中国》,《国家人文历史》,2016年第2期,第96—97页。

权力固然是极为重要的,但长久来看,若我们的宏愿是实现"中华民族的伟大复兴",则不仅需要将文化视为权力的工具,也应当将其视为独立的主体。文化本身,有其自身的价值。

## 三、结语:人文·化·天下

文化一词,来自于《周易·象传》中的"观乎人文,以化成天下"。因此,在国际政治中,文化的本质指向与其说是国家权力的增长,不如说,始终是"人"在世界舞台上的生存。莫言在诺贝尔文学奖晚宴上的演讲中提到:"文学对世界上的政治纷争、经济危机影响甚微,但文学对人的影响却是源远流长。有文学时也许我们认识不到它的重要,但如果没有文学,人的生活便会粗鄙野蛮。"① 这不仅道出了文学的价值,也道出了文化的价值。著名诗人叶芝也曾说道:"若无文化……人纵然能放弃财富或者其他身外之物,却无法弃绝憎恶、嫉恨、忌妒、复仇之心。文化是有智之人的圣所。"②

既然文化更应当促进的是人对自身及自身所处世界的反思,那么,如果我们认同法国哲学家斯蒂格勒的判断:"政治问题即美学问题,反之亦然,美学问题即政治问题"——因为政治与艺术一样,"本质上便是蕴于共同感觉——意即同情——之中的与他者的关系问题"③——我们就可以设想,一种真正的人文交流理论,是在交流中建立文化与自我、他者与自我之间的交互主体性(intersubjectivity),而非如奈的"软权力"论一样,以他者和文化作为自身利益和权力的工具。

在中文里,"化"意为"教行也。教行与上,则化成于下"。在西方语言中,文化一词来源于拉丁文cultura,意为耕作。不论中西,文化之"化"都不仅仅在于实现自己的欲求(what you want),而是志在构筑一个更美好的世界,这与如今构建"人类命运共同体"的理念也有着根本的契合之

---

① 莫言晚宴脱稿致辞:《得奖就像童话》,人民网,2012年12月12日,http://culture.people.com.cn/n/2012/1212/c22219-19867673.html(上网时间:2017年3月21日)。
② William Butler Yeats, *The Collected Works of W.B. Yeats Vol. III: Autobiographies*, New York: Scribner, 1999, p.361.
③ Bernard Stiegler, *De la misère symbolique: Tome 1. L'époque hyperindustrielle*, Paris: Galilée, 2004, p.14.

处。用中国古人的话来说，便是"为天地立心，为生民立命，为往圣继绝学，为万世开太平"。这种天下担当，或许是不囿于软权力理论的人文交流的终极目标。

如前所述，"文化"一词出自《周易·象传》，更具体而言，出自其中对贲卦的解释："贲，亨，柔来而文刚，故亨；分刚上而文柔，故小利有攸往……观乎人文，以化成天下。"值得一提的是，据《孔子家语》记载，孔子曾自己占卜，得贲卦，"愀然有不平之状"。子张不解，问道："师闻卜者得《贲》卦，吉也；而夫子之色有不平，何也？"孔子回答说，贲"非正色之卦也。夫质也，黑白宜正焉，今得《贲》，非吾兆也。吾闻丹漆不文，白玉不雕，何也？质有馀，不受饰故也。"红色的漆器不用再文饰，白色的美玉不用再雕琢，那么，拥有伟大文化传统的中国，在推进对外人文交流时，或许也需要避免过多的文饰，返其文化之本"质"，不然，作为中国对外文化符号的孔子，恐怕也不免"愀然有不平之状"。

# 论新时代中国民间外交

俞新天

**【内容提要】** 在中国崛起成为全球大国的同时,民间外交也进入了新时代。民间外交从人民外交而来,但已超越人民外交。民间外交与公共外交并存,但有异同。特别应警惕对民间外交概念的"泛化"与"逆化"。中国民间外交是具有民间性、开放性、基础性、灵活性、独特的理论性等特点的全新的内涵。中国民间外交面临着狭隘民族主义、民粹主义、极端主义、恐怖主义等外部挑战。为了推动和完善中国民间外交,中国人应更深入了解和理解世界各国人民心理,拓宽交流对象,重点做国外中产阶级的工作,以及探索建立政府与民间互动的新模式和新机制。

**【关键词】** 新时代　中国民间外交　中国外交

**【作者简介】** 俞新天,上海国际问题研究院研究员。

经过改革开放以来近40年的奋斗和积累,中国已迅速崛起为全球大国,国际地位空前提高,国际作用显著增强。随着中国政府对外关系的全面发展,民间外交也水涨船高,进入了新时代。本文旨在厘清中国民间外交的概念认识,探索民间外交的新特点和新内涵,民间外交所面临的主要外部挑战,以及提出推动和完善中国民间外交的思考。

## 一、澄清中国民间外交概念的认识

对于民间外交的定义,本文认为:民间外交是由非官方的机构、组织和个人所从事的对外交往活动;其交往的对象主要是外国的非官方机构、组织和个人;其活动配合中国外交的发展,或符合中国外交的趋势,促进人民之间的友谊、理解与合作,为中国外交赢得国际民心民意的支持,通过参与全球治理从而促进世界的和平与发展。

要强调的是，民间对外交流尽管丰富多样，纷纭复杂，但不是所有的活动都可归入民间外交的范畴，要防止对于民间外交定义的"泛化"和"逆化"。例如，绝大多数出国留学、跨国婚姻、出国旅游、跨国贸易经商等都是私人行为、商业行为，至多属于对外交流，不能随意定为民间外交。只有其中能够配合中国官方外交，或符合中国外交趋势的活动才可以归入民间外交的范畴。因此，所谓的"留学外交"等概念，是不准确的。[1] 把留学、婚姻、经商等纯属私人的行为冠之以"外交"之名，既不符合事实，也会使国外产生误解。

对民间外交认识的"逆化"，有"历史逆化"和"现实逆化"两种错误。在"历史逆化"方面，有人把近代以来西方国家向中国派出传教士，在中国建立红十字会等行为，称之为民间外交，并称"中方与这些具有政治色彩的民间团体所进行的民间外交，在中国近代历史上扮演着重要的角色"，[2] 实在大谬不然。西方派出传教士是一种殖民主义扩张行为，当时中国外交往往处于屈辱状态，中国与西方的"民间团体"所进行的交往，具有文化交流的内容，但决不是主权独立国家之间的民间外交，与新中国成立后的民间外交不可相提并论。在"现实逆化"方面，当下敌对势力和敌对分子如法轮功分子、"不同政见者"、分离主义分子、恐怖分子等，利用中国开放的政策，与国外反华势力勾结，损害国家利益，破坏中国人民与世界各国人民之间的了解和友谊，与民间外交的宗旨完全背道而驰，应当在法律和维护国家主权安全的原则下进行处理。

中国民间外交源自新中国成立初期的"人民外交""国民外交"，在特定的历史条件下取得了辉煌的成绩，发挥了巨大的无可替代的作用。当然，由于各种主客观条件的限制，当时的"人民外交"也存在其局限性。今天，中国的民间外交已经超越了历史，站在了新起点之上。

中国民间外交进入新时代有如下三点原因：

一是中国已经成为全球大国。习近平主席说，中国人是讲爱国主义的，同时我们也是具有国际视野和国际胸怀的。随着国力不断增强，中国将在力所能及的范围内，承担更多国际责任和义务，为人类和平发展作出

---

[1] 苗丹国：《出国留学与留学外交》，《世界教育信息》，2015年第22期。
[2] 可莉莎：《试析影响民间外交的因素》，《边疆经济与文化》，2015年第12期。

更大贡献。① 显然，承担更多的国际责任和义务，作出更大的贡献，不仅是官方外交的任务，而且也必须呼唤广大民众的参与和投入。习近平还说，国之交在于民相亲，民相亲在于心相通。人民之间的心灵沟通和亲密友善，就是国家外交的基础。这就对民间外交提出了新的要求。

二是世界各国期待中国民间外交更上层楼，以便更好地理解中国人民的生活、思想、行为和梦想，准确地预测中国的未来。许多人对中国仍有误解或不了解，国际上某些力量对中国进行"妖魔化"，加上中国人自身也未及时澄清和介绍自己，外界给中国贴上标签或者已经形成刻板印象，这些都是中国外交的无形障碍。仅靠中国政府或官方外交来消除误解是不够的，更重要的是依靠中国民间机构、组织和个人的国际交流沟通和言行举止，去直接影响外国社会和人民。

三是中国人民生活不断提高，面貌发生了前所未有的变化。十九大报告指出，中国的贫困发生率已降到百分之四以下。教育事业全面发展。城乡居民收入增速超过经济增速，中等收入群体持续扩大。② 中国人民的素质和能力空前提高，投入民间外交的热情和意愿空前高涨，如旭日喷薄，江水奔流。

综上所述，中国民间外交已经站在了新的历史起点之上。民间外交与公共外交两个概念最能反映当前人民参与对外交流的状况。两者之间有相同之处：客观对象相同，要面向外国社会民众做交流沟通、争取人心的工作，从性质上也都负有配合官方外交的使命和任务。然而，两者又有一定的差异：从主体上看，公共外交既可由政府、官员、政要来进行，也可委托中国民间或外国民间进行，而民间外交则完全由中国民间进行；从性质上看，公共外交的战略目的性更强，而民间外交则因其民间性和广泛性，出现自觉配合外交和自发符合外交等多种情况。两者在很多情况下可通用，也在特定环境下可分别使用。这两个概念成为研究热点，反映出中国成为大国、强国的需要，中国人民参与对外交往的广度深度空前，标志着新时代已经开启。

---

① 《习近平：坚定不移走和平发展道路 坚定不移促进世界和平与发展》，新华网，2013年3月19日，http://news.xinhuanet.com/world/2013-3/19-115083820-z.htm（上网时间：2017年10月10日）。

② 习近平：《决胜全面建成小康社会 夺取新时代中国特色社会主义伟大胜利——在中国共产党第十九次全国代表大会上的报告》，《人民日报（海外版）》，2017年10月28日。

## 二、中国民间外交的新特点和新内涵

今天,民间外交不仅具有世界各国"公民外交""公共外交""多轨外交"的共同特性和表现形式,而且具有全新的时代特点和中国特色。中国民间外交的新特点不仅由许多客观存在的因素而决定,而且也是由中国共产党的领导、中国政府与民间的互动而不断塑造的。

### (一)民间性:社会与个人的迅速成长和空前的参与热情

现代化进程促进了中国社会和个人的迅速发展,当代的民间性与计划经济体制下的民间性大不相同,除了政府、官员之外,还包括广大的具有相当自主性的民间机构、组织和个人。中国人民配合支持官方外交的积极性始终存在,然而今天的民间外交已经具有与历史完全不同的基础、规模和作用。中国人的素质和要求已经发生了翻天覆地的变化,为民间外交提供了全新的基础。改革开放40年来,中国的经济总量已升至全球第二,人均GDP水平也从世界最不发达国家提升到发展中国家的中等收入水平。九年义务教育惠及40岁以下人群,在城市中大学教育已经普遍化。中产阶级迅速成长,据估计有2亿~3亿人口。消除绝对贫困和城市化的政策还在促进新的中产阶级的扩大。投入民间外交不仅是中产阶级工作和生活的需要,而且也是满足其精神需求、贡献社会、实现自我价值的渴求。

中国的企业(包括国营企业和民营企业)、社会组织和公民的国内外活动如火如荼,为民间外交提供了不竭的动力。新中国成立之初,民间组织的数量屈指可数,而且在很大程度上与政府有着特殊的联系。改革开放以来,国营企业和民营企业如雨后春笋般诞生和发展,在市场经济中独立搏击,近年来更大批走向国外,开展合作、并购,开拓海外市场,为"中国制造"向"中国创造"树立了世界形象。根据民政部2017年8月3日发布的《2016年社会服务发展统计公报》,截至2016年底,全国共有社会组织70.2万个,比上年增长6.0%。[①] 中国的非政府组织在国际活动中十分积极,并在其中发挥了越来越大的作用。中国的智库在各领域对话中都十分

---

① "民政部发布《2016年社会服务发展统计公报》截至2016年底全国共有社会组织70.2万个",公益时报网站,2017年8月8日,http://www.gongyishibao.com/html/zhengcefagui/12210.html(上网时间:2017年10月10日)。

活跃,极大地促进了中国与世界各国的了解和理解。中国公民个人的独立性和自立性增强,许多青年成为国际志愿者,到贫困的国家和地区去送医送药,帮助开展教育,不仅推介了中国的形象,而且提升了自己的国际视野。

### (二)开放性:中国全方位开放与人民的开放态度

民间性本身也意味着广泛性,它包括中国广大的多样性的地域,包括各行各业各领域,包括男女老少不同人群,包括不同民族不同宗教的成员。中国幅员辽阔,人口庞大,世所少见,其广泛性是客观存在的。然而客观存在的因素并不必然转化为民间外交的行为,还需要一定的条件。例如许多客观因素在中国一直存在,然而在改革开放前后它的效果却截然不同。改革开放前中国相对封闭,民间外交十分有限。邓小平打开了开放的闸门,把对外开放定为中国的基本国策。中国实行了全方位的开放,从沿海到内地,从经济到文化,从参与地区合作到支持全球治理,从国际体系外的"造反者"变成国际体系内的参与者和建设者,这才为民间外交带来了无限的可能性。

民间外交的主体是人民,而人民对于世界局势和对外交往的态度是至关重要的。近40年来,中国人民站在改革开放的前沿,对于开放的意义和中国融入世界的必要性认识空前提高。对外开放锻炼锤打了中国人,中国人也从对外开放和国际合作中获得了实际收益。对外开放的道路并非一马平川,然而无论是亚洲金融危机、全球金融危机,还是中国从高速经济增长到今天中速发展的"新常态",中国人对于开放的肯定态度未曾改变,而且更加积极。中国人明白开放也是双刃剑,也会带来许多副作用,但是不开放的危险性和危害性更大。中国人吸取了历史教训:封闭导致落后,落后就要挨打。中国现代化的发展大大改善了人民的生活,中国人把这些成就归功于改革开放,因此他们持有拥抱全球化的立场,支持中国更深地融入国际体系,承担大国、强国的责任与义务。在近年来"反全球化"浪潮高涨的国际氛围下,中国人的开放立场极大地支撑了中国外交,并且使民间外交的热情兴盛不衰,十分难能可贵。

### (三)基础性:民心永是外交的基础

有学者认为民间外交具有"稳定性"的特点,因为政府可能更迭改变,但民心民意比较"稳定"。① 本文认为,"稳定性"一词应改为"基础性"更准确,因为外国的民心民意也决非一成不变,但它始终是正式外交的基础。在国际局势变化、热点问题频生的今天,民意的变化更加迅速,新媒体的普及也加速了民意的变化。例如,据美国《芝加哥论坛报》报道,特朗普上台以来,全球公众对美国总统的信任度急剧下降。美国皮尤研究中心对37国民众进行的调查显示,只有22%的人对特朗普有信心,49%的人对美国抱有好感。② 据全球民调机构益普索对25国民众进行的调查显示,只有40%的受访者对美国持正面看法,比去年下降了24%。对中国持正面看法的受访者为49%,比去年下降6%。③ 当然,民调不能完全反映民心民意,但可以作为参考。无论民意是变好还是变差,它永远是外交和国际关系的基础。正因为欧盟民众对美国的观感变坏,默克尔才能明确讲出,欧盟不能在安全上完全依赖美国。国际民意越来越多地对中国持正面看法,因此中国推进"一带一路"建设就更有底气。

### (四)灵活性:方法多样,深入人心

民间外交可以充分发挥民间机构、组织和个人的优势,采用灵活多样的方法,开展中外交流沟通合作,与官方外交形成互补。民间外交扎根基层,潜移默化,润物无声,直击人心,为中国赢得国际民众的支持。总部设在上海的民营企业中国华信,十多年来积极开拓在捷克的业务。长期以来,捷克舆论对华并不友善,民众疑虑严重。然而华信迎难而上。例如华信在控股捷克的一家特种钢公司后,采取了不裁员、不减薪的政策,使当地民众得到了实惠。华信还斥资千万收购了濒临倒闭的捷克斯拉维亚足球俱乐部,使其重获新生。这就赢得了捷克众多球迷的支持。2017年2月28日,由华信出资一千万欧元建设的中国—捷克中医中心大楼正式启动,将为捷克及其周边国家提供中医治疗,为推动中医中药在捷克合法化作出了贡献。

印度文豪泰戈尔曾访问上海,如今不仅他的雕像树立在上海街心花园,而且他创办的香蒂尼克坦国际学校与上海晋元中学正式签订了校际交

---

① 蔡拓、吕晓莉:《构建"和谐世界"的民间力量——关注中国民间外交的发展》,《学习与探索》,2006年第6期。
② 《皮尤说美国国际形象大跌》,《环球时报》,2017年6月28日。
③ 《25国民调:中国国际形象好于美国》,《环球时报》,2017年9月30日。

流友好备忘录。2009年两校开通了视频教学课程，其中包括瑜珈、太极和书法等传统文化课程，为两国人民的友谊代代相传探索了道路。

### （五）独特的理论性：以中国特色社会主义理论为指导

许多学者认为，中国民间外交的理论研究仍然不足。本文十分同意，深化理论研究确为当务之急。但是，与世界各国的公共外交和民间外交相比，中国的民间外交具有鲜明的理论性，即中国特色的社会主义理论指导。西方发达国家的公共外交和民间外交受到现实主义、自由主义和建构主义理论的影响，民间组织和个人往往秉持民主、自由、人权等价值观投身于此。十九大报告对中国外交提出了"坚持和平发展道路，推动构建人类命运共同体"的要求，并对公共外交和民间外交提出了指导原则。对于民间外交的目标，它指出，"各国人民同心协力，构建人类命运共同体，建设持久和平、普遍安全、共同繁荣、开放包容、清洁美丽的世界"。[1] 这就团结和鼓舞中国人民投身于这一伟大事业。对于民间外交的沟通理论，它指出"要相互尊重，平等协商，坚决摒弃冷战思维和强权政治"，"维护国际公平正义，反对把自己的意志强加于人，反对干涉别国内政，反对以强凌弱"。[2] 它要求中国人民在国际交往时，尊重别人，平等待人，对话协商，以便共同维护国际公平正义。对于民间外交的文化价值观理论，它提出，"要尊重世界文明多样性，以文明交流超越文明隔阂、文明互鉴超越文明冲突、文明共存超越文明优越"。[3] 它要求中国人民学习和吸收世界一切文化的优秀价值观，也贡献中华文化的优秀价值观，形成人类命运共同体的共享价值观。

## 三、中国民间外交面临的外部挑战

时代的主题仍是和平与发展。中国将抓住机遇，在未来全面建成小康社会，与此同时对外交流与合作也会更上层楼，民间外交必定乘势而上，开创更辉煌的局面。但是，也必须清醒地分析和预见不利条件，正视未来

---

[1] 习近平：《决胜全面建成小康社会 夺取新时代中国特色社会主义伟大胜利——在中国共产党第十九次全国代表大会上的报告》，《人民日报（海外版）》，2017年10月28日。
[2] 同上注。
[3] 同上注。

所面临的主要挑战。

### (一)"中国威胁论"及狭隘民族主义

改革开放以来,中国崛起的速度越快,实力越增强,国际影响力越大,"中国威胁论"的声音就越响。"中国威胁论"首先在美国诞生。根据西方列强在国际体系中竞争的规律,新兴大国必然挑战既定大国,最后以武力达到权力更替的结果。由此形成的现实主义理论广为传播,不仅在西方国家根深蒂固,而且对于发展中国家的精英和民众有着巨大的影响。在2008年全球金融危机爆发后,美国、欧洲和日本的经济受到重创,与中国和新兴国家的增长相比,西方国家的力量相对下降,于是"中国威胁论"更加甚嚣尘上。特朗普上台后,大讲"美国优先",推动了狭隘民族主义的声势。

广大发展中国家在第二次世界大战结束后争得了民族解放和国家独立,人民为此而感到自豪,其民族主义具有合理性和必然性。特别在新兴国家和中国周边的东亚国家,经济发展、现代化进程和社会进步都取得了不少成绩,民族主义更加强烈。然而,一些人头脑中的狭隘民族主义也在滋长,盲目自尊自大、排外、不宽容等情绪出现。尤其是中国与一些周边国家存在领土和海洋争端,以及现实利益矛盾,更会激起狭隘民族主义的反应,而且通过媒体(特别是新媒体)加以放大。"中国威胁论"并非只表现在政治军事安全问题上,也表现在中小国家民众担心"中国控制经济命脉",在文化上表现为忧虑"中国文化殖民主义"等。这些错误的认知不仅因西方某些势力和媒体的渲染而加剧,而且也因历史形成的误解而根深蒂固,短期内很难消失。

### (二)"中国危害论"与新民粹主义

民粹主义是现代社会中始终存在的一股思潮。它认为统治阶级具有颓废腐朽没落的特性,因而必然会被人民的崛起而取代。与真正推动社会和历史前进的人民运动不同,民粹主义是假借"人民"的名义而进行的反对历史前进的思想和运动。它具有以下新特点:

首先,在全球化的中心反全球化。美国和欧洲是全球化的领导者和推动者,30多年来全球化狂飙突进,与此同时问题也堆积如山。全球化和自由化加速了各国内部和各国之间的经济和社会差距。近20年来,新兴国家富裕阶层收入的中间值在渐进式增长，而发达国家中产阶层的收入平均值却未增长。发达国家的政府本应加大投入改变现状，但是美欧多国债台高筑，财政捉襟见肘，使人民灰心失望。

其次，空前的反建制与反精英情绪弥漫。新民粹主义反对"进步主义"，即认为依靠知识精英和政治精英联手为人民指方向找出路，不如依靠自己。这与现代化的科层制（官僚制）和理性主义背道而驰。由于新媒体的广泛应用，草根精英和网络领袖的号召力大增，传统精英的影响力相对下降，更使民粹主义如虎添翼。民粹主义尽管能煽动广大民众情绪，却不能为国家和人民带来真正的进步和良好的结果。例如美国金融危机后组成的茶党，对"占领华尔街"起了很大作用，但是并没有解决美国债台高筑、虚拟金融高涨的危机。"西亚北非动荡"的发起国家突尼斯，至今陷于内部混乱之中，人民的生活未能得到改善。

最后，左翼和右翼民粹主义合流。左翼民粹主义历来以工人、农民、少数族裔等底层民众的代表自居，主张平等、公正和人权。右翼民粹主义持有保守的保护主义和强烈的民族主义倾向，经济政策上突出反对移民，维护国内就业，鼓励产业和资本回流等。目前在反全球化、实行保护主义方面却左右合流，声势更加浩大。

中国在全球化中受益多，又在推动改革开放与全球化，因而成为世界各国民粹主义的众矢之的。左翼民粹指责中国"破坏环境"、"输出社会不公"，"破坏劳工待遇和人权"；右翼民粹则在主权安全问题上发难。在亚洲、非洲和拉丁美洲，许多中国企业精心经营，不但为促进中外经贸关系作出贡献，而且更加重视企业的社会责任，严格遵守所在国的环保、劳工法规，加快员工和管理人员的本地化步伐，培养了当地人才，改善了人民生活。然而，在各国都有一些非政府组织和"民间力量"，以有色眼镜盯着中国企业，指责本国劳工的待遇不如中国员工，"破坏环境"，没有尊重当地文化，甚至以"主权""安全"为由阻挠能为本国人民造福的重大工程。在它们背后，经常能看到西方势力的插手。各国的反华反动势力往往把中国作为"替罪羊"，以转移国内民众的不满和指责，而民众容易轻信误判。

（三）认同危机与极端主义、恐怖主义

目前世界各国认同危机凸现，成为紧迫而严峻的课题。认同是从个人身份开始,进而达到群体的归属,包括文化认同、民族认同、政治认同和国家认同等丰富内涵。认同涉及价值观的赞同,但比文化和价值观更加广泛深刻。英国与欧盟各国、美国的白人和少数族裔,在价值观上并无太大差异,然而却因认同分歧产生矛盾冲突,甚至分道扬镳。大多数发展中国家民族众多,宗教多样,它们经漫长的历史而形成,具有持久性。但在现代国际体系中,民族国家(nation state)成为基本的单位,因此各国政府都将领土内存在各个民族集团(ethnic group)整合成国家民族(state-nation),例如印度大力构建"印度民族"。国家民族这一现代化的产物,与具有历史文化传统的民族集团之间,存在着矛盾与张力,既表现为政治的、法律的,也表现为文化的、宗教的和心理的。[①] 今天所有国家都在国际体系中相互联系和相互依存。于是又出现了第二对矛盾与张力,即国内问题与外国影响(包括政治、经济、军事安全和文化等)的紧张。其中占世界主导地位的西方文化的影响尤其巨大,跨境民族、跨国宗教也有不可忽视的作用。所有的国家政府都面对着认同问题的挑战,努力通过各种措施促进国内的认同与融合。

然而认同与整合的失败往往为极端主义与恐怖主义建造温床。在不少发展中国家,民族、宗教、阶级或地区的差异造成身份的鸿沟,形成了互相排斥甚至充满冲突的状况。失败的国家使人民丧失了信心。经济停滞不前,失业严重,青年人看不到希望。该地区3亿多人口生活在容易发生冲突的国家。理想破灭的人群是孕育极端分子和恐怖分子的温床。叙利亚、伊拉克、黎巴嫩、埃及、土耳其、也门和巴林等国都出现了愤怒的青年。再加上西方国家的干预,使情况雪上加霜,积重难返。例如美国2003年发动伊拉克战争,造成了政治动荡、经济衰退的可怕后果。西方国家摧毁了卡扎菲政权,使利比亚长期陷入混乱、暴力和内战。这就是"伊斯兰国"组织为什么能影响和吸引如此多的中东青年的原因。极端分子和恐怖分子又借着全球化的便利而渗透到世界各地,制造了许多骇人听闻的恐怖主义事件,造成了大量无辜平民的伤亡。

当然,社会文化思潮的影响超越国界,以上思潮也蔓延至中国,部分中国人也会有意无意地被其俘获,破坏健康发展的中国民间外交。其中有

---

[①] 安东尼·史密斯:《文化、共同体和领土:关于种族与民族主义的政治学》,见李义天主编:《共同体与政治团结》,社会科学文献出版社,2011年,第83页。

的人追随错误思潮，与国外境外的敌对势力沆瀣一气，反对中国；有的人自诩正义，倡导"以恶制恶"，不但不能有效制服敌对势力，反而败坏了中国民间外交的声誉；还有的人接受错误思想，发泄自己的不满和怨气，结果却不利于中国民间外交的大局。我们同样应当警惕和批判这些错误思潮。

## 四、推动和完善中国民间外交的思考

尽管中国民间外交已经取得了相当的成绩和经验，然而相对于时代的要求、国家的发展和各国的期待，仍然有巨大的成长空间。中国的民间机构、组织和个人走出国门时日较短，对于世界各国的了解和理解仍然不够，参与全球治理的机制和活动刚刚开始，不仅应当在加强实践和国际合作中学习提高，而且也必须客观认识自身的弱点与不足，克服内部存在的困难和问题。

### （一）深入了解和理解世界，提升大国国民风范

世界上众多的民族、宗教、文化丰富多彩，千姿百态，要了解和理解十分不易。俗话说，眼见为实。现在大量中国人走向海外，确实眼见外国情况，但是离深入地了解与理解还有很大距离，甚至还可能存在严重的误解。例如，人们一般认为发展中国家贫穷落后，实际上它们在发展程度上大相径庭，有的在人均收入上远超中国。中国自1975年起连续派遣医疗队到摩洛哥。2013年派出的第13批医生全部来自上海。医生们发现摩洛哥属于中等发展中国家，除本国医疗人员外，还有大量国外政府和非政府组织提供的医疗援助，并不属于"缺医少药"的最不发达状态。问题在于医疗资源集中于城市等条件较好的地区。于是中国医疗队便主动去条件艰苦的地方，为贫困人群服务，受到了热烈的欢迎和赞扬。但是，摩洛哥人不承认接受医疗"援助"，只肯讲"合作"关系。上海医疗队尊重当地人的心理，多赞扬摩洛哥的成绩，使双方的友谊愈加深厚。医疗合作为2016年建立中摩战略伙伴关系作出了贡献。人们只能通过自己的文化去认识其他文化、宗教和行为，在某种程度上，误解不可避免，或曰误解是走向理解的桥梁，问题是要意识到自己存在误解，并准备克服它，走向真正的理解，特别要强调去理解别国人民的心理。

由于中华文化博大精深,数千年一脉相承,对于邻国乃至世界有重大的影响,因此有些中国人自高自大,唯我独尊。应当看到,邻国受到中华文化的滋养,但在很多方面发挥了自己的创造性,也取得了辉煌的成绩。例如韩国的"端午祭"申请到世界文化遗产,有些中国人不问青红皂白加以反对,其实它与中国的端午节不同。前韩国驻华大使金夏中曾写道,"自诩博大"是中国人普遍的心理写照,认为中国是世界文化的中心,中国文化优于其他文化。[①] 旁观者清。他的批评一针见血。有些中国人看待事物的立场源于中国文化中心论,尽管它不同于西方殖民主义的文化中心论,但也同样是错误的。它不仅损害民间外交的平等交流,而且也阻碍中国的创新与前进。

各国之间除了文化本源的差异以外,还有历时性差异,即是否具有现代化所带来的工业文明、城市化以及大众流行文化等。中国40年来的现代化取得了巨大进展,人们的衣食住行和文化娱乐,与以往迥异。有些中国人具有暴发户心态,轻视现代化后进的国家,而对西方发达国家则盲目崇拜追随。应当看到,新兴国家如金砖国家,发展中国家如越南、老挝、柬埔寨、孟加拉国,甚至非洲许多国家都在现代化道路上快速奔跑,前景光明。而且各国有自己的特殊优势和禀赋,已经或未来有可能在某些方面超过中国,中国人应当充分赞扬和肯定别国的进步,并且虚心学习,互相促进。

民间外交面临参与全球治理的新任务。中国民间机构、组织和个人必须树立全球视野,学习借鉴国际非政府组织参与全球治理的经验,配合中国官方外交,积极投入各项活动。其实,中国的非政府组织已经积极走向世界,并在各个专业领域取得越来越多的成绩,赢得了更好的口碑。问题在于,在参与全球治理时,民间机构、组织和个人不仅要发挥和依托本身的优势和专长,而且要扩大眼界,进入世界推进重大项目的事业中去。例如,上海国际问题研究院作为知名智库,已经在北极研究方面颇有建树。为了参与全球治理的进程,上海国际问题研究院又配合中国政府,制订参与北极治理的政策,参加国际上官方与民间关于北极治理的对话讨论,作出了贡献。又如,自2002年起,上海先后派遣了8批共87名青年志愿者参加援助老挝计划。这些青年在英语教学、体育、电脑、医疗卫生、农业方

---

① [韩]金夏中:《腾飞的龙》,北京:世界知识出版社,2012年,第49页。

面学有专长,然而参与联合国倡导的扶贫援助计划,他们还必须了解老挝的状况和政策,联合国的原则和要求,并提升自己的组织能力、交流沟通能力等。

### (二) 拓宽交流对象,广交深交新朋友

传统的人民外交、民间外交接受政府委托的任务,一般来说交流沟通的对象是精英,例如前政要、智库专家、大企业家、社会名流等。而政府开展的官方外交和公共外交,其主要对象仍是各国精英。处于新时代的民间外交则应大大拓宽交流的对象,以便与官方外交形成更充分的互补。民间外交的主要对象是外国的民间机构、组织和个人,从理论认识上来说,今后交流沟通的主要对象是国外中产阶级。第二次世界大战后,在西方国家中,中产阶级占人口的半数以上,形成了两头小中间大的橄榄型社会,使得消费增长、经济发展、政治稳定。中产阶级的定义不同,但基本上包含以下三要素:一是中等收入,生活优裕;二是从事非体力劳动职业;三是受过良好的教育。在过去三十年中,发展中国家很多人脱贫,中产阶级的规模和增长速度十分惊人。著名专家霍米·哈拉斯在最近的研究报告中估计,占世界总人口的42%的32亿人,现在已跻身于全球中产阶级。由于发达国家的人口不过十几亿人,因此发展中国家的中产阶级总数超过发达国家中的中产阶级。中产阶级每年增加1.6亿人,再过几年世界多数人将成为中产阶级,这在历史上还是首次。当然,中产阶级的增长因地而异,亚洲将是主要的增长地区。哈拉斯预计,今后几年将有10亿人新跻身于中产阶级,其中88%在亚洲。[①] 中产阶级虽然被称为阶级,但与传统的阶级概念不同,它包含了广泛的社会阶层,很多阶层因与高科技和新产业联系而代表社会发展的方向,有些阶层因从事媒体、教育、医疗、法律、文艺、管理等职业,而对社会民意具有较大的影响。

中国人在开展民间外交时,应当更好地认识中产阶级的要求和中产阶级社会的特点。中产阶级既是社会政治稳定的基石,也可能对现状不满、期望落空而成为动荡甚至暴力的根源。中国民间外交进入新时代,以中产阶级作为主要交流对象是一大标志。然而,由于全球金融危机的负面影响

---

① Mosés Naím, "The Uprising of the Global Middle Class", *The Atlantic*, Aug 25, 2017, https://www.theatlantic.com/international/archive/2017/08/global-middle-class-discontent/535581/.(上网时间:2017年10月30日)

未消，全球经济增长乏力，中产阶级处于巨变之中，失望挫败情绪增长，中国民间外交也会面对更加复杂的局面。在这方面中国人的思想认识和准备仍然不足。

中产阶级阶层很多，人口巨大，工作从何入手，才能事半功倍？答案是从草根精英入手。在中产阶级社会中，一个显著的特点是传统精英的地位相对下降，草根精英的地位相对上升。这不仅因为社会进步和民主制度鼓励民众更多地参与各项活动，而且因为中产阶级具有更强的自我组织和自我治理的意识和能力，于是产生了大量的新精英或草根精英。新媒体的应用也催生和扩展了草根精英。新精英或草根精英主要包括网络领袖、社区领导、非政府组织创始人、中小学教师、中小企业主、律师、演艺界人士等。他们直接联系民众，拥有成千上万的粉丝，具有强大的号召力和影响力。中国人在开展民间外交时应当广交深交草根精英这样的新朋友，同时这些新精英多半也都是中青年，而争取中青年的人心也是获得未来的保证。传统精英仍然有其重要意义，也需要不断工作，达到可持续发展，但那可由官方外交和公共外交主要来承担。民间外交如果能做好草根精英的工作，进而辐射广大中产阶级，不仅对于官方外交是极好的配合与互补，而且能为中国软实力的升级作出贡献。

### （三）政府与民间建立互动新模式

民间外交具有两种基本形式，一种是自觉配合中国官方外交，即由各级政府发动民间机构、组织和个人，委托它们从事特定的对外交流活动；另一种是民间机构、组织和个人自发的活动，符合中国官方外交发展的潮流和趋势，也被纳入民间外交。所谓民间外交进入新时代的标志，即两种形式都蓬勃发展，各显其能，充分展示中国人参与国际交流和全球治理的热情、才能和力量。然而，现在政府和民间对这一新情况的认识不足，缺乏准备，还未摸索出官方与民间互动的新模式。

政府具有领导、组织和引导的重要作用。政府委托民间机构、组织和个人从事特定的对外交流沟通的任务，由来已久，经验丰富。但是，面对今天空前广度和深度的争取国际民心的紧迫任务，以及国内民间机构、组织和个人交流活动井喷式地繁荣兴盛及其参与意愿，各级政府经常显得手足无措，难以应付。例如民间外交的重镇上海有16个区，目前仅有3个区设有区对外友好协会。在空缺对外友协的区，民间外交工作与外交外事界限不分,甚至被取代或淹没。即使在已设对外友好协会的区,也没有明确的编制,缺乏相应的资金,扶持政策和措施很少,对民间外交的组织和领导相当无力。

对于自发的民间外交如何组织和领导,是摆在各级政府面前的新课题。民营企业走出国门创业,在商言商,人们跨国定居结婚,学生求学、老师任教海外,他们肯定是文化交流的使者,但不一定负有民间外交的任务。然而,由于中国外交的积极拓展,例如"一带一路"倡议覆盖欧亚大陆各国,有的人也因此主动贡献,成为国与国人民之间的友好桥梁,这也符合中国外交的潮流和趋势。各级政府应当敏锐地发现他们,充分地肯定他们,并在法治条件下给以适当的精神鼓励和物质支持。这种形式过去少见,今后将层出不穷,各级政府如何对待这一新现象,还没有成熟的做法和机制。应当看到,中国外交是党领导下的伟大事业之一部分,凡能从事民间外交活动,符合中国外交潮流和趋势,拥护中国共产党领导下的国家强盛、人民友好、和平发展的华人华侨,都应获得尊重和肯定。

当民间外交发展到队伍庞大、领域众多、涉及各国之时,传统意义的完全整合、绝对步调一致是相当困难的,而且可能不利于新生事物发挥主动性和创造性。因此可以采用宏观引导和分管部门具体支持相结合的方式。中央政府将把公共外交和民间外交纳入大外交的视野,定期发布外交总结和趋势报告,让海内外中国人更加明了中国外交的方向和趋势,以便更好地加以配合。可以成立各种基金会,奖励和鼓励公共外交和民间外交的优秀成果、组织和个人,为民间外交树立典范和榜样。分管部门可以根据自己的职责,联络和支持相应的民间外交机构、组织和个人。工商联和行业协会应当联络企业(包括国营和民营企业),支持企业走出去的活动。各级地方政府可以更多地关注本地区走出去的智库、学校师生、友城活动中的民间往来等。侨办应当关心在海外定居的华侨华人。中国使领馆最了解第一线情况,最有权威和优势整合在该国开展的民间外交活动。近年来中国举办的"中华文化之光"等活动,表彰在世界上传播中华文化的优秀人物和感人故事,产生了巨大影响。丰富多彩的民间外交正如火如荼地进行,值得表彰褒奖的领域不可胜数,亟待关注。可以预见,民间外交这样人民性、群众性的事业,难免出现鱼龙混杂、泥沙俱下的问题,但是瑕不掩瑜,依法处理问题,满腔热情地欢迎和讴歌人民参与民间外交的创举,并在实践过程中不断地完善它,才是正确的态度。

# "缘"：中国"周边人文交流"新视角
## ——以中日韩为例

武心波　宗立宁

**【内容提要】** 打造中国特色的哲学人文社科体系是一个漫长的过程，往往始于对本土概念的发现和打造。"缘"，是东亚古老传统中的一个特有概念，无论是起源于印度的佛缘，还是流行于东亚地区的缘文化，作为各种关系的最高范畴，在哲学上具有与西方的"法"（契约）相同的地位，是东方社会弥足珍贵的人文资源财富。如何从"缘"的视角出发来揭示人文交流的东方本质，丰富其内涵，建构中国周边人文交流的理论框架与逻辑体系，使其能更好地服务于中国的周边外交，是一个颇值得研究的新课题。

**【关键词】** 缘　人文交流　周边人文交流　公共外交

**【作者简介】** 武心波，上海外国语大学中国学研究所所长、教授；宗立宁，上海外国语大学国际关系与公共事务学院中国学专业博士研究生。

人文交流[①]作为中国对外交流的一种新概念或新理念，应将其放到中国的话语体系和逻辑框架中用中国的学理概念加以锻造，更多地赋予其中国乃至东方特有的意蕴，使其具有中国的学术品格，成长为能与西方理论平等对话的知识体系。

本文拟紧扣"缘"这个东方古老的核心概念，围绕着中国"人文交流"

---

① 关于"人文交流"的概念，最早应该是杨洁篪在《奥运后的国际形势与外交工作》的讲话中提出的，当时称"人文外交"，后又统一改为"人文交流"。北京大学国际关系学院外文系主任张清敏对此解释说，在当前文化格局不断变动的情况下，外交环境更依赖于不同国家、社会之间的关系。因此，人文交流不应简单地置于外交架构之下，而是应立足于社会文化和人与人的交往，与外交活动互为补充。笔者最早采用"人文外交"的提法，现据此除第一部分仍然使用"人文外交"外，其他部分均改为"人文交流"。

这一新议题，尝试从缘起、缘说和缘生三个层面，对这一概念的理论内涵和实践意义进行一番全新解读，以抛砖引玉，引发关注。

## 一、缘起

### （一）杨洁篪报告

当今世界正在发生着深刻的变化。国与国之间的关系日益延伸为族群与族群、人与人之间的关系，传统意义上的外交、国际关系也日渐从政治关系、经济关系拓展至文化关系，人与人之间的交流日益成为维系国家间关系的重要力量。

2008年8月8日第二十九届奥林匹克运动会在北京如期举办，这是中华民族的百年梦想、千年盛事。奥运会开幕式震撼人心，极大地激发了中国人的外交想象。2008年10月，外交部长杨洁篪在中共中央党校作了题为"奥运后的国际形势与外交工作"的报告，他在报告中以北京奥运为契机，首次明确提出了"人文外交"的概念。他说，奥运会是东西方文化的一次集中对话和交汇，人文奥运是北京奥运会的核心理念之一。"大力推进人文外交，加深人与人之间、民众与民众之间、民族与民族之间的相互沟通和友好情谊，对于增进国家与国家之间的信任与合作、促进世界的和平与繁荣，比以往任何时候都重要。"[①] 2009年3月7日，在全国"两会"期间举行的年度中外记者招待会上，外交部长杨洁篪再次将人文外交提到了非常高的地位。

2009年7月20日，胡锦涛主席在出席第十一次驻外使节会议时指出："要加强公共外交和人文外交，开展各种形式的对外文化交流活动，扎实传播中华优秀文化。"[②] 胡锦涛主席明确提出了"政治上更有影响力、经济上更有竞争力、形象上更有亲和力、道义上更有感召力"的目标。[③] 这是中国最高领导人首次从战略高度对人文外交及其目标进行了系统阐述，为中国人文外交发展指明了方向。

2012年11月8日，胡锦涛向中国共产党第十八次全国代表大会作的题

---

① 《杨洁篪：奥运后的国际形势与外交工作》，《学习时报》，2008年10月20日版。
② 《胡锦涛等中央领导出席第十一次驻外使节会议》，新华网，http://news.cri.cn/gb/27824/2009/07/20/2225s2567715.htm（上网时间：2018年4月5日）。
③ 同上。

为《坚定不移沿着中国特色社会主义道路前进，为全面建成小康社会而奋斗》的报告中，"第一次明确提出中国将扎实推进公共和人文外交，这是在中国综合国力在世界舞台上迅速崛起的时代背景下，正视中国与世界关系历史性变化的战略选择，更是对中国理论自信、道路自信和制度自信的集中体现。"①

### （二）周边外交

2013年10月24—25日我国的周边外交工作座谈会在北京召开。中国新一届领导层确立了周边外交新理念，习近平主席在座谈会上强调要着力加强对周边国家的宣传工作、公共外交、民间外交、人文交流，广交朋友，广结善缘。

会上，习近平主席强调了着力加强对周边国家宣传工作，加强公共外交、民间外交、广交朋友、广结善缘的理念，这是"人文外交"的实践要求。并且提出"亲诚惠容"四字箴言，对其作了具体阐述，集中体现了中国传统文化的理论精髓。

亲，讲的是"要坚持睦邻友好，守望相助；讲平等、重感情；常见面，多走动；多做得人心、暖人心的事，使周边国家对我们更友善、更亲近、更认同、更支持，增强亲和力、感召力、影响力"。诚，强调"要诚心诚意对待周边国家，争取更多朋友和伙伴"。惠，在于"要本着互惠互利的原则同周边国家开展合作，编织更加紧密的共同利益网络，把双方利益融合提升到更高水平，让周边国家得益于我国发展，使我国也从周边国家共同发展中获得裨益和助力"。容，则是"要倡导包容的思想，强调亚太之大容得下大家共同发展，以更加开放的胸襟和更加积极的态度促进地区合作"。②

"亲诚惠容"四字理念提出之前，党的周边外交政策基础是"与邻为善、以邻为伴"的周边外交方针和"睦邻、安邻、富邻"，"亲诚惠容"是在此基础上提出的周边外交新理念，其内在有丰富的内涵和联系。

---

① 韩方明：《十八大明确中国公共外交新目标》，新加坡《联合早报》，2012年11月15日。
② 《习近平：周边外交工作座谈会》，人民网，http://politics.people.com.cn/n/2013/1025/c1024-23332318.html（上网时间：2018年4月5日）。

### (三) 复旦报告①

2014年以来复旦大学重视人文外交与人文对话课题的研究，形成了集国际问题研究院、文史研究院、中华文明国际研究中心、国务学院、新闻学院、哲学学院等多个学院和多家校内智库为一体的跨学科科研团队，开展团体攻关，形成了《人文外交：中国特色的外交战略、制度与实践》这一初步的研究成果。

复旦报告对人文外交的理念内涵做了很好的规定，认为中国具有非常古老的人文传统，对于怎样建构社会、建构秩序、共存发展，中国人有自己的思想渊源、哲学传统乃至文明实践。从古至今，中国都是通过一系列的文化创造，包括制度的建构、生活的安排、习俗的塑造等来实现族群认同、国家认同，进而建立合理的秩序。从这个意义上讲，人文外交是中国外交传统中最为珍贵的元素之一，我们可以从中挖掘出很多有益的外交理念，完成一些新的建构，帮助国人对当代外交和国际关系形成新的理解，并对未来和平与发展有所助益。

在中国传统文化里，人文的作用被放在非常重要的位置。《周易》里写道："刚柔交错，天文也，文明以止，人文也。观乎天文，以察时变，观乎人文，以化成天下"，也就是后来人们常说的"人文化成"。②"化成天下"则成为中国外交发展新思路。进而深入将人文和外交相结合，提出"人文外交"理念，这是中国外交理念的独创，也是当代中国外交实践不断开拓进取的体现。

人文外交可以看作一种制度化的沟通活动，它通常包含三个层面的交流，即人员交流、思想交流和文化交流。它与其他外交形式（如"民间外交""文化外交""公共外交"）之间的主要区别在于：立足更为高远、广阔、包容，强调国际社会人与人、心灵与心灵之间的真诚沟通和交流，旨在创造一个和平、发展、合作的人类世界。③

---

① 复旦大学国际问题研究院发布专题研究报告《人文外交：中国特色的外交战略、制度与实践》，2014年12月3日。首次提出"人文外交"概念，对这一外交新实践和新趋势进行了分析研究。本文简称"复旦报告"。
② 复旦大学国际问题研究院：《人文外交战略、制度与实践》，《光明日报》，2015年1月7日16版。
③ 同上。

### （四）一种假设

由此可见，"人文外交"的缘起，是有其广阔的时代背景和深厚的现实战略需求的。人文外交凸显了人在外交中的主体地位。

笔者认为，在对现有人文外交的研究中，"亲缘"研究尤其引人关注。虽然政治家对"亲"这一概念给予了高度的重视，学者们也积极跟进展开深入研究（如复旦报告对这一概念做了学理上的一定的解释），但仅仅停留在这一点上是远远不够的，作为一种学术探寻，我们似还可以做进一步的挖掘与拓展，对之做更深入的思考。

作为一种假设，我们是否能从亲缘出发挖掘开去，将之进一步地上升到"缘"这一更高的哲学层面，对其做进一步的考察、思考和解读呢？如果我们能因此而发现和提炼出一个本土的核心概念，并通过破译"缘"的关系内涵而确立起一个观察问题的视角，进而深入解读和考察其与"人文外交"之间所天然存在的一种客观而深奥的逻辑关系，那么对构建具有中国或东方特色的人文交流的理论与实践是否具有创新性的重大现实意义呢？

## 二、"缘"说

如果说政治、经济、法律等概念多来自西方的话，那么人文、历史等概念更应具有东方色彩，我们应该积极开发这一人文资源，挖掘出具有中国特色的理念或概念，以此来深化人文交流，形成自己的话语体系。

具体而言，如果说今天中国的人文交流是在尝试一种新的外交思路，那么，需要把中国传统文化宝库中丰富的智慧和人文精神重新挖掘并表达出来。

### （一）概念

"缘"，作为东方"关系本位"的最高哲学范畴，最初是佛教的一个宗教概念，泛指人与人或人与事物之间发生联系的可能性，是人与人之间、人与事物之间命中注定的无形的连接或遇合的机会。①缘是人际关系模式的总体原本，它不是一种制度安排和制度规定，是一种可以从根本上解释人际关系的"为什么"。

"缘"的核心是指人与人，人与物之间的一种特殊的关系和联系，这种关系和联系，是两个以上行为主体，在情利结合、以情为主的基础上，相互承认的，根据双方共同具有的特殊认同感而产生的、相对稳定的联系。正因为感情纽带是它主要的基础，因此"缘"具有特殊的认同感、亲近感、信任感和亲密感，它比关系内涵具有更丰富、更情感的含义。②

### （二）比较

"缘"与"法"作为一个事物的两面，实为东西方所各自侧重，可形成鲜明的对比。西方世界重"法"，法即"契约""制度"，西方善用契约或法律来规定关系；以中国为代表的东方世界则重"缘"，善用"缘"来建构身份，确认彼此的关系，实现群体认同。"缘"的世界和"法"的世界，各为世界的一半，共同构成一个完整世界。

如果从"本体论"的高度来看"法"与"缘"的关系的话，那么我们不难发现东方和中国文化的本体论，似乎更接近于一种"观念本体"，或曰"关系本位"。这种本体论的指向对接于"群体本位"的社会文化基因。而西方文化的本体论是"物质本体""制度本位"的"二元对立论"，这种观念对接于"个体本位"的西方文化基因。

中国文化自古强调以（群体）关系为本的对万物的包容，认为物质世界和人同源与同体。在世界起源的神话中，盘古和天地共存于混沌，不分先后，混沌之中既有物又有人。在道德经中，"道"这个近似"本体"的概念，既指代人的起源，也指代物的起源，"道"是物质世界的本质和人的本质的合一。此外，我们还可从道学中发现中国文化的"观念本体"性（也即其非物质本体论特点），"在中国古代文化中，'以道观之'达到'道通为一''天人合一'的境界，以及禅学的'般若直观'达到'不二法门''圆融相即''平常心是道'的妙悟都是不同于西方文化'超越二元对立思

---

① 《现代汉语词典》，北京：商务印书馆，第6版。参考百度百科 https://baike.baidu.com/item/%E7%BC%98/85567（上网时间：2018年4月5日）。

② 林其锬，吕良弼：《五缘文化概论》，福州：福建人民出版社，2003年，第50页。

维'的。"①

"物质本体"的西方文化，从"个人本位"出发，在"我"与"他我"之间有着非常明确而清晰的界限，彼此对立。而创造了"人"和"世界"的上帝作为"一元起源"，也是第三方的存在，在与"个体"的人对话中（西方人总在不断地向上帝祷告和忏悔），形成了彼此相呼应的因果关系，而"制度"则是上帝与独立的个体通过隐秘的谈判在尘世中达成的密约。上帝作为创造者也是中介者，通过"制度"这种方式继续履行着其协调常常处在二元对立和冲突中的人与人或人与物之间的永恒关系的神圣职责。为此，当"制度本位"的社会运行原则在西方社会确立后，便与偏重于"关系本位"的东方社会永远地区别了开来。②

### （三）缘说

东亚的中日韩三国一衣带水，文化根基一脉相承，两千多年来由"缘"而起的各种交往不断，彼此相互影响，绵延至今。

中日韩对"缘"有着共同的理解和想象，不仅"缘"文化形态十分相似，而且这方面的社会资源也非常丰富，亟待挖掘和利用。过去在讲到中日韩友好时，经常会讲这样三句话：一是人缘相亲（同种）；二是地缘相近；三是文缘相通（同文）。在如今的互联网时代，又多了一缘："网缘相联"。

1. 中国的"缘"说

中国是一个多缘社会，古往今来关于缘的阐述林林总总，但对缘文化阐述得最得体和最到位的，则是上海市社科院的林其锬教授，他是中国"五缘文化说"的创始人。

1989年4月17—20日于福建省漳州市召开的"纪念吴夲诞辰1212周年学术讨论会"上，林其锬先生在宣读《"五缘"文化与纪念吴夲》一文时强调指出，"中国文化的本位是群体，强调的是家、族、宗、国，人际关系重伦理"，认为"中国伦理中心主义的文化，一个重要的突出点就是重视

---

① 周全田：《中国传统文化的非本体论》，《周口师范学院学报》，2011年第4期，第32—36页。

② 武心波：《走"以中国为方法世界为目的"的中国道路》，《中国战略研究》，2016年2月版，第366—377页。

人际间的'五缘'关系"。①

"五缘"最初指的是亲缘、地缘、神缘、文缘和物缘,后经深入探讨,林先生又将其调整为亲缘、地缘、神缘、业缘和物缘。之后在1994年出版的《五缘文化概论》一书中,对五缘文化理论进行了全面的阐述和论证。

《五缘文化概论》的问世,标志着五缘文化理论框架的初步形成。所谓"五缘"是指亲缘、地缘、神缘、业缘、物缘,用来适应已大大扩展了的社会人际关系的客观变化,而成为近现代华族社会人际的基本关系。所谓亲缘,就是以亲属为纽带而形成的宗族亲戚关系;所谓地缘,就是以郡望、籍贯、乡土为纽带的邻里乡党关系;所谓神缘,是以宗教信仰为纽带形成的关系;所谓业缘,是以职业、专业为纽带的同行、同学关系;所谓物缘,是以物为媒介纽带形成的人际关系。②

随着"五缘文化"理论研究的深化,其重要性也日益凸显,并形成了良性循环积极发展的模式,在西方话语体系占主导的当前世界形势下,提供了一种新的思考角度和框架。五缘文化是扎根于中国优秀传统文化之中的,是东方思想精神的精华提炼,是一种新的理论模式,也可以说是一种代表了东方视角的"东方话语体系"。在当前的国际形势下,中国想要获得世界尊重,首先要获得世界认同,而世界认同的前提是我们对自身的了解和认同,这就需要我们从根源上,从根本上挖掘和发扬"中国性"。"五缘文化"即是"中国性"的根本,也是"中国性"赖以生存和发展的土壤。

著名学者、思想家、文艺理论家王元化先生为林其锬的专著《五缘文化概论》题词:"五缘:文化华人纽带",表明了他对五缘文化研究的肯定、支持与独到见解。③前上海社会科学院副院长、著名理论权威夏禹龙评价说,五缘文化研究自林其锬先生1989年首先提出和倡导以来,已有二十多年了,可谓成果累累、绩效斐然、传播广泛、影响深远。著名学者邓伟志评价说,五缘文化研究有利于破解中华民族文明为何能绵延不绝、与世长存之谜。中华民族是世界上古老民族之一,但不是最古老的民族。巴比伦和古埃及,其文明都已中断,巴比伦早已消亡,埃及、希腊虽然还在,但生活在那里的人早已不是古埃及人和古希腊人的后代了。而中华民族却能

---

① 沈永林、黄凯锋:《"五缘"文化研究二十年述评》,《社会科学》,2009年第10期,第140—145页。
② 林其锬、吕良弼:《五缘文化概论》,第56页。
③ 沈永林、黄凯锋:《"五缘"文化研究二十年述评》,第140—145页。

在长达四千多年的历史长河中保持其文明的一脉相承，从未中断过，在世界上仅见。这说明中华民族有着极强的凝聚力。究其缘由，可以从多个侧面进行剖析，而五缘文化论，无疑是其中一种颇有见地的解释，它准确地概括和把握住了华族社会运行的特征和规律。

五缘文化说的核心是如何处理人际关系，着重从外部观察研究华侨华人社会的社会结构和人际网络。

1996年9月5日的《人民日报》曾以《五缘文化华人纽带》为题发表过一组专版文章。《人民日报》称："在中华民族经过数千年积淀而形成的传统文化的深层，蕴含着人际间的精神和物质的千丝万缕的联系，这便是'缘'，诸如亲缘、地缘、神缘、业缘和物缘。一种缘便是一根强韧的纽带，一座坚固的桥梁，它把遍布于世界各地华人社会各色人等编织成色彩各异的人际网络，汇聚成地区经济所必不可少的商品流、资金流、技术流、人才流、信息流。"充分肯定五缘文化研究在理论和实践两方面的价值。[①]

2. 日本的"缘"说

日本也盛行"缘"文化，其主要表现为血缘、地缘、业缘（职缘）、神缘（神道教）等关系。

一千多年以来，日本社会一直是以血缘集体为中心发展起来的。日本人都有"内部人"这种意识，因此，不轻易地把外国人当作自己的伙伴（如风吕文化，不许外国人入内）。日本社会的社会基本单位是"氏"，所谓"氏"就是以家庭为基础的血缘集团，姓则是由大和国的统治者授予的，标志着各个氏族在政治上的地位。

氏由一家以上数个家庭组成，有数十户乃至数百户的大氏，也有不过几户的小氏。氏的内部宛如一个父系家长制大家族，以氏上为中心由氏人构成，氏上即族长，由主家世袭。氏上统率氏人，主持祭祀，裁断诉讼，管理生产和生活，并代表氏负责与外部交涉，氏上是拥有绝对权威的大家长。氏人不仅包括血缘亲属，而且还包括非血缘关系者在内（部民、部曲、奴婢）。

中央大豪族物部氏分布全国，号称"物部八十氏"，物部氏是否能有八十氏姑且不论，八十氏中并非都是物部氏的血缘亲属，而许多是模拟同

---

① 沈永林、黄凯锋：《"五缘"文化研究二十年述评》，第140—145页。

族关系的，如肩野物部、播磨物部、登美物部这一类以地名命名的复姓物部都是物部氏的部民。①

学者滨口惠俊还提出了"间人主义"②（まうとしゅぎ，人际关系主义）的概念。他认为，在日本人际互动的核心要素是"缘"，承认"缘"意味承认"相互之间非常相关，自身是相对的存在这样一个事实"。人们在社会上的联系就是由血缘、地缘与职缘构筑的一张无限大的网络，在具有广泛连续性的"缘"构成的因果关系的体系中，彼此联结在一起。

日本著名人类学家、藏学家中根千枝最早提出纵向人际关系的概念，即"业缘"。她指出，"场"（人们生活的空间）和"资格"（个人先天或后天获得的社会属性）是缔结集团的两个要素，日本人在缔结集团时对"场"的强调甚于对资格的强调。由于同一个"场"内的人有不同的资格，就需要一种力来把这些人凝聚到一起，纵式关系可发展出一种力，凝聚集团内各种资格的人。在纵式集团内按上下关系把每个人的社会位置确认并排列起来，形成了一种"序列"。

"序列"是一种比身份、地位更细致的区分，他不仅存在于不同地位和身份的人之间，在相同身份、地位和资格的人之间，也依据一定标准形成精细的等级序列。③

在日本尤其特定的"先辈"定义，即指入学或就职比自己哪怕只早上一年的人。日本人所言的"先辈"，与年龄没有关系，即使你年龄比对方大，但对方入学或就职比你早，对方就是你的"先辈"。按照日本人的处世法则，"先辈"对"后辈"有照顾的责任与义务，而"后辈"在刚刚进入一个新环境时，想要很快适应并被接纳，最有效的方法就是跟"先辈"搞好关系。这无外乎是一种"序列"，是一种缘关系，即"业缘"的体现。

3. 韩国的"缘"说

韩国"缘"文化也有着很长的历史。据韩国著名学者柳承国考证，朝鲜王朝创立后，儒教作为官方的统一思想在政治、文化各个领域实施了长达500多年的垄断统治。1880年以后，韩国社会开始出现会社、商会等，无论是社会组织，还是民间团体，往往是以"血缘""地缘""学缘"等为

---

① 李卓：《略论日本古代的氏族政治及其历史影响》，《南开日本研究》，1996年00期，第241页。
② [日]滨口惠俊：《间人主义的社会日本》，东京：东洋经济新报社，1982年。
③ [日]中根千枝：《タテ社会の人間関係》，北京：商务印书馆，1967年。

基础建立起来的，具有浓厚的亲情主义色彩，韩国通常把这种文化称为"缘文化"。①

韩国的"缘"文化中，主要有以下"四缘"：

"血缘"：指以血缘亲情为纽带而形成的宗族、亲戚关系。韩国用"寸"来表示血缘关系的亲疏远近。比如，韩国人管叔叔叫"三寸"，舅舅是"外三寸"，血缘关系越远，"寸"数越多。②

"地缘"：指因生活在同一地域而形成的同乡关系，同一个地方出来的人，即使互不认识也更容易熟络起来，并互相帮忙。

"学缘"：指因就读于同一学校而形成的同窗关系。同一学校毕业的前后辈之间形成的关系网，为学校"学友会"的流行奠定了基础。

"职缘"：指因就职于同一工作单位而形成的同事关系。

在如此"缘"文化社会中，韩国公司讲"学缘"，同一学校出身的同事有更强的认同感、亲近感、信任感和亲密感，这就是我们"五缘"中的"业缘"；韩国甚至在选举中也讲缘，讲的是"地缘"，韩国历届总统主要出自韩国的全罗道和庆尚道。在政治上，全罗道支持民主派，庆尚道支持右派，这就是"五缘"中的"地缘"；中国的朝鲜族与韩国同是白衣民族，从语言、生活习惯到民族习俗都有着深刻的联系，韩国人称中国的朝鲜族为"교포"（侨胞），表达的就是对同血同缘的"亲缘"关系；另外"神缘""物缘"也深深植入中韩交往的关系中，两国宗教文化的交流，通过共同的信仰连接起来的外交交流非常频繁，而且在经济物质上的贸易往来也是十分活跃。

4."缘"：一种隐形的制度性规范力量

"缘"概念，深入揭示了东亚文化演变发展中的一项核心内容——人际关系问题。通过多缘网络的建构，将人际关系归纳为若干个基本的类型，梳理、概括成由多缘组合的结构系统和框架体系，呈现了汉字文化圈人际联系和沟通的主要纽带和桥梁。缘也是区域合作的文化经络，是隐形的制度性的规范力量。

"缘文化"形成关系纽带，交叉构成蜘蛛网状社会网络，蕴藏丰富社会资源，谁能深刻认识、把握和运用"缘网"，谁就能独得先机获得事业

---

① 王书明：《韩国传统社会文化的特点刍议》，《青年文学家》，2011年第10期，第86、88页。
② 《韩国盛行"人际关系就业"》，参考消息网，2011年11月25日，http://world.cankaoxiaoxi.com/2011/1125/6998.shtml（上网时间：2018年4月6日）。

的成功；"缘文化"的理论基于"缘"的共同心理感受而产生心理认同，产生和谐人际关系，对内优化内部组织结构，形成强大凝聚力；对外协调社会关系，产生亲近感，形成合作伙伴、协作体，促进协同效应，实现组织目标；"缘"，赋予了中国人文交流以新的东方视角，而以缘为纽带打造出的人文交流模式，则在东方世界具有普遍的适用性。

## 三、"缘"生

打造以"缘"为纽带的周边人文交流模式，不仅可以为我们提供一个崭新的思维框架，而且还能为我们提供取之不竭的丰沛的人文资源，为中国的对外人文交流开拓出一个无限广阔的新天地。

我们可以根据各国实际，开展以"缘"为纽带、为抓手的人文交流，如有的国家是三缘，我们就以这三缘为纽带展开人文交流，以此类推。中国本土有五缘说，以五缘为桥梁和纽带，可以为我们开展人文交流提供一个网络性的逻辑框架，在这个框架内我们可以展开各种有声有色的人文交流，谱写我们人文交流的新篇章。

### （一）开展以"亲缘"为纽带的人文交流

无论是中国的五缘，日本的三缘，还是韩国的四缘，以及其他东亚国家的缘文化中，都具有强烈的亲缘意识，而且在多缘排列中又往往是亲缘为首，说明这些国家和地区，亲缘文化具有普适性，这就为我们开展以"亲缘"为纽带的人文交流，创造了条件，打下了非常深厚的基础。

走亲戚外交的开展。2014年7月3日至4日，国家主席习近平对韩国进行国事访问。王毅外长说，习近平主席这次访问韩国是一次走亲戚、串门式的访问，目的是增进两国人民友好感情，推动中韩关系再上新台阶。继韩国之行后，8月21—22日习近平主席又一次走亲戚、串门式地访问蒙古。《人民日报》将习主席此次出访蒙古国比作是"走亲戚式"外交。将周边关系亲缘化。

从民间看，各种以缘为纽带的互动也在缘文化底蕴深厚的国家和地区悄然开展着。如中韩缘文化节自2007年起每年在中韩两国交替举行，目前已成为两国之间规模大、影响佳的代表性民间人文交流活动。

在社会文化层面，中韩均有以纯正血缘维系的宗室和宗亲组织，它们彼此血脉相通，历史悠久，利用这一文化资源开展人文交流，具有积极的现实意义。为此，中日韩三国间的宗室、宗亲的交流也在民间层面自发地开展着。

如韩国保持着完好的宗亲会组织，这些组织负责管理本姓宗亲的事务。如祖坟、家庙、宗祠的修整；每年两次祭祀祖先的春祭秋禴；30年一次的族谱修订工作及帮助宗亲解决各种问题，等等。

中国的宗室宗亲活动虽然遭到破坏，但随着对传统文化的重视，乡村地域的宗室宗亲活动正快速恢复，而散居世界各地的华人更是推出了世界性的宗亲活动平台，这为华侨、韩侨、日侨的交流提供了很好的条件。

再比如，中国宋太祖后裔修谱韩国宗亲来"认亲"事件。2014年1月12日上午，600多名来自各地的赵姓宗亲代表，齐聚无锡市惠山区洛社镇，参加《赵氏宗谱》(敦叙堂)的颁发仪式。年过七旬的赵子来，代表韩国白川地区的赵氏宗亲千里迢迢赶到无锡"上门认亲"，并给万马村的赵氏宗亲转赠了韩国白川地区近年新修的《白川赵氏宗谱》。韩国的这一支分支，是宋太祖赵匡胤之孙赵惟固(后改名赵之遴)派衍，也就是赵匡胤次子赵德昭第三个儿子的后人，目前在韩国的后裔有数十万之众。[①] 这也是中韩之间"血脉相通""亲缘不断"的实证。

同样，中日之间也是历史交往悠久，积淀丰厚。各种历史人物和重大事件今天依旧还在深深地影响着两国。据历史记载，公元前210年，徐福奉秦始皇之命，率"童男童女三千人"和"百工"，携带"五谷子种"，乘船泛海东渡，成为迄今有史记载的东渡第一人。徐福东渡把秦代文明传入日本，促进了日本社会的飞跃。徐福在日本被尊为农耕神、蚕桑神和医药神。日本纪念徐福的祭祀活动历千年而不衰。因此，在中国学术界一直有

---

① 《宋太祖后裔修谱，韩国宗亲来"认亲"》，中国新闻网，2014年1月13日，http://www.chinanews.com/sh/2014/01-13/5726671.shtml（上网时间：2018年4月6日）。

一种观点认为徐福即神武天皇。①日本坊间长期以来有这样一种看法，徐福是日本人的国父，因此而形成了"日本皇室古墓之谜"②。日本昭和天皇的御弟三笠宫也认可此事，他曾动情地说过："徐福是我们日本人的国父。"而日本前首相羽田则在各种场合公开地说自己是徐福的后裔，其理由是，在日语中，秦与羽田的发音相同。羽田曾于2002年专程到连云港市赣榆县徐福村祭奠，他多次表示，羽田家族来自中国，祖先是徐福。在日本，徐福是作为日本先民的引导者和日本文化的开拓者的形象出现的，因此日本各地对于徐福的崇敬程度更要超过中国，由这种崇敬心理而引发的祭祀活动，更是层出不穷，热闹红火。

另一方面，在与日本的人文交流方面，还可以向与日本"家元"组织的交流这一"亲缘"基础上的人文交往方向发展。

"家元"是日本的真髓，是日本特有的社会文化制度。家元是指那些在传统技艺领域里传承正统技艺、管理一个流派事务、发放有关该流派技艺许可证的家庭或家族。以这样的家庭或家族为核心形成的组织即家元

---

① 率先提出日本开国神武天皇为中国人的是中国清代同治年间（公元1862—1875年）驻日公使馆一等书记官黄遵宪。第二位是香港学者卫挺生教授，他提出徐福即神武天皇的观点，1950年在香港出版《徐福入日本建国考》一书。他根据中日史籍、古物、古钱及徐福在日本的行踪等，从地理、时代、舟师等方面的十大巧合，证明"秦代使者徐福就是日本开国第一代天皇神武"。第三位是台湾学者彭双松，他撰写专著论述"徐福即神武"。他在研究兰花中发现徐福在日本的遗迹，先后八次自费赴日本考察徐福千童百工散落在日本各地的遗迹和传说，并拍下许多珍贵的文物遗迹和民间祭祀活动照片，于1973年出版《徐福即神武天皇》一书，1984年出版《徐福研究》一书，从田野调查角度丰富和补充了卫挺生教授"徐福即神武天皇"的观点。至今无人提出系统有据的反驳意见。卫氏《徐福入日本建国考》和彭氏《徐福即神武天皇》两部书发表后，在日本学界和政界曾引起强烈反响，既有支持者也有反对者。反对者多为右翼分子和军国主义者，支持者多为具有正义感和科学精神的学者，并由此形成了国际性研究和纪念"徐福千童百工集团东渡事件"的热潮。日本各地先后涌现出90多个纪念徐福的组织，直接或间接地促进了日本各界对日本开国史的重新审视，发出重新编撰开国史的呼声。在裕仁天皇之弟三笠宫殿下的支持下，1977年卫挺生《徐福入日本建国考》一书在日本翻译出版，至今尚无人提出系统有据的反驳意见。

② 2015年5月17日，英国《泰晤士报》的一篇关于日本古墓的报道爆出惊人消息：日本早期天皇可能来自中国或者朝鲜半岛。一时间，日本皇室古墓之谜吸引了众多关注的视线。据英国《泰晤士报》报道，在日本共有20多万个古墓，大部分源自公元4世纪到公元7世纪。其中896个陵墓埋葬着120多位天皇及其家眷，包括传说中的日本第一位天皇——神武天皇。这些古墓对日本的历史意义就如同金字塔在埃及的地位一样。古墓内很可能埋葬着许多珍贵的文物。据推测，其中可能不少来自中国和朝鲜半岛。日本政府机构宫内厅禁止任何对古墓的调查工作。他们认为古墓是已仙逝的天皇们的灵魂安息之处。有些坚持要调查古墓的学者甚至收到了来自右翼极端分子的死亡威胁。

组织。① 家元组织存在于广泛的社会文化领域，保留下的社会文化资源非常丰富，加强与日本家元组织在各领域的交流，可以极大地深化中日人文交流。

（二）开展以"地缘"为纽带的人文交流

2013年9月，习近平主席在访问哈萨克斯坦期间，提出用创新的合作模式，共同建设"丝绸之路经济带"，以点带面，从线到片，逐步形成区域大合作。一个月之后，他在访问印度尼西亚时，又提出发展海洋合作伙伴关系，共同建设"21世纪海上丝绸之路"。

这两大倡议被合称为"一带一路"倡议，在此后举办的周边外交工作座谈会和中央经济工作会议上，这两大战略均被强调。在2013年11月召开的中共十八届三中全会上，"一带一路"倡议被写入全会决定，成为国家战略，有学者将此称为中国深化改革开放和推进周边外交的"大手笔"。

中国古代对外关系起始于张骞出使西域，其被誉为"凿空"，即前无古人，从那以后，沿路国家和地区的"缘分"算是首次启动。《汉书·西域传》中详细记载了张骞出使西域所走路线，由于两条陆路交通线上输出的商品以丝绸品最具价值、对世界影响最大，所以这两条陆路交通线被后人称为"丝绸之路"或"陆上丝绸之路"。"丝绸之路"之名是在19世纪70年代，由德国地理学家李希霍芬在其名著《中国》一书中才开始首先使用的。②

与"陆上丝绸之路"相对应的，还有一条"海上丝绸之路"。联合国教科文组织曾发动有关国家专家，组成中国"海上丝绸之路"综合考察团进行考察。考察表明，"海上丝绸之路"远比"陆上丝绸之路"持续时间更长——从最早海运蚕丝去朝鲜，直到鸦片战争，竟有2500多年之久；通达的范围也更广，从先后开辟的各条航路看，已经航达亚、非、欧、美四洲，并且都是直达。③

如果说"一带一路"是以"地缘"为纽带的"再续前缘"。那么"命运共同体"则助推了地缘合作。

---

① 尚会鹏：《日本家元制度的特征及其文化心理基础》，《日本学刊》，1993年第6期，第85—97页。
② 李长久：《重建丝绸之路经济带》，《经济参考报》，2013年第5版。
③ 同上。

自就任中国国家主席之后，习近平针对中国外交的系列讲话中，"命运共同体"可谓其高频核心词汇之一，特别是针对周边国家，打造中国与周边的命运共同体，已成为习近平的周边外交战略。

在世界版图上，邻居是不可选择的，邻里之间在发展和安全方面有着天然的依存关系，这也是命运共同体概念要着重在周边树立的基础。在周边强调命运共同体意识，主要是依托地缘关系加强务实合作。

当国际上还有用"零和"思维甚至冷战眼光看待国际关系时，"命运共同体""利益共同体"的外交理念，无疑给国际合作和国际新秩序的构建提出全新的视角，这体现了新时期中国外交理念更为创新、灵活、包容、务实。

另外，从中日韩三国间"地缘"角度的密切交往和发展来看，也是结下了跨越时空的文化情缘。2013年9月28日，在韩国古都光州举办的第五届中日韩文化部长会议中，三国文化部长共同宣布首届"东亚文化之都"评选结果：中国泉州、韩国光州、日本横滨等三个城市，以悠久的对外交往历史，浓厚的文化底蕴和对传统文化的执着传承，在三国众多候选城市中脱颖而出，共同当选。1955年日本长崎市与圣保罗市（美国）结成友好城市，截至2011年1月日本同海外缔结友好城市数量已达到1596对。自1973年神户市与天津市缔结友好城市以来，到2011年1月末，日本与中国地方政府已缔结了338对友好城市（含友好交流城市；涉及日方322个，中方259个，结对数目仅次于美国，位居第二位。①

从东北亚区域意识（地缘意识）来看，在国际关系领域所谓区域意识，主要表现为一种基于地理范围的区域国家集体身份认同，即地理区域内国家对区域多层面共同体的认同，这是一种区域连带观念。这种区域连带观念，主要体现为把自己国家与区域内的其他国家看成是一个群体，甚至是一个不可分割的整体，区域意识的主体是国家。②

依据这样一个概念，东北亚区域意识（地缘意识）应该是东北亚地区这一自然地理范围内的国家所具有的连带观念，或者说集体认同。

---

① 蒋晓霞：《地方外事中友城交流之研究》，复旦大学，2011年。
② 张度：《比较视角下的东北亚区域意识：共同命运对集体认同的关键影响》，《当代亚太》2011第4期，第108—126页。

### （三）开展以"神缘"为纽带的人文交流

以"黄金纽带"构想为宗旨的中韩日佛教友好交流会议，至今已有18年历史。"黄金纽带"对维系和巩固三国佛教界和三国人民的友好往来和真挚友谊起到了桥梁和纽带作用。2013年11月26日，第十六次中韩日佛教友好交流大会就在中国三亚召开。

中日韩同属儒教文化圈，对孔子有着相同的崇敬和爱戴，通过祭孔等活动，也可以密切三国之间的人文联系，增进人民之间的感情。如"2005全球联合祭孔"活动，韩国和日本等都参加了祭孔现场连线报道。中日韩还合拍了《孔子》这部电影。

此外，还可以开展具有神缘性质的各种民俗性的文化活动。

公祭秦始皇求仙大典：2006年6月10日，河北省秦皇岛市举办中日韩三国民间丙戌年公祭秦始皇求仙大典。这一活动以"祈福、和平"为主题，通过挖掘望海民俗，纪念秦始皇入海求仙和徐福东渡，祈求世界人民健康长寿，中日韩人民友谊世代相传。秦皇岛市副市长李秦生介绍，秦皇岛市是秦始皇入海求仙的地方，有许多传说。中日韩三国民间人士举办这次活动，是为了纪念公元前215年秦始皇派徐福东渡，加强对外交流的伟绩，进一步加强中日韩三国民间交往，促进中日、中韩关系世代友好，祝愿世界各国人民健康长寿。来自中日韩三国上万人参加了公祭活动。①

共同纪念白江口之战，祭祀亡灵：韩中日三国在2014年第60届百济文化节期间的10月4日在韩国忠清南道扶余郡联合举办"白江口之战"亡灵祭祀活动，以告慰白江口之战当时牺牲的亡灵。白江口之战（663年8月）又称白江村海战，是大唐、新罗联军与倭国、百济联军于663年发生的一次海战，战役以大唐、新罗联军的彻底胜利和百济灭亡与倭国撤军告终。当时，各国众多士兵在战斗中牺牲。②

---

① 《秦皇岛市举行秦始皇祭拜大典》，央视国际，2007年7月14日，http://news.cctv.com/society/20070714/101602.shtml（上网时间：2018年4月8日）。

② 《韩中日将在韩共办"白江口之战"亡灵祭祀活动》，韩联网，2014年3月16日，http://chinese.yonhapnews.co.kr/allheadlines/2014/03/16/0200000000ACK20140316000700881.HTML（上网时间：2018年4月8日）。

### （四）开展以"业缘"为纽带的人文交流

中国、日本和韩国是汉字文化圈的三大轴心，共用汉字的历史可以追溯甚远。即使会话不通，只要会写汉字，三国国民就可以进行沟通。就像要理解欧洲的古典文化就要掌握拉丁语一样，如果想要了解中日韩三国的东亚文化就必须了解汉字。汉字是使中日韩三国间可以进行知识和文化交流的媒介和连接环。2013年7月10日，三国各界知名人士组成的东北亚名人会选定并公布了800个共用常见汉字。

同样，还有各种其他业缘性的交流。比如打造共同体：如历史研究共同体，文化研究共同体，学术共同体等；开展行业间交流：如产业组织，行会、协会、同乡会、同学会等；进行各领域交流：如加强体育、教育、艺术、旅游等领域的人文交流。

其中，旅游外交就是其中一项非常值得开创的事业。

旅游业对外活动日益频繁，极大地丰富了旅游业的外交含蕴。尤其进入新世纪后，旅游业对外意义日益得到彰显，在国家对外事务中的份量与日俱增，主要表现为：旅游对外活动越来越频繁，规模与层次不断提升，并成为重要的外交平台；旅游业发展成为双边关系的重要内容，并在国际或区域合作领域发挥重要作用。

在旅游业外交取向进程中，这些重要的表现已经成就并昭示了明显的旅游外交特征。正是基于这些特征，旅游业才有了走向"旅游外交"的总体印象，成为一项值得开创的事业。①

"旅游外交"的民间性主体是推动中日韩合作的动力。"旅游外交"的行为主体是游客，这一行为主体具有民间性、自发性和群体性，他们是推动中日韩合作的主要动力。

2010年来，随着中国经济实力的上升，人民币升值，签证政策的放宽等因素，中国游客出境人数迅速上升。根据国家旅游局的统计,2015年中国公民出境旅游人数达到1.2亿人次，旅游花费1045亿美元，同比分别增长12%和16.7%。尤其是去韩国和日本的游客大幅度增加。② 2010年赴日游客

---

① 梅毅：《旅游外交：我国旅游产业发展新取向》，《南昌大学学报（人文社会科学版）》，2006年第5期，第45页。
② 《2015年中国旅游业统计公报》，中华人民共和国文化和旅游部官网，http://www.cnta.gov.cn/zwgk/lysj/201610/t20161018_786774.shtml（上网时间：2018年4月8日）。

196.89万人次；赴韩游客196.86万人次。5年后，即2015年中国赴日游客人数激增为490万人次，赴韩旅游人数高达611万人次。

再来看韩国的人文交流发展。20世纪短短的几十年中，随着韩国经济的发展，韩国成为了"亚洲四小龙"之一，因此必然要求在地区和全球政治事务中扮演更重要的角色：除去韩国外交部门等政府机构在处理国际事务上的努力，还需要发挥人文交流的巨大作用。韩国政府对此予以高度重视，并在2001年成立了"韩国文化产业振兴院"，其中的一个主要任务就是推动韩国在海外的文化传播和人文交流。

中国与韩国正式建立大使级外交关系以来，在不到20年的时间中，韩国在华影响力的急剧扩大，这得益于其公共外交的有效推进。韩国在华公共外交的具体途径主要由娱乐、体育、医学、教育四个方面构成，效果显著。

在医学领域的整容业更是掀起了一股热潮。在掀起韩剧浪潮的同时，韩国的整容术也随之进入我们的生活，并受到追捧。我国一些医院因此开设了推崇韩国技术的整容项目。据2009年国际美容整形外科协会的统计，中国实施整容术的人员，占全球整容总人数的13.8%，位居全球第二名。整容术作为一门医学技术，同样承载着韩国人文交流的使命。[①]

## （五）开展以"物缘"为纽带的人文交流

开展以"物缘"为纽带的人文交流，就是深化各个领域物缘性的人文交流。比如传统的文化技艺领域，如琴、棋、书、画技艺、文艺曲艺表演等；传统美食、服装、器皿、饰品等；斗蟋蟀、斗牛等各种传统民俗娱乐活动和传统节日；以及存在于社会层面的大量非物质文化遗产，等等。

近年已经几项"物缘"人文交流活动引人注目，代表了未来人文交流的发展趋势：

1. 世界禅茶文化交流大会

2013年10月16日，第八届世界禅茶文化交流大会在浙江省长兴顾渚山茶文化景区拉开帷幕，活动吸引了来自中日韩三国以及中国台湾地区的茶禅界专家学者和佛教、茶文化的社团组织共200余人参加。[②]

---

① 丁锐：《韩国对华公共外交的途径及启示》，《外交季刊》，2011年第3期，第111—117页。
② 谢燕清、陈红波：《第八届世界禅茶文化交流大会在长兴举行周国富宣布大会开幕》，《茶博览》，2013第10期，第14—17页。

## 2. 2011年亚洲现代陶艺交流展

自2009年，亚洲现代陶艺交流展在广东省佛山市1506创意城（南风古灶）成功举办，此后每年分别在中国、日本、韩国依次举办，已逐步成为亚洲地区极具影响力的陶艺品牌展览，为亚洲现代陶艺的发展提供了良好的交流平台。①

## 3. 赠送大熊猫

熊猫是中国的国宝，熊猫外交，是中国独有的外交方式，从唐朝开始，四川的大熊猫就从深山走出，漂洋过海到达世界各大洲的许多国家，充当友好使者，为中国发展对外友好关系作出了不可磨灭的贡献。

仅日本中国分别于1972年中日邦交正常化，1982年中日邦交正常化10周年和1992年中日邦交正常化20周年3次赠送大熊猫。1972年中日邦交正常化之初，作为国家级的友好礼物，熊猫"康康"和"兰兰"在上野动物园初次登场，日本举国相告，东京万人空巷。

上野动物园菅谷博园长说，20世纪前半期，日中之间有过不幸的历史，但熊猫来日本后，让日本国民进一步认识了中国的和蔼与平易，对政治形成了制约性。30年来，大熊猫不仅是上野动物园的象征，也是最有效果的"亲善大使"。②

## 4. 赠送汗血宝马

2014年5月12日，土库曼斯坦总统别尔德穆哈梅多夫在北京赠送习近平主席一匹汗血马，这已经是土库曼斯坦第三次赠华汗血马。汗血宝马，学名阿哈尔捷金马（拉丁学名：Akhal-teke horses），原产于土库曼斯坦。汗血宝马从汉朝进入我国一直到元朝，繁衍生息上千年，但近代以来，史料中已很难见到汗血宝马的名字，汗血宝马在我国几近绝迹。③

中国历史上和土库曼斯坦一带的古代国家交往，就是因汗血宝马而结缘的。当时有西域的商人，历经千辛万苦将汗血宝马贩卖到中国，而励精图治的汉武帝，深知品种优良的战马对大汉朝击败匈奴人有多重要，再加

---

① 参照家声、小余:《"2011年亚洲现代陶艺交流展"佛山开幕》，《釜山陶瓷》，2011年，第21卷第11期。
② 《列岛再掀热潮：日本为新生熊猫征名忙》，东方头条，2017年8月11日，http://mini.eastday.com/a/170811195042434.html（上网时间：2018年4月8日）。
③ 百度百科"汗血宝马"，https://baike.baidu.com/item/%E6%B1%97%E8%A1%80%E5%AE%9D%E9%A9%AC/14310?fr=aladdin（上网时间：2018年4月8日）。

上当时的匈奴贵族都装备了堪称削铁如泥的精钢宝刀，为了联合西域诸国共同对付匈奴，也为了到西域引进良种的汗血宝马以及制作精钢宝刀的原料，汉武帝任命张骞为大汉使臣，出使以大月氏为代表的西域诸国。这应该是历史文献中最早记载中国和土库曼斯坦一带古代国家部落交往的记录。

在土库曼斯坦，汗血宝马是外交界的"宠儿"。特别是对于中国而言，汗血宝马有某种特殊的"物缘"意义。

首先，古代丝绸之路的开通，很大程度上是依靠了用马为主的交通方式。从古都长安到达西域各国，汗血宝马成为了那个时代的宠儿，也成为了中国与西域各国之间进行贸易往来的一种象征。

其次，中国的马文化源远流长，马是奋斗不止、自强不息的象征，马是吃苦耐劳、勇往直前的代表。中国传统文化中，以马为代表的拼搏和复兴文化，承载了整个民族对未来事业的一种美好向往与寄托。

最后，中国与中亚之间的历史文化延续和对马文化的共同喜好，成为了两国之间开展外交友好关系的一种良好铺垫。①

5．澳大利亚的"考拉外交"

2014年11月15日，澳大利亚布里斯本，G20峰会在当地举行，美国总统奥巴马与澳大利亚总理阿博特怀抱考拉，两只考拉甜蜜亲亲。②

诸如以上的人文交流的实例数不胜数，在如此丰富的人文交流活动中，我们更要用自己的话语和概念来解释人文交流，解释世界，而"缘"作为人文交流的一个新视角，具有巨大的解释力，给出了一个与西方不同的东方概念，深化了我们对人文交流的理解。

## 结　语

人文交流是中国外交的创新，不断挖掘东方独特的传统文化资源，以"缘"为纽带，可深化周边人文交流。

人文交流理念一旦完成了理论和逻辑体系的构建，便具有指导我们外交实践的能力，具有对来自于东方社会各种问题的强大的解释力，能更好

---

① 拯迪：《汗血宝马带来的外交文化》，《东南快报》，2014年5月15日A11版。
② 《G20峰会奥巴马与阿博特怀抱考拉玩"亲亲"》，中新网，2014年11月16日，http://www.chinanews.com/tp/hd2011/2014/11-16/437565.shtml（上网时间：2018年4月8日）。

地推动中国人文交流在周边和东亚地区的蓬勃发展和健康成长,并与西方的制度主义外交理论和实践展开积极互动和对话,推动人类的共同进步和发展。

# 人文交流在新型多边合作机制中的定位与作用

许利平

**【内容提要】** 人文交流作为新型多边合作机制的重要支柱之一，已成为新型多边合作机制的新亮点。目前人文交流在新型多边合作机制中，还存在一些短板，比如"面条碗"效应，缺乏顶层设计和精确定位等。未来在新型多边合作机制中，以青年和文化交流为重点推进上海合作组织的人文交流；以政党、智库、民间和媒体交流为重点推动金砖合作机制的人文交流；以教育和卫生为重点推动澜湄合作机制的人文交流。其目的在于增进凝聚力、扩大吸引力、培育持久力，关键在于增加我国在议程设计上的影响力。

**【关键词】** 人文交流　新型多边合作机制　多边外交

**【作者简介】** 许利平，中国社科院亚太与全球战略研究院亚太社会文化研究室主任，研究员。

自20世纪末以来，随着中国国力的不断上升，中国参与地区乃至全球治理的愿望和能力不断增强，以中国为主要角色的新型多边合作机制应运而生，比如上海合作组织、金砖合作机制、澜湄合作机制等。这些新型多边合作机制在增强发展中国家在地区治理乃至全球治理的话语权，推动国际秩序朝着更加公正的方向发展，发挥着不可替代的作用。与此同时，这些新型多边合作机制在深化中国与相关国家伙伴关系中发挥着越来越重要的作用。

人文交流作为新型多边合作机制的重要支柱之一，已成为新型多边合作机制的新亮点。随着人文交流在新型多边合作机制中的逐步推进，一些短板也逐渐凸显出来，需要采取措施，对其在新型多边合作机制中进行精准定位，更好地发挥其应有的作用。

## 一、人文交流在新型多边合作机制中的不足

在现有的新型多边合作机制中，人文交流呈现出全方位、多领域的特征，但明显存在一些不足。

（一）人文交流在各个新型多边合作机制中出现"面条碗"效应。

比如俄罗斯和印度，既是上海合作组织的成员国，也是金砖合作机制的成员国，俄罗斯和印度在参与这些新型多边合作机制的人文交流时具有高度的重合度。

（二）中国处理人文交流缺乏顶层设计。

比如，中俄人文交流机制是副总理级高级双边人文交流机制。在这一机制框架下，如何加强中俄在多边合作机制中的人文交流，方向并不明确。

（三）中国在参与人文交流新型多边合作机制的设计方案中缺乏精细定位。无论是上海合作组织、金砖合作机制，还是澜湄合作机制，迄今为止中国缺乏对这些新型人文交流多边合作机制的设计方案精准定位。

## 二、人文交流在新型多边合作机制中的定位

各个新型多边合作机制自身目标和任务不同，因此人文交流的内容也应该有所侧重。这就需要在新型多边合作机制中对人文交流进行精准定位。

（一）以青年和文化交流为重点推动上海合作组织的人文交流。

反对三股势力是上海合作组织成立的初衷之一。而青年是上海合作组织的未来，也是去极端化的主体。加强上海合作组织成员国的青年交流，有助于各国青年相互了解与认知，扩大去极端化的社会基础，推动成员国更有效地开展反对三股势力的合作。迄今为止，上海合作组织举办了国际青年辩论赛、青年交流营和青年节，中国—上海合作组织人力资源开发合作计划等，都取得了不错效果。

文化交流则是反对三股势力又一重要手段。通过文化交流，有助于消

蚀三股势力产生的思想基础，构筑健康、积极、向上的文化氛围，挤压三股势力生存的文化空间。上海合作组织已经建立文化部长会议机制，通过举办艺术节、音乐节，联合保护和开发世界自然文化遗产等，促进各国文化交流，兼收并蓄，夯实打击三股势力生存的文化基础。

（二）以政党、智库、民间和媒体交流为重点推动金砖合作机制的人文交流。

金砖合作机制成员国是全球新兴经济体代表。该机制是发展中国家参与全球治理，提供全球治理方案的重要平台。提升发展中国家在全球治理中的话语权，推动国际秩序朝更加公正方向发展，是金砖合作机制的重要使命。

以政党、智库、民间交流为抓手，促进金砖成员国治国理政交流，能够凝聚各国政治共识，提炼新兴经济体发展模式核心要素，有助于增强发展中国家发展模式的合理性和普世性，进一步深化南南合作，推动南北合作，修正不公正的国际政治经济秩序。

2017年6月，中国开创性地举办了金砖国家政党、智库和民间社会组织"三合一"论坛，以"共谋合作发展、共创美好未来"为主题，反响热烈。8月，由中共中央宣传部主办的金砖国家治国理政研讨会成功举办，会上通过的《泉州共识》指出，金砖国家应加强文明互鉴，不断扩大交流互鉴的朋友圈，为各国实现更好发展提供智力支持。

以媒体交流为重点，推动金砖成员国媒体交流与合作，在国际社会传播金砖声音，增强金砖国家的话语权。通过举办媒体高端论坛等，建立媒体交流合作机制，推动金砖国家媒体不断发展壮大。

（三）以教育和卫生为重点推动澜湄合作机制的人文交流。

澜湄合作是中国和湄公河下游国家进行可持续开发和开展互惠务实的对话合作机制，也是落实习近平主席提出的建设中国与周边更紧密命运共同体倡议的具体实践，并为促进次区域发展与繁荣提出中国方案。

澜湄合作聚焦互联互通、产能、跨境经济、水资源、农业和减贫五个优先方向合作，而社会人文合作则是其三大支柱之一。人文交流作为社会人文合作的主要载体，对促进澜湄合作具有极其重要的作用。

澜湄地区多为欠发达地区，劳动人口呈现年轻化趋势，开展教育交流和合作有助于年轻劳动力提高劳动技能，加快融入劳动密集型产业或服务业，最终让该地区尽快摆脱欠发达面貌，实现澜湄合作的基本目标。

在教育交流和合作中，重点开展职业教育，以服务于跨境经济合作区或境外工业园区为目标，增加当地就业，让澜湄合作真正惠及当地老百姓。

此外，卫生交流与合作是澜湄合作一大亮点。在澜湄地区，卫生问题成为该地区发展的一大艰巨挑战。由于气候环境变化、医疗保障欠缺等原因，澜湄地区居民的基本卫生得不到保障，需要外界开展务实的卫生交流与合作。

2016年3月，"湄公河光明行计划"被列入澜湄合作首次领导人会议认可的"早期收获项目联合清单"，旨在推进中国和湄公河次区域地区在卫生方面的交流与合作。"湄公河光明行"是中国公共外交协会和中国慈善联合会协同中国有关慈善机构和医疗机构在国外开展的首次公益慈善活动，通过各方的共同努力帮助贫困白内障患者重返光明。

## 三、人文交流在新型多边合作机制中的作用

新型多边合作机制没有可以完全照搬的模式，其合作的领域具有开拓性和前沿性特点，因此所遇到的障碍和困难自然不少。这就需要人文交流发挥独特作用，奠定新型多边合作机制的社会基础和民意基础。

### （一）增强凝聚力。

新型多边合作机制是否具有影响力和号召力，凝聚力是一个重要衡量指标。一个具有强大凝聚力的多边合作机制，会使各成员国保持高度团结，容易贯彻执行多边合作机制所达成的共识或行动计划，让多边合作机制更为有效。

新型多边合作机制成员国的政治制度、经济发展水平、文化风俗千差万别，开展合作需要聚同化异，增强机制的凝聚力。而人文交流则可以通过文化交流、教育交流、青年交流等，加深对彼此的认知，寻求合作的最大的公约数，从而增强合作的民意基础，为机制的凝聚力增添正能量。

## （二）扩大吸引力。

吸引力是衡量新型多边合作机制大众化、品牌化的一个重要参考指标。一个具有强大吸引力的多边合作机制，将会使得合作机制的"朋友圈"越来越大，在国际的话语权得到大幅度提升。

打造更多像文化节、电影节、运动会这样接地气、惠民生的人文交流活动，扩大新型多边合作机制的吸引力，让更多国家参与到新型多边合作机制之中。

## （三）培育持久力。

持久力是衡量新型多边合作机制是否具有生命力的一个重要指标，也是检验新型多边合作机制是否具有前瞻性、预见性和战略性的一个重要参考。要通过立体的、多领域、跨时空的方式，加强新型多边合作机制中的人文交流，夯实其社会基础，培育新型多边合作机制的持久力。

## （四）以我为主，增强中国在新型多边人文交流合作机制议程设计中的影响力。

中国共产党十九大报告明确指出："要加强中外人文交流，以我为主、兼收并蓄。"[①] 在新型多边合作机制框架下，中国无疑是一个重要的角色，需要发挥其在议程设计方面的关键影响力，特别是在人文交流中，要善于借鉴他国成功经验，为我所用。

新型多边合作机制为中国加强与全球新兴经济体和周边发展中国家建立更加稳固的伙伴关系网络，打造更加紧密的命运共同体提供了重要平台。中国可以通过已设立的8个双边高级别人文交流机制，有效开展中国与新型多边合作机制的人文交流，减少人文交流机制重叠的"面条碗"效应，强化新型多边合作机制成员国对中国的信任感和亲近感，为地区和全球治理中贡献更多中国方案。

总而言之，中国发展已经进入新时代，中国与新型多边合作机制的合作也进入新时代。作为中国对外交流合作的第三大支柱，人文交流无疑将

---

① 习近平：《决胜全面建成小康社会，夺取新时代中国特色社会主义伟大胜利——在中国共产党第十九次全国代表大会上的报告》，http://www.qstheory.cn/llqikan/2017-12/03/c_1122049424.ht（上网时间：2018年3月2日）。

成为中国与新型多边合作机制合作的润滑剂与助推器。面对人文交流的进一步扩大与深入，需要对人文交流在新型多边合作机制中进行精准定位。这个定位必须以我为主，统筹安排，进行顶层设计，服务于中国复兴的伟大中国梦。

# 中国与周边国家人文交流

# 中日人文交流：历史与现实的视角

徐静波

**【内容提要】** 由于在近代以前，日本基本上处于"东亚文化圈"内，其文化基盘在很大程度上是由东亚大陆文化奠定的，因而在展开中日人文交流时，其具体的策略和措施与其他国家不同，应注重开掘彼此之间的共同文化资源，重新审视双方在文化上的同源性。另一个关键点是，以多媒体，尤其是新媒体的方式来向日本人完整地展示改革开放以来获得巨大成就的中国新图景，以使日本的一般民众能认识到一个真实完整的新中国，消除彼此的歧见，从根本上使两国关系进入一个良性健康的时代。

**【关键词】** 中日人文交流　文化同源性　国民情感

**【作者简介】** 徐静波，复旦大学国际问题研究院日本研究中心教授，目前担任教育部重大攻关项目首席专家。

## 一、历史的审察

在近代以前，准确地说，在1854年美国东印度舰队打开日本国门之前，日本与朝鲜半岛等一起，在文化上大抵属于东亚文化圈的范畴。根据《后汉书东夷列传》的记载，中国与日本之间的正式交往，始于公元57年东汉光武帝刘秀接见倭国使者并赐给他一枚"汉委（通倭）奴国王印"的印绶："建武中元二年，倭奴国奉贡朝贺，使人自称大夫，倭国之极南界也。光武赐以印绶。"[①] 当然，当时的列岛上尚未出现统一的政权，使者大概来自列岛上的某一部落国家。以后在魏晋时代，列岛上的邪马台国卑弥呼女王以及后来的"倭五王"等也曾遣使来朝贡。4世纪时，半岛儒学博

---

① 范晔：《后汉书》（一〇），北京：中华书局，1973年，第2821页。

士王仁带回了《论语》一部和《千字文》十部,正式将中国的儒学传入列岛。①6世纪中叶,半岛百济的僧人带回了佛像和汉译佛经,虽然经历了一些曲折,但此后佛教逐渐为列岛上的人们所接受。②607年,执政的圣德太子听从百济僧人的建议,委派小野妹子为正使,来谒见隋炀帝,此后又来过几次使节团,这就是历史上的所谓"遣隋使",但在其递交的国书上则称"日出处天子致书日没处天子",③表示出与大陆朝廷分庭抗礼的姿态。不过,隋唐时期,大陆的文明水准要远高于列岛,于是列岛上逐渐形成的统一政权"大和朝廷"从630年开始,向唐派遣了十多批遣唐使,在各个领域全面学习唐的文化。在上层社会,汉诗汉文盛行,政治制度和朝廷礼仪等也学习唐王朝,并仿照长安城建造了日本的都城平城京(奈良)和平安京(京都),还设置了大学寮等教育机构,采用儒家经典作为教材,培育中央和地方的官吏。白居易等人的诗作在日本广泛传诵。日本史上称7—10世纪初为唐风时代。此后,官方的往来虽然沉寂了相当长的一段时间,但镰仓时代(1185—1333)通过僧人的往来,将中国的禅宗(临济宗、曹洞宗、黄檗宗等)以及茶文化全面传入了日本。室町时代(1336—1573)初重启中日贸易,中国的书画、建筑和庭园文化进一步影响日本。江户时代(1603—1867)日本文化在此前蕴积的大陆文化的基础上呈现出了灿烂的面貌,尽管实行了长达200多年的锁国政策,但仍有长崎一隅与中国做贸易,中国的明清小说藉此传入日本,三国故事和水浒传等通过各种文本深入民间,与此同时,朝鲜通信使将朱子学和阳明学系统地带到了日本,以致在长达两百多年的江户时代,朱子学几乎成了德川幕府的官方意识形态,儒学也是在这一时代真正影响了日本朝野两个层面,昌平坂学

---

① 据成书于720年的《日本书纪》的记载,时在应神天皇16年。按历来的推算法为285年,但现在史学界一般认为应该在405年左右。关于《千字文》的成书年代,它是由5世纪下半叶至6世纪前期的梁朝人周兴嗣奉梁武帝之命编写的,如果王仁确有携来,那么实际的年代恐怕要更晚些。

② 佛教传入日本,一直有公传和私传两种说法。公传的说法据《日本书纪》卷19记载,钦明天皇13年(公元552年)10月,朝鲜半岛上的百济王派人献给天皇金铜的释迦牟尼佛像一座,幡盖若干以及经书若干卷。但成书稍晚的《元兴寺伽蓝缘起》则将年代记为538年。主流学术界现在认为比较符合事实的是538年一说。私传说的根据是《扶桑略记》中转引的《法华验记》,据此记载是在522年制作马具的汉人司马达止(又作司马达等)于2月来到日本,在自己的居住地建起草堂,安置佛像,顶礼膜拜。但不管是公传还是私传,佛教在6世纪上半叶已传入了日本,这是事实。

③ 魏征:《隋书》(六),北京:中华书局,1980年,第1827页。

问所（包括孔庙和学寮等）的建立，标志了儒学在日本的绝对地位。

但是，也就是在江户时期，大航海时代以后传入的西洋地理知识等拓展了日本人的视野，重新审视中国的意识以及日本人的意识开始凸显，18世纪的本居宣长等倡导国学，主张排除外来的儒学和佛学，发扬光大自《万叶集》《源氏物语》以来的"物哀"等日本独有的美学概念，对宋明理学沉溺于"心""性"等虚空概念的考究发出了一些批判的声音，在19世纪初逐渐演变出了日本的所谓"实学"。① 19世纪中叶，西方以武力打开了日本的国门后，以福泽谕吉等为代表的一批知识分子，在实地接触了西方的近代文明后，对此表示了真心的服膺，主张在思想上和物质上积极向西洋文明看齐，从而将儒学等既有的东方文化遗产看作是日本向近代文明迈进的障碍，要加以坚决地摈弃。② 中国在近代的积弱积贫，使得日本人对中国的视线从仰视转为平视，再进一步转为俯视。

不过，另一方面，中国的古典在很长的时期里依然保有它的魅力，事实上，明治时代的各色重要人物，不管其政治倾向如何，都具有相当良好的汉学修养，孔孟乃至朱熹、王阳明等，仍然受到人们的崇敬。中国的古典，在近代以前，受过教育的日本人都可以通过训读的方式直接阅读，无需借助译文。近代以后，西方的学术研究方法传到日本，日本诞生了一门名曰"东洋学"的学问，着重研究中国以及与中国毗邻的西域、蒙古，白鸟库吉、内藤湖南等是这一时期研究中国学的翘楚，留下了至今仍被奉为圭臬的研究经典。

从以上对历史的审察来看，在实行我国的对外人文交流战略时，日本或朝鲜半岛等原属东亚文化圈的国家和地区与别的国家不同，基本上不需要我们在传统文化的弘扬上倾注许多的努力，对于古代的中国，对于中国的古典，一般日本人、尤其是老一辈的日本人，都有相当的了解。当然，我们这边依然可以适时地将中国书画的精品、中国的历史文物到日本去展出，以加深日本人对中国历史文化的认识。

---

① 江户时代中期，新井白石（1657—1725）等针对传统儒学的玄虚部分，倡导结合了朱子学的思想和实践的合理主义，有知识的阶层除了读写算等基本技能之外，还应掌握农工商的实用知识和本草学、兰学的实用知识。这一倡导和实践被称为江户时代的"实学"。

② 福泽谕吉（1835—1901）等在19世纪中叶游历了欧美之后，为欧美文明所倾倒，撰写了《西洋事情》《文明论之概略》等著作鼓吹向西洋学习，并在自己主编的《时事新报》上连续发文批判传统的儒家思想。19世纪70年代由欧美留学回来的一批人掀起了启蒙思想运动，并促发了自由民权运动，加速了日本社会在近代的转型。

## 二、现实的考量

1854年,在西方的武力胁迫下,日本被迫打开国门。此后一批社会精英获得机会去西方游学,目睹了西方文明的先进性,于是主流社会开始服膺西方文明,开始摈弃以儒学为主体的中国文化。在19世纪90年代以后,日本的主流社会甚至认为自己已经进入文明社会,跻身文明国家,而中华老大帝国已经日益衰败,堕落成了一个不思进取的野蛮国家。甲午战争以后,尤其是进入20世纪以后,在整体上,日本对中国的敬仰之心几乎已经荡然无存。在鼓吹"神国""皇国"(国家神道)意识的同时,主流社会出现了淡化和弱化历史上与中国密切而深厚的文化维系的倾向,强调日本的独特性和神圣性,同时认为日本已经达到了西洋文明的先进水准,应该由日本来引导中国,或者以日本的力量、或者借助日本的力量来帮助中国人改造中国,以至于发展到后来通过武力的手段来掌控中国。这一时期,大批的中国人到日本去留学,日本成了推翻满清政府的中国革命的温床,以及汲取现代新知识的极为重要的媒介,大量日本人创制的新的汉字词语(诸如共产主义、资本主义、封建主义、银行、美术、哲学等上千个汉字词语)又经由这些留学生以及应邀来中国任教的日本教习之手广泛传入中国,日本人和西洋人的著作通过日语的媒介被介绍到了中国,包括社会主义思想和马克思主义。最早的《共产党宣言》中译本,即是由留学日本的陈望道从日语翻译过来的,书名与日文本的汉字书名完全相同。

同时,出于现实的实际利益,由日本当局主导,在当时的东京帝国大学和京都帝国大学内分别开设了东洋文化研究所(1941年)和东方文化研究所(1929年),集中对中国的历史、文化、文学以及现实中国展开系统的研究,达到了相当高的研究水准。1934年成立的"中国文学研究会"是第一个专门研究现代中国文学、思想的组织,《中国文学研究月报》是最早的一份专门研究中国现代文学的学术刊物。19世纪末,尤其是20世纪以后,日本人阅读文言文的汉文能力大为降低,直接有能力阅读汉文汉诗的人日益减少,于是出现了各种注释翻译本。20世纪以来,包括小说四大名著、《论语》、《老子》、唐诗宋词等在内的几乎所有重要的中国典籍都已经出版了现代日本语的注释翻译本,高中的国语课本中也经常可见配有译文的中国诗文。这些译著一版再版,成了畅销书,其中尤以岩波书店出版的版本最为权威，在其麾下，集聚了一大批研究中国人文的名家，诸如青木正儿、诸桥辙次、吉川幸次郎、仓石武四郎、松枝茂雄、白川静，等等，其中的许多人，都在战前的中国待过很长一段时间。

　　日本战败以后，新中国的成立，使得日本开始重新审视中国，尤其是中国革命。在日本的学术界，重新掀起了一个研究、译介中国古典、历史和文学的热潮，这一时期的研究和译介，由于抛弃了战时日本对中国的偏见和歧视，立场相对比较公允，且是在旧有的积淀之上的升华，研究和翻译的水平较之战前，有了重大的提升。但是由于冰冷又坚硬的冷战格局，意识形态和安保体系上的对立，使中日两国长期处于一种比较疏离的状态，书籍的出版虽然比较兴盛，但在实际的人文交流上，除了少数的几次中国剧团和文艺家的访问团和中国政府邀请的日本文化人访华团的来往之外，人员的接触远远不够，留学生的制度也完全没有建立。由于两国还没有正式建交，彼此的来往，都要绕道香港，经由罗湖口岸进出，相当不便。经过两国朝野的长期推动，加之当时中苏对峙的微妙格局，在中美关系松动的背景下，1972年9月，中日邦交终于得以恢复。照理，中日之间应该在长期的阻隔之后迎来一个人文交流的高潮，但是由于当时的中国尚处于文化大革命时期，国家对外的许多交往活动，无法顺利展开，因而，不管是中国文化的对日传播，还是日本文化的进入，依然被非正常的政治气氛所笼罩。

　　1978年以后，中国终于迎来了改革开放的新局面，中日之间的人文交流出现了一个爆发式的热潮。不过，说是交流，几乎是日本文化单向性地传入中国。现代日本文化的各种形态（文学、电影电视、动漫、游戏、时装、建筑、饮食等）大量涌入中国，《追捕》《生死恋》《姿三四郎》《血疑》等日本电影、电视剧随着日本的家电产品一起涌入中国，日本文学作品的翻译出版，也在20世纪二、三十年代之后出现了一个新的高潮。然而，中国在日本的人文影响力，却没有得到相应的扩散。虽说现代革命芭蕾舞剧《白毛女》曾有日本松山芭蕾舞剧团专门上演，但一直未能受到主流社会的关注，影响面还相当有限。当年，曾有张艺谋、陈凯歌等导演的数部在国际上得奖的电影赢得了日本人的喜爱，中国的民乐团体屡屡造访日本，将中国美妙的民族音乐带给了一般日本的听众，甚至一度掀起了二胡的学习演奏热。但是总体而言，在日本依然缺乏正面的、先进的中国文化形象。传统中国的戏剧表演，已经没有多大的人气，在张艺谋等早年的几部电影热潮过去后，中国电影在日本又陷入了沉寂的状态，倒是香港的武打片曾一度在日本走红，但说实话，这算不得中国文化的精髓。大部分日本人对于中国的电影依然感到隔膜，至于电视剧和流行歌曲乃至于一般的流行文化，在日本几乎没有一席之地，尚未受到日本主流社会的认可，几乎很少有中国的歌手为一般日本人所知晓，也几乎没有中国的电视剧进入日本电视节目的黄金档时间。这与日本的流行文化在中国受到青少年一代的追捧，形成了强烈的反差。

中国的饮食在19世纪末期开始全面传入日本，虽然当时的日本人已经有些歧视中国人，中国食物的美味却是难以阻挡。20世纪20年代以后，势头愈益旺盛，逐渐与洋食分庭抗礼，乃至于到了20世纪60年代以后，与日本传统的和食、近代以后在日本大行其道的洋食一起构成了三足鼎立的"和洋中"的格局，左右了普通日本人的餐桌。然而，细细想来，中国饮食，除了美味之外，却不具有更多的文化附加值，至今仍还未能树立起高端、高雅、优美、时尚、经典等诸如此类的形象。除了部分高级酒店内也开设有中餐馆之外，绝大部分的中餐馆，都是一些单开间门面的小店，店面装潢灰头土脸，店内的格局也比较低矮局促，在大多数场合下，成了价廉物美的代名词，这与日本料理在中国的形象，又形成了鲜明的对比。①

日本游客到中国的观光，基本上集中于20世纪70—90年代，那时的中国，还相对比较落后，灰色差不多是当时中国的主色调，这也构成了当时一代日本人对中国印象的基调，而且这样的印象、这样的基调，在一般日本人的头脑中，维持了很长的一个时期，从另一个方面，也养成了一般日本人对中国的优越感。

20世纪80年代末期以后，大批中国人到日本留学和工作，日本媒体却更多地渲染中国偷渡客和中国人犯罪的新闻。近年来中国游客成了在日外国游客的主体，但在一般日本人的心目中，似乎依然还未建立起正面的、良性的中国形象。中国的商品，在大部分场合，依然还是廉价品的代名词。一直到了2010年，中国的经济总量已经超越日本，且正以良好的势头快步发展，从一个地区大国向一个世界大国迈进。然而出于日本媒体报道的倾向性以及长期以来积累的日本朝野对中国的偏见，一个良好的文明大国的形象依然未能在日本树立起来，面对日益强大起来的中国，一般日本

---

① 徐静波:《和食：日本文化的另一种形态》，北京联合出版公司，2017年。

民众的心理在依然保有歧视的同时，又对中国产生了恐惧和害怕的意识，而始终未能培育起对中国的亲近感和文化上的认同感。这里的原因，复杂而多重，难以简单一概而论。

## 三、对于未来的思考

毋庸置疑，进入21世纪以后，中国正在迅速地崛起，尤其是近年来，中国硬实力的强大（包括在航空航天以及各种高端制造业领域的强势发展），已经令全世界瞩目。中国在文化领域也获得了巨大的进展[①]。但恕笔者直言，中国相应的软实力还没有全面建立起来。自然，我们必须要有文化自信。中国今天有如此巨大的进步，文化的背景、文化的力量是不可忽视的。我们的传统文化蕴藉着巨大的宝藏，今天仍然是需要我们加以珍惜、爱护和开掘发扬的精神财富。不过我认为，对于文化上相对比较疏隔的国家，我们仍然要不遗余力地加以宣传和播扬中国传统文化，而对于历史上曾经同属"东亚文化圈"的日本（包括朝鲜半岛），这却不是我们要主要加以宣扬的内容。

人文交流的最终目的，是通过一种文明的对话，来加深彼此的理解，消减隔阂，增进彼此的认同感，从而使国家与国家、民族与民族的关系处于一种融合的、良性的互动状态。鉴于第二部分的分析，笔者认为今后一个时期的中日人文交流，目的在于消除日本朝野由于历史长期的因袭而酿成的对中国的歧见和偏见，让日本民众完整地看到改革开放40年来、中国进入新世纪以来社会所发生的质的改变。以笔者自己在日本多年的阅历而言，由于日本媒体在信息报道传递上的不完整性（实际上也就意味着片面性），中国在近年来所取得的巨大成果尚未被日本一般社会所普遍认识。日本媒体在断片性地报道当今中国的时候，还经常会带着一些揶揄讽刺的口吻，或者夸大中国社会尚存在的黑暗面和不足之处。鉴于这样一个现实，本文有如下三点建议（或曰思考）：

第一点是，将已经拍摄的介绍我国壮丽山河的宏大纪录片（比如《航拍中国》，已经播放的有分省的新疆、海南、上海等），以及今年刚开始播

---

[①] 据人民网报道，2018年一季度，中国电影市场票房总收入达到202.17亿元，超过北美同期的28.9亿美元（约合人民币183亿元），首次成为世界第一。

映的纪念改革开放40周年的《创新中国》等,配以合适的日文,设法由日本主流电视台播放。另外拍摄一些反映我国近年来建设成就、城乡变化、创新实绩的系列纪录片,用平实的语言(尽量避免宣传性的语调)向日本人介绍中国的最新面貌,使日本人认识到中国社会的巨大良性变化,让一般日本人看到一个完整的新中国。

第二点是,按类别拍摄一些诸如敦煌、长江、寺院系列、道教系列、古建筑、古音乐、书画、饮食系列等的人文纪录片(有些也可以是现有片库文献的重新剪辑和制作),比如《舌尖上的中国》《中国本草》《探索发现之考古中国》等系列纪录片,与日本的主流媒体合作,配以日文的平实叙说,使日本人(尤其是年轻一代的日本人)重新认识中国悠久的文明史,借此来激起日本人在文化上的亲近感,拉近彼此文化上的距离。还可以专门拍摄一些历史上中日文化交流的专题纪录片,探询两国在文字、道德、建筑、庭园、茶文化、音乐上的一些共同的文化渊源,开掘两国共同享有的文化资源,同时也可如实报道近代以来日本文化对整个社会的影响,以揭示两国之间在文化上的深刻关联,促进彼此的认同感和好感度。

第三点是,制作一些流行文化的精品,使日本人认识到中国流行文化的新面貌,加强这些领域中日之间的合作。据笔者所知,中国的流行文化迄今依然未能获得日本主流社会的认同。相对而言,自十余年以前开始,韩国的流行文化已经在日本的主流媒体上登陆,在日本也一度出现了使用频率很高的"韩流"一词,各色韩语流行歌、"少女时代"等演唱组合以及诸如《冬季恋歌》这样的电视剧在日本赢得了很高的声誉,甚至韩国饮食也赢得了日本年轻一代的青睐。鉴于这一实况,我们应该设法专门制作一些流行文化的精品节目,以多媒体的方式向日本推介,这里又需要与日本主流媒体的合作。同时加强中国古典文化研究者与日本古典文化研究者之间的合作研究,举办一些专业性较强的研讨会,展现中国在这一领域的新成就。中国甚至可以出资,有计划地邀请日本的年轻人到中国来参观各地的新成就和世界文化遗产,或可称之为"文化巡礼",努力改变近代以后形成的日本人俯视中国的现状,树立真实的新中国的形象。这一点笔者觉得是十分有必要的。在20世纪80年代末期和90年代初期,日本曾通过"国际协力机构(JICA)"出资邀请了中国的青年一代去日本旅行三个星期或一个月不等,除了参观游览之外,还专门安排了演讲者对访日的中国人宣讲日本文化,让普通的访日者短期居住在普通的日本人家庭内,以增进中国人对现实日本的了解，提升中国人对日本的好感度。当时的日本人有这样的文化自信和经济实力，据我了解，这样的策略和行动事实上也起到了对日本有益的效果，这些人回到中国后，口口相传，提升了日本在中国的美誉度。今天的中国，也正在建立我们自己的自信，且也具有比当年日本更为强大的经济实力，精心策划，合理设计，应该也会起到良好的效果。

所有这些计划的实施，要竭力避免居高临下的高傲，语言要平实生动，态度要平等亲切，最大程度地活用中日所共有的文化资源，让日本朝野真正认识到一个正在崛起却又爱好和平、有着悠久的历史文化同时在今天又取得了举世瞩目的成就的中国。如此可以改变不少日本国民对于中国的对立情绪，拉近国民间的感情，从根本上改善中日关系，并进而促进东亚乃至世界的和平。

总之，对日人文交流，与一般其他国家不同，不是简单地推介中国传统文化，而是开掘两国在历史上的文化共同点，拉近文化上的情感，同时将重点放在展示古老而鲜活、充满了动感和新意的新中国上。

# 中国与日本人文交流：
# 试论"大禹下东洋"的启示

王　敏

**【内容提要】**汉字文化圈区域内的相互交流有着数千年的历史，随着人口的变迁、历史文化的融合，积累造就了久经验证的互动互惠之共有平台。其深厚底蕴亦可成为供本次会议所探讨的素材智库。笔者30年来着意考察论证汉字文化圈的当代意义与价值，重点挖掘东亚尤其是中日两国在历史积淀中形成的共通点，提取最具价值认同的核心点，整理成为社会大众广泛参与的公共课题，并将其融入公共教养教育，提升文化自觉，进而有力唤起对汉字文化圈的新一轮关注。本文仅举折射于当代日本社会的祭祀大禹相关的文物史料为例，侧重关注其作为根植民风民俗中的民间信仰对象之功能，分析其对于当代社会生活的价值取向以及和平发展所发挥的正面作用，探讨汉字文化圈于当代及未来社会贡献的趋势，以期为本次国际会议奉献点滴参考资料。

**【关键词】**大禹下东洋　中日文化交流　汉字文化圈　一带一路

**【作者简介】**王敏，日本法政大学教授。

## 一、"大禹下东洋"说法的粗略轮廓

小文从地理博物百科《山海经》谈起。某些专家指出，本书隐约记录了大约4200年前由治水专家禹帝所引领的国土资源考察的大略，揭示出今日的山东半岛曾经近距离连接朝鲜半岛和日本，三国的原生态有史以来依附东亚海上生命线的循环，才得以生生不息。由于针对这一史实的考察还有待专家学者的深化，笔者在此无须赘言。

众所周知，进入唐宋时代以来，东亚海上生命线愈发繁荣昌盛，中国的登州、杭州、明州、泉州和广州港；朝鲜半岛的瓮津、开城、仁川、群山列岛、黑山岛、济州；日本的博多、平户等沿海一带的自然参与，从结果上形成了东亚海域的互动网络。其中，中国宁波至日本博多、舟山群岛至五岛列岛、山东登州至朝鲜半岛西岸，在互通协动的基础之上，还连通了东南亚乃至西亚、非洲的海域，推动原始的东亚海上生命线延伸为"海上丝绸之路"。

对应今天的"一带一路"战略以及15世纪形成的"郑和下西洋"的历史文化象征，似乎也可以补充一个新型的象征，那就是"郑和下西洋，汉文化下东洋"。日本的卑弥呼女王从3世纪起就派遣使节团往返东亚海域的史实，徐兢11世纪出使朝鲜并开辟了由明州（今浙江宁波）至高丽礼成江碧澜亭（今开城西海岸）的"徐兢航路"均确凿存在，都足以说明"海上丝绸之路"推进了以东亚为核心区域的汉字文化圈的互动互惠。古往今来，东亚之间的经贸、能源、人文交流催生出人类文明史进化的辉煌，奠定了自发互动型公共外交价值的原始积累。

当今，"一带一路"战略的重大进展，激活了"海上丝绸之路"的历史文化积累，东亚间往昔共创的自发型互动又分别在各自的地域呈现出新一轮的纵横。让我们以日本对大禹治水的推崇和膜拜为主轴，共同审视以古老的汉字文化圈为平台的互动进程中所孕育生成的大禹信仰存续的现状与其蕴含的可开发性价值。

## 二、日本对大禹信仰的现状与背景简略

### （一）汉字与儒教的东进

公元5世纪左右，汉字、佛教、儒教等中国汉文化知识大批流入日本，大禹的个人事迹也随之迅速传播，尤其"四书五经"等最重要的儒学典籍，对于"禹"的传播起到了决定性的作用。当汉字经百济人王仁带到日本，成为日本的国语之时，"四书五经"就被定位为标准范本教科书。在"四书五经"中，"禹"共出现了31次，得到了广泛的关注。

## （二）皇室所打造的大禹定位

首先，是日本皇室对禹的高度崇拜。日本皇室的日常规诫基本是以大陆文化中的君王和圣人的仁德为座右铭。中国的伦理道德融入皇室的教化深层，并形成了言行的指南。其中，禹所占分量颇重，成为日本皇室崇拜的主要对象。例如，当今天皇的年号"平成"便出自《尚书·虞书大禹谟》，原文所记录大禹治水成果所展现的壮观景象就是"地平天成"。又如，画在京都御所的御常御殿内隔扇之上的"大禹戒酒防微图"，出自江户末期与明治初期的狩野派画家鹤泽探真（1834—1893）。狩野派是日本绘画史上最大的画派，特色之一是专注于中国的伦理道德体系，并将其全方位地展现于画面之中。这幅画长期占据朝野各界的殿堂，表现出日本皇室对大禹的崇敬。

**京都御所内的大禹戒酒防微图（作者王敏提供）**

由天皇亲自主导的最早的治水工程始于1500年前。在今天的福井县有一条名为"九头龙川"的大河，河流经年泛滥，民不聊生。于是，幼年丧父、从小便随母生活在母方故乡的男大迹王，便开始了统领治水的巨大工程。他原本就继承了应神天皇的血统，属于第五代后人。于是，日本便孕育出了率民抗灾的治水领袖。鉴于其治水功绩浩大，58岁时被拥戴为第26代天皇继位，史称"继体天皇"。

"继体"大致有两种含意。其一指嫡子继承帝位。源出《史记·外戚世家》。"自古受命帝王及继体守文之君，非独内德茂也，盖亦有外戚之助焉。"司马贞索隐道："继体谓非创业之主，而是嫡子继先帝之正体而立者也。"

其二泛指继位。《汉书·师丹传》言："先帝暴弃天下而陛下继体，四海安宁，百姓不惧。"《续资治通鉴·宋英宗治平元年》曰："仁宗继体保成，致天下于大安者四十二年，功德可谓极矣。"

日本的"继体天皇"大概取自其一，"陛下继体……"之意。语意和时代都与日本的继体天皇的处境相吻合。当然，关于继体天皇的人生记录和抗洪史实尚有待于今后的发掘。不过，据目前现有的古典记载可以发现，该天皇任职期间与汉字文明传入日本的史实密切关联。就此，小文仅以接受五经博士赴日讲授"四书五经"为例加以说明。

继体天皇七（513）年六月，迎来百济的五经博士段杨尔。

继体天皇十（516）年九月，来自百济的段杨尔与新任五经博士、汉人高安茂郑重地进行了工作交接。

钦明天皇十五（554）年二月，百济再次派遣马丁安前来进行五经博士的交接，并为此专派王柳贵访日以作准备。

以上三次派遣均为正史所提及的五经博士赴日传教的记录。之后五经博士的派遣依然不间断地继续，但周期性并不明显。不难理解，由于派遣五经博士的事业的继续，儒学建筑了主导日本的教养框架，汉字与汉文即古汉语融入日本精英的血液，造就了日本精英的价值体系并延续至今。

大概正因为在继体天皇时代，与汉字文明深度交融，被任命为天皇后的继体天皇长期难以打进京城，不得不在今天的大阪府枚方市郊外建设了一座临时居住的简陋行宫，史称樟叶宫。

目前，关于继体天皇的人生纪录和抗洪史实尚有待于深度挖掘整理。据日本第一部史书《日本书纪》记载，继体天皇生卒时间约为450—531年，在位时间大约是507年3月—531年3月。在俯瞰九头龙大河的山巅，为纪念继体天皇的伟业，人们竖起了一座巨大的石像。石

**继体天皇石像**
**（王敏摄影）**

像附近还有祭祀继体天皇的神社：足羽神社。以下几幅照片是笔者于2017年9月14日实地考察时所摄，仅供参考。

**今日的九头龙川（王敏摄影）**

就在同一时代，大禹的名字开始频繁地出现在日本文献当中。如712年编纂的《古事记》序言中就有记载说："当今的元明天皇名比夏之文命高、德高胜于殷之汤王"（"文命"为禹的别名）。而在考德天皇时代的《日本书纪》（720年完成）中，也曾引用禹之德行赞美天皇。此后，援引大禹来赞颂天皇的各种文献不断涌现，如：《三教指归》《性灵集》《徒然草》《太阁记》《折焚柴记》《政谈杂话》《一人寝》《都鄙问答》《三壶记》《诽风柳多留》《风来山人集》《地方凡例录》等诸多书籍也都提及大禹之师表。

### （三）多水灾的自然环境与民众对"治水神"大禹的需求

大禹被古来深受地震水灾之苦的日本人民奉为神和信仰的对象，并被移植为保佑本土的祭祀符号。8世纪时，在京都鸭川沿岸等地建有禹王庙等祭祀场所，该事实已经"日本治水神禹王研究会"考察核证，对此一些相关古籍也有记载。当时，保障日本的民生最优先工作就是抗洪防震。对于原始农业生产状态的日本来讲，禹是祈求保佑的治水之神，同时也是具有超人技能的科学家。

### （四）生活化的大禹信仰

经"日本治水神禹王研究会"考察表明，目前已核实日本现存132处禹文化文物史迹，以"禹"为题纪念治水。其中有18处建于甲午战争以来直到1972年中日邦交正常化这78年之间。这说明大禹治水的丰功伟绩跨越了国与国之界限，突破了战火人祸，源远流长，渗透至日本民间，根植于风土民情的历史文化深层，自然形成为日本国民生活文化中的组成部分。这18处以禹文化纪功的史迹表明，历史文化血脉可经久不衰，验证了国与国、国与民、民与民、文化与政治军事诸种关系之间的走向规律与特点。这提示我们，在中日交流的长河中，和平、正面的选项可以跨越政治障碍，人文交流和朴素的民间信仰魅力永存，链接着人心所指。同时也启发我们，前人的智慧与行为需今人不断深思、反思，引以为鉴。

#### 1894—1972年：78年间所建立的18座大禹纪念碑
（根据年代顺序排列　大胁良夫制作）

| 年代 | 遗迹名与禹的「刻字」 | 所在地（水系与县名） |
| --- | --- | --- |
| 1895 | 船桥隋庵水土功绩之碑「大禹圣人」 | 利根川、千叶县野田市 |
| 1896 | 篠田·大岩二君功劳记功碑「神功禹迹」 | 日野川、鸟取县伯耆町 |
| 1897 | 川村孙兵卫纪功碑「神禹以后唯有公」 | 北上川、宫城县石卷市 |
| 1900 | 禹功德利「其业何为让禹功」 | 木曾川、爱知县爱西市 |
| 1908 | 禹功门 | 揖斐川、岐阜县养老郡 |
| 1908 | 川口修堤之碑「呜呼微禹　吾其鱼乎」 | 旭川、冈山县冈山市 |
| 1909 | 淀川改修纪功碑「以称神禹之功」 | 淀川、大阪市都岛区 |
| 1912 | 九头龙川修治碑「称功轶神禹矣」 | 九头龙川、福井县福井 |
| 1919 | 禹王之碑「禹王之碑」 | 利根川、群马县沼田市 |
| 1923 | 治水翁碑「是颉颃神禹功」 | 淀川、大阪府四条畷市 |
| 1923 | 大桥房太郎君纪功碑「大禹治水」 | 淀川、大阪府四条畷市 |
| 1923 | 西田明则君之碑「大禹治水」 | 东京湾、神奈川县横须贺市 |
| 1924 | 黄檗高泉诗碑「何人治水功如禹」 | 桂川、京都市西京区 |
| 1928 | 诗佛上人诗碑「胜禹业纪之心花盛开」 | 信浓川、新潟县燕市 |
| 1936 | 砂防纪念碑「开荒成田　禹绩豹功垂」 | 鱼野川、新潟县南鱼沼群 |
| 1937 | 古市公威像「不让大禹疏凿之功」 | 东京大学正门、东京都文京区 |
| 1954 | 大樽川水门改筑纪念碑「禹功门」 | 揖斐川、岐阜县养老郡 |
| 1972 | 大禹谟「大禹谟」 | 太田川、广岛县广岛市 |

### （五）日本对大禹的信仰研究进展

进入21世纪之后，在东亚各国加强交流与合作的背景下，重新认识日本这块土地上所存续的后汉字文化圈的元素，深耕日本的对大禹信仰之风土，被赋予了新的现实意义与深远的历史意义。

对日本人对大禹的信仰的考察始于2006年。第一个考察对象是位于富士山附近的神奈川足柄地区，那里有一座1726年创建的神禹祠（现在的福泽神社）和文命碑。拥有富士山和大禹这两种象征性文化标志的该地区，似乎意味着东亚文化经过相互接触、渗透，不断变化、融合，在文化交往纵横延伸、深入发展的过程中，同时也在反思、摸索，从而逐渐堆积成历史文化的原生态。此后至今，经过不断考察，人们发现分布在日本各地的对大禹信仰文物与史迹已达132处。

伴随研究的进展，2010年在神奈川县开成町召开了第一届全日本禹王文化节。随后，2012年于群马县品川村召开了第二届，2013年于香川县高松市召开了第三届，2014年于广岛市召开了第四届，2015年于大分县臼杵召开了第五届。在此期间，于2013年成立了民间研究机构"治水神禹王研究会"，发行了会刊；2015年成立了鉴定审查大禹相关历史遗址和文物的审委会。从2016年起，日本禹王文化节定于每两年一次在拥有大禹祭祀文物史迹之地轮流举办。2017年10月7—8日，第六届全日本禹王文化节在山梨县富士川町成功举办，约500人次参会。

1637年建立的香川县高松市的"大禹谟碑"（王敏摄影）

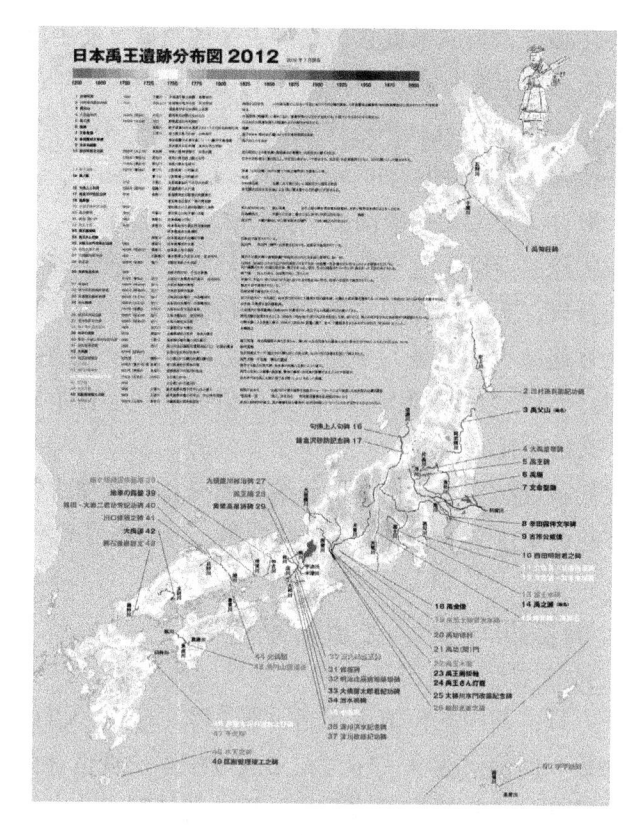

**日本"禹文化遗迹"分布图**
第二届日本大禹文化节筹委会2012年10月制作

2015年5月9—11日，在神奈川县开成町成功举办了笔者出任会长的第七届东亚文化交涉学国际学术会议，来自7个国家的200多名研究人员和市民参加了会议。会议成果以中日韩和英文版的形式向世界各地传送，并获得了日本天皇夫妇的表彰。日本民众借此重新审视日本大禹的信仰，对于认识本土文化有益，同时也为中日的文化联结开启了新的通道。

（六）日本对大禹治水信仰研究的发展展望

21世纪是亚洲世纪。如果东亚各国在所有领域都不断加强合作，那么发展势头将会愈发迅猛。对于今后进一步的合作，各个领域应当发挥怎样的作用？目前的考察研究成果和相关研究专著，有力地证明，鉴于中日历史文化的特殊渊源，中日之间在共通的历史文化以及儒学核心价值观方面的携手并进势在必行，其成果也必然先行于其他领域。而中国古代史上的先民领袖大禹的故事远渡日本后，在这片土地上被拥戴千年之久，乃至今天，这个事实可以说明中日、东亚文化间的和平交往不仅曾经在历史上，而且在当代也具有极高的价值。

在日本，来自汉字文化传统的历史文化底蕴早已深化，并融入支撑当代生活基底中的深层。由于这一部分多流于日常并分散于各个地区，缺乏系统的整理和分析，更欠缺相关文化知识的传播、认知与交流，因此尚未被当代人民所普遍认识。但是，一经以史为鉴、追宗求源的揭示，日本人民都将对其应运而悟、共感呼应。我们之所以能够在全日本考察大禹文化之现存状态，就是明显的案例。

今后，我们将继续考察，根据调研结果而开拓和调整进程。关于日本对大禹的信仰的调研论文在日本国内已有发表，敬请查看数据网站。

### 三、大禹信仰与汉字文明新里程

步入近代，日本的国家价值观迅速脱亚入欧，建立了以西方合理主义和实用主义为核心的价值标准，16世纪之前以中国伦理道德为基准的观念发生了根本性的变化，其结果导致了国民视点的转移，与中国相关的政治局面也不时出现问题。不过，两国依然在困境中力求维系关系的底线，中日、东亚共同拥有的历史命运经历了数千年的验证，难以解体换血。维系东亚关系持续恒久地良性循环的核心点当归于汉字文明。由于汉字文化圈内共通的汉字内涵有利于增进相互理解，汉文描绘的优秀传统思想和文化能够引发共鸣互动，汉字和汉文所构建的共享空间也成为链接东亚的纽带。显而易见，东亚的共用汉字是东亚畅通无阻的血缘，是无可摆脱的命运共同体的基因，也是东亚所共同拥有的使之不尽、用之不竭的公共资源。

汉字起源于史前上古，中华之子仓颉造字多有记载。日本最早的史书、8世纪的《日本书纪》和《古事记》追忆到5世纪初，说是百济的王仁博士给日本带来了《三字经》一卷和《论语》十卷，并应邀出任应仁天皇的皇太子菟道稚郎子的专职教授，从此开启了日本正式引进汉字文化体系的文明进化进程。同时，以东亚为中心的汉字文化共同体便自发自觉地应运而生，汉字载体也自然而然地链接贯通于海上生命航道。

直至2006年，满载数千年的经验宝藏的汉字载体被列入中日韩三国政府会议的战略选择。围绕东亚的和平发展，三国政府会议做出了诸多划时代的重大决策。例如2007年的三国文化部长对话以及南通宣言；2012年的三国文化古都交流事业的启动等，无一不为重构东亚的互学互惠交流平台，开通了新鲜灵活、丰富多样的新时代渠道，并不断收获了当代新型公共外交价值的丰硕成果。

其中，2013年由三国共同倡导的《中日韩共用常见800汉字表》，在东亚的广泛推广和应用就是颇具成效之一项。不言而喻，这项决策显然旨在通过共同使用的汉字之内涵，认知三国乃至汉字文化圈之间的特殊历史文化关系，强化汉字载体的联结纽带，增进相互间的理解和共识。也就是说，汉字效益的成功价值及其古为今用的共享成果将配合公共外交的传递，广泛造福人类。

2015年，在韩国济州岛召开了和平与繁荣的济州岛论坛。在特设的汉字分科会上，笔者有幸聆听了三国应用和普及《中日韩共用常见800汉字表》的实践和经验。随后，这一具有连贯性的汉字战略在日本也得以推进实施。2016年5月开馆的京都汉字博物馆就是一例。同年秋天，日本又开始举办历时一年的汉字3000年巡回展。2017年5月，中国召开了首届汉学教育国际会议。与此同时，2017年新年伊始，中国中央办公厅和国务院办公厅向全体国民发布了《关于实施中华优秀传统文化传承发展工程的意见》，7月16日，公布成立国家教材委员会。上述案例既是三国各自实施的文化政策，但毫无疑问，伴随其不断推进深化，各国的综合成果将自行跨越国境、交织生辉，映照出海上生命线即"海上丝绸之路"和古典式汉字基因相互交融而催生的新生态文化，那就是以《中日韩共用常见800汉字表》等文化战略为亮点的公共外交的价值之呈现。

2017年5月，在北京召开的"一带一路"国际合作高峰论坛开启了新一轮汉字成果共享的平台。不难想象，丝路沿途的不同人种将不同程度地载入汉字载体，同时也可以预见，汉字载体将在不久的未来有能力应对各种摩擦和矛盾，因为深深植根于汉字文化之中，以"仁"与"和"思想为核心的东方文化智慧，将不断引导汉字文化圈内的各国人民达成共通的人文共识，并将"以和为贵"与"和平发展"之理念推广至世界。

# 从斯宾塞进化论的翻译看近代中国对
# 日译经典的吸收与抵抗

宋晓煜

**【内容提要】** 清朝末年，中国不仅从西方直接引入进化论思想，还曾从日本间接引入进化论。斯宾塞作为进化论思想的代表人物，一直以来，极少有研究者具体分析其进化论著作的日译本及其中文转译情况。本文通过逐字逐句比较对照斯宾塞原著《政治制度论》、日译本《政法哲学》、中译本《政法哲学》和《原政》，重新评估斯宾塞著作日译本的历史价值，管窥近代中国知识分子对于日译术语的吸收与抵抗，分析中文译者借斯宾塞之口所传达的政治思想。

**【关键词】** 斯宾塞　进化论　《政法哲学》《原政》

**【作者简介】** 宋晓煜，上海社会科学院世界中国学研究所助理研究员。

英国哲学家、社会学家赫伯特·斯宾塞（Herbert Spencer, 1820—1903）在当今时代或许已经没有太大影响力了。① 然而在近代中日两国，赫伯特·斯宾塞（以下简称"斯宾塞"）的学说却备受瞩目。在日本，斯宾塞著作的日译本于1877年首次出版发行，截至1898年，不过短短21年时间就有30部日文译书面世。② 1882年，一位名叫颜永京（1839—1898）的

---

① Herbert Spencer 如今通译为"斯宾塞"，不过在近代，他的中文称呼尚未统一。比如，本文引用的中译本《政法哲学》称之为"斯宾塞尔"，《原政》则称之为"斯宾率尔"。此外，严复在《天演论》中同时使用了"斯宾塞尔"、"斯宾氏"、"斯宾塞"、"斯宾塞氏"等称呼。本文在正文中一律采用"斯宾塞"这一通称，参考及引用书目时则遵照版权页的作者名。

② 山下重一：《ベンサム，ミル，スペンサー邦訳書》目録/参考書誌研究，1974年11月，第10号，第29—35页。

中国牧师率先把其著作从英文翻译成中文。[①] 但是，直到1895年3月严复在文章《原强》中高度赞扬斯宾塞学说之时，斯宾塞才开始得到广泛的关注。如此一来，在引入斯宾塞学说的过程中，中日两国不可避免地产生了"时差"，中国出现了一些以日译本斯宾塞著作为底本的中译作品。

关于中国引入斯宾塞学说这一课题，由于韩承桦已经从翻译史的角度整理了斯宾塞著作的引入渠道，本文不再赘言。然而需要注意的是，韩承桦指出，"来自日本的斯宾塞学说几乎皆经过日人删改增补，并非原来面貌。且国人能读的是经过'翻译再翻译'之文字，易有译书水准不一的问题。综合两者，难保中国学子均能读到理想的译本"[②]。问题在于过去很少有研究者具体考察以日译本斯宾塞著作为底本的中文译作，因此无法验证韩承桦的言论是否正确。所以笔者认为有必要选择某个经典的转译作品，用以展开具体分析。

表1 《政治制度论》（*Political Institutions*）的日译和中文转译

| 英文原著 | 日译本 | 中译本 |
| --- | --- | --- |
| Herbert Spencer, *Political Institutions* （1882年） | 大石正巳译《政体原论》（1883年） | |
| | 滨野定四郎、渡边治译《政法哲学》（1884年） | 无署名《政法哲学》（1901年） |
| | | 杨廷栋译《原政》（1902年） |
| | | 吴兴让译《政法哲学》（1909年） |

1876—1896年，斯宾塞相继出版了《社会学原理》（*The Principles of Sociology*）的第一、二、三卷。该书的第二卷第五部分就是《政治制度论》（*Political Institutions*），于1882年出版。如表1所示，斯宾塞的《政治制度论》共有两个日译本，即，大石正巳翻译的《政体原论》，以及滨野定四郎和渡边治合译的《政法哲学》。日译本《政法哲学》在日本十分畅销，自1884年10月问世以来，1886年1月再版，同年5月发行了第三版。其后，日译本《政法哲学》又被三次转译成中文。由此可管窥斯宾塞《政治制度

---

① 韩承桦：《斯宾塞到中国——一个翻译史的讨论》，《编译论丛》，2010年9月，第三卷第二期，第37页。

② 韩承桦：《斯宾塞到中国——一个翻译史的讨论》，《编译论丛》，2010年9月，第三卷第二期，第45页。

论》在近代中日两国的影响力。

尽管如此，关于日译本《政法哲学》及其中文转译的研究极少。渡边宪正曾选取日译本《政法哲学》一书，就斯宾塞对"文明与野蛮"的理解进行了短短四页的分析；① 姚纯安以极短的篇幅介绍了中译本《政法哲学》；② 孙宏云则探讨了中译本《原政》的底本问题。③ 并且，关于日本译者和中国译者的先行研究也相当少见。因此，围绕日译本《政法哲学》及其中文转译进行研究，有利于进一步了解斯宾塞进化论的引入过程。由于孙宏云不能确定中译本《政法哲学》和《原政》的译者是否同为杨廷栋，本文将重点考察这两本中译本④。

## 一、日译本《政法哲学》

1884年10月，由滨野定四郎和渡边治合译的《政法哲学》在日本出版发行。仓知典弘指出，滨野和渡边是在福泽谕吉的指示下合作翻译了《政法哲学》⑤，但是未能提供相应的依据。

滨野与渡边同为庆应义塾的毕业生，1879—1887年，滨野在福泽谕吉创办的庆应义塾担任塾长；1882—1889年，渡边在福泽谕吉创办的《时事新报》社从事编辑、会计、特派通信员等工作。也就是说，两人在《政

---

① 渡边宪正:《明治期日本の「文明と野蛮」理解》,《関东学院大学経済学会研究論集》,2013年10月，第257集，第38—42页。
② 姚纯安:《社会学在近代中国的进程：1895—1919》,北京：生活·读书·新知三联书店,2006年，第50—51页。
③ 孙宏云:《杨廷栋〈原政〉的底本源流考》,《政治思想史》,2016年第1期，第178—191页。
④ 本文所比较对照的斯宾塞原著及译本如下：Herbert Spencer. *Political Institutions: Being Part V of The Principles of Sociology*. New York: D. Appleton and Company, 1882;
ハーバート·スペンサー. 政法哲学. 浜野定四郎、渡辺治, 訳. 東京：石川半次郎, 1886年5月三版；
[英]斯宾塞尔:《政法哲学》坂崎斌编,《译书汇编》,1901年1月28日，第2期；
[英]斯宾塞尔:《政法哲学》坂崎斌编,《译书汇编》,1901年4月3日，第3期；
[英]斯宾率尔:《原政》杨廷栋译,上海：作新社,1902年。
据日译本《政法哲学》再版自序和三版自序所言，再版只是改动了两三处字句、修改了文字错误、添加了引用书目，第三版则添加了人名地名的注释。《原政》的人名附有小字注释，该注释参照的就是第三版最后几页的注释。因此，本文选取日译本《政法哲学》第三版进行比较对照。
⑤ 仓知典弘. 明治初期における「通俗教育」の用例について——渡辺治訳『三英双美政海之情波』における「通俗教育」の検討/吉備国際大学研究紀要（人文·社会科学系）,2015年第25号，第83页。

哲学》出版前后都与福泽谕吉关系密切。福泽谕吉于1884年4月1日为《政法哲学》题写了一篇序文，文中写道，"滨野和渡边之前跟我说，他们打算把《政法哲学》翻译出版"，"于是我应他们的请求阅读了该译书"。换言之，滨野和渡边自主决定翻译《政法哲学》，而非出于福泽的授意。

在《政法哲学》初版自序中，滨野和渡边高度赞扬了斯宾塞的才能，并介绍了他所创立的《综合哲学体系》（*A System of Synthetic Philosophy*）；然后讲述了翻译的缘由："《社会学原理》第二卷之'政治制度论'，广泛讨论政法之哲理，论点新颖精确，穿插政学之奥妙，实无出其右者。吾等不惜献丑翻译，欲使世人共赏佳作。"也就是说，滨野和渡边都很认可斯宾塞《政治制度论》的论证，因此决定将其翻译出版。他们认为："我国之为政家与政谈家，若能阅读此书，咀其英华，取其精粹，则能增长见识，于人心世道多有裨益"。①

那么，我们能否从《政法哲学》这本译书中读取日本译者的政治思想？答案为否。笔者逐字逐句对照了日译本《政法哲学》和原著《政治制度论》，发现译者虽然删除了原著中冗长的例子，增加篇幅解释说明了原著中较为复杂的内容，但是总体而言，日译本《政法哲学》相当忠实地再现了原著。而且，译文的文体虽然是"汉文训读体"，但是由于译者有意采用意译法，尽量用日常的语言表述抽象的西洋概念，所以较为通俗易懂。尽管这种翻译方式不够精确，却也没有严重扭曲原文的意思。

## 二、中译本《政法哲学》和《原政》的译者

1901年，中译本《政法哲学》相继连载于《译书汇编》第2期（1月28日）和第3期（4月3日）。该译文包括两卷，第一卷"绪论"（共计6章），第二卷"政治制度概论"（共计8章）。翌年12月15日（阴历十一月十六日），中译本《原政》由作新社②公开出版，该书包括上编第一卷"总

---

① ハーバート・スペンサー. 政法哲学. 浜野定四郎、渡辺治，訳：初版自序13.
② 作新社位于上海，主要翻译出版日本书籍，由留日学生戢翼翚（1878—1908年）和实践女学校校长下田歌子（1854—1936年）共同创办。《原政》一书是在东京的秀英社进行印刷，销售据点则为上海。另外需要指出的是，戢翼翚同时还是译书汇编社的创办人。

论"（共计6章）和上编第二卷"政纲"（共计8章）。①

然而藏书家、目录学家顾燮光（1875—1949）却在《译书经眼录》中指出，《原政》"共四卷，一曰总论、二曰论纲②、三曰政治成体、四曰政治分体"③。遗憾的是，笔者并未找到《原政》第三卷和第四卷，孙宏云在探讨《原政》底本时同样没能找到这两卷。因此，本文只好把《原政》前两卷作为研究对象，将其与中译本《政法哲学》全文、日译本《政法哲学》前两章、斯宾塞《政治制度论》前两章放在一起，进行逐字逐句比照分析。

中译本《政法哲学》没有译者署名，而《原政》上面则写着"吴县杨迅栋译"。孙宏云通过调查1903年版《新学书目提要》和1934年版《译书经眼录》，认为"'迅'字当为'廷'字之误植"，《原政》实际上是吴县杨廷栋（1878—1950）的译作。④ 对此笔者持相同观点。那么中译本《政法哲学》和《原政》的译者是否同为杨廷栋呢？孙宏云并未给出明确的答案。

笔者通过对比全文，认为中译本《政法哲学》和《原政》非出自一人之手。比如说，斯宾塞非常喜欢举例论证，在原著中列举了大量的事例。如果是近代人常常提及的国名、地名、人名等，因为已经有了比较固定的称谓，就不会出现太大偏差。可是，斯宾塞的原著中大量涉及原始人部族、西方历史人物，以及当时鲜为中国人知晓的地名等。这类名词的译语在当时尚未固定化，中国译者不得不根据谐音自己翻译。中译本《政法哲学》和《原政》在翻译部族、地名、人名时呈现出明显的差异。因此，笔者认为中译本《政法哲学》的译者不是杨廷栋，而是另有其人。

虽然中译本《政法哲学》没有署名译者身份，但是鉴于该译文刊载于留日学生在东京创办的《译书汇编》，笔者认为该版译者应该是一名留日学生，而且极有可能是译书汇编社的成员。

《原政》的译者杨廷栋⑤ 于1897年进入上海的南洋公学（上海交通大

---

① 斯宾塞在原著中用chapter一词表示"章"，日译本《政法哲学》则把chapter译为"卷"。因为这个缘故，两部中译都沿用了"卷"这个表述方式，并把原著中各小节定为"章"。
② "论纲"应为"政纲"之笔误。
③ 顾燮光：《译书经眼录》，熊月之编，《晚清新学书目提要》，上海：上海书店出版社，2007年，第327—328页。
④ 孙宏云：《杨廷栋译〈原政〉的底本源流考》，第179—180页。
⑤ 关于杨廷栋的履历，参见如下资料：曹丽国：《浅析杨廷栋的救国历程》，《邢台学院学报》，2013年第1期，第40—42页；孙宏云：《杨廷栋：译介西方政治学的先驱者》，《中国社会科学报》，2015年3月6日，B03版。

学前身）求学，在校期间就已展露文采。1898年，南洋公学派遣6名学生赴日留学，杨廷栋就是其中一员。抵达日本之后，他先在日本文部省创办的日华学校学习日语等课程，其后升入东京专门学校（早稻田大学前身）。1900年末，杨廷栋与其他留日学生合力创办了译书汇编社，1901年6月起，成为了《国民报》的主笔之一。1902年回国后，杨廷栋先后在翻译、出版、政界、实业等领域活跃。

## 三、对日译术语的吸收与抵抗

日译本《政法哲学》的前两卷共计67页，中译本《政法哲学》共计26页，《原政》的前两卷共计72页。换言之，中译本《政法哲学》属于摘译的范畴。如孙宏云所言，中译本《政法哲学》与《原政》的文风相差很大。然而仅仅指出文风间的差异是不够的，从两部中译可以管窥当时中国知识分子对于"日译术语"①的态度。

### （一）严译术语的使用

以"社会"与"群治"二词的使用为例，可以看出两位中国译者对待日译术语的态度截然不同。

表2 "社会"与"群治"

| 原著：Political Institutions, 1882年 | 日译本：《政法哲学》，1886年5月第三版 | 中译本：《政法哲学》，1901年 | 中译本：《原政》，1902年 |
|---|---|---|---|
| ——（p.230；p.232）socialist | 社会学者（p.3，p.7） | 讲求社会学者（第2期，p.82；第2期，p.83） | 言群治者（p.3；p.7） |
| The Study of Sociology(p.230) | 社会学阶梯（p.3） | 社会学阶梯（第2期，p.82） | 群治论纲（p.3） |
| the course of evolution (p.242) | 社会進步ノ針路（p.23） | 进化之道（第2期，p.89） | 群治日进之道（p.24） |
| social organization (p.244) | 社会ノ組織（p.29） | 社会（第3期，p.64） | 群治（p.30） |

---

① 本文采用王中江的表述——"日译术语"。也有学者使用"日制汉语"（日语是"和製漢語"）、"日本新名词"等称谓。参见，王中江：《中日文化关系的一个侧面——从严译术语到日译术语的转换及其缘由》，《近代史研究》，1995年第4期，第141—154页。

续表

| the socialist party (p.257) | 社会党（p.51） | 社会党（第3期，p.73） | 均产党（p.55） |

"社会"一词由日本人所造①。如表2所示，中译本《政法哲学》大多数情况下都使用了日译术语"社会"；杨廷栋则在《原政》中表现出对"社会"一词的强烈抵触，尽可能用"群治"代替"社会"，甚至连"社会党"（the socialist party）都要翻译成"均产党"，彻底杜绝"社会"一词的使用。

其实，斯宾塞在原著中非常明确地区分了group和society的含义。在日译本《政法哲学》中，group被译为"群"，society被译为"社会"。斯宾塞的意思是说，个人（individuals）如果没有共同的目的（common end or ends），不展开合作（cooperation）的话，这种情况下聚集起来的人们只能被称为"群"（group），不能被称为"社会"（society）。②在这个语境里，日语的"各人"（individuals）不包含上下等级关系；日语的"群"（group）仅指聚合起来的人们，不包含政治机构；日语的"社会"（society）则包含"各人"（individuals）与"共同"（cooperation）等要素，并未特意强调上下等级关系。可以说，日译本相当忠实地翻译了斯宾塞的主张。

当日译本被转译成中文时，中译本《政法哲学》照搬了"社会"一词，③而《原政》则把日语"社会"（society）翻译成"群治"。④事实上，在19世纪末的中国，被广泛用作"society"译语的词汇不是"群治"，而是

---

① 柳父章：《翻訳語成立事情》，东京：岩波书店，1982年，第1—22页。
② 英文原文：The mere gathering of individuals into a group does not constitute them a society. A society, in the sociological sense, is formed only when, besides juxtaposition there is cooperation. So long as members of the group do not combine their energies to achieve some common end or ends, there is little to keep them together（p.244）. 日文译文：各人相聚テ唯ニ群ヲナスノミニテハ、未ダ社会ヲ組成シタルニハ非サルナリ。社会学ノ見解ヲ以テスレバ人類群居シタリトテ社会ト称ス可ラス。群居シテ且ツ共同アリ、然ル後チ始テ社会ノ成立アルナリ。若シモ人類ノ群居シタルノミニテ其間ニ共同ノ目的ナク、又互ニ其力ヲ合スベキ事物ナケレバ、假令一時ノ結合ハ之アルモ以テ永久ニ維持スルコ甚ダ難カルベシ（p.27）。
③ [英]斯宾塞尔：《政法哲学》，坂崎斌编，《译书汇编》，1901年4月3日，第3期，第63页。
④ [英]斯宾寒尔：《原政》，杨廷栋译，第27页。

"群""社会"①。从字义来看,"群治"由"群"和"治"构成,"治"是统治、治理的意思,"群治"这个词语本身就在强调上下等级关系。换言之,比起"群治",日译术语"社会"更为贴切地翻译了"society"。

"群治"是严复所造的译语。其实在1898年6月出版的慎始基斋版《天演论》正文中,"群治"对应的英文单词是"polity"②。也就是说,"群治"原本是polity的译语,指政治机构、政体等,杨廷栋却把"群治"作为日语"社会"的译语来使用,使其对应到了society一词,直接导致意思发生了偏差。

除"群治"一词以外,如表3所示,《原政》中还出现了"治化"(例①)、"自营"(例④)、"分官"(例⑩)、"具体"(例⑪)等词语,这些词语都曾在《天演论》中作为译语来使用。③"官品"(例⑥、⑦)一词虽然出现于《天演论》的案语(严复自己的注解及评论等)部分,④但它其实是严译术语"有官之品"的简称。在严复译《斯宾塞尔劝学篇》(1897年11月24日—1898年1月7日)和斯宾塞原著《社会学研究》(*The Study of Sociology*, 1873)中,"有官之品"⑤对应的是"all organic actions"。⑥

---

① 川尻文彦:《清末中国的"社会"认识——以"群"的概念及严复、梁启超的议论为中心》,《韩日两地域中国近现代史研究者交流会第二届国际学术会议会议资料集》,2006年,第51—58页。

② 原文:"each man who enters into the enjoyment of the advantages of a polity……";严复译文:"盖以谓群治既兴,人人享乐业安生之福"。Thomas H. Huxley, *Evolution & Ethics and Other Essays*, London, Macmillan, 1894, p.82;严复译,王栻主编:《严复集》(第五册),北京:中华书局,1986年,第1395页。

③ 在严复译《天演论》和赫胥黎原著 *Evolution & Ethics* 中,"自营"(p.1346)对应的是"self-assertion"(p.27);"分官"(p.1360)对应的是"the part"(p.47);"具体"(p.1360)对应的是"the whole"(p.47)。

④ [英]赫胥黎:《天演论》(1898年),严复译,第1362页。

⑤ [英]斯宾塞尔:《斯宾塞尔劝学篇》(1897年11月24日—1898年1月7日),严复译,孔祥吉、村田雄二郎整理。国闻报:《外二种》(第十册),北京:国家图书馆出版社,2013年,第16页。

⑥ Herbert Spencer, *The Study of Sociology*, London: Henry S. King & Co., 1873, p.6.

表3　日译术语和严译术语

| 例 | 原著：Political Institutions, 1882年 | 日译本：《政法哲学》, 1886年5月第三版 | 中译本：《政法哲学》, 1901年 | 中译本：《原政》, 1902年 |
|---|---|---|---|---|
| 1 | societies relatively advanced in organization and culture (p.236) | 组织发生ノ稍々高等ニ位シ半开或ハ文明トモ称シ得ベキ邦国 (p.13) | (第2期, p.85) | 治化少进暨以文明自诩之国 (p.12) |
| 2 | police (p.236) | 警察 (p.14) | 巡察 (第2期, p.85) | 警察 (p.13) |
| 3 | the struggle for existence (p.240) | 生存竞争 (p.17) | 生存竞争 (第2期, p.87) | 生存竞争 (p.17) |
| 4 | those constituted by purely personal desires (p.246) | 专ラ私ヲ营ム (p.31) | 营私 (第3期, p.65) | 自营不仁 (p.31) |
| 5 | resistance (p.254) | 抗力 (p.45) | 抗力 (第3期, p.71) | 抵抗变化之力 (p.47) |
| 6 | an individual organism (p.254) | 个々ノ有机物 (p.45) | 大地万物 (第3期, p.71) | 天下之官品 (p.47) |
| 7 | a living animal (p.257) | 有机物 (p.53) | 生物 (第3期, p.74) | 官品 (p.58) |
| 8 | cells (p.258) | 细包 (p.53) | 小包 (第3期, p.74) | 细包 (p.58) |
| 9 | the nervous centres (p.258) | 神经系 (p.54) | (第3期, p.74) | 神经系统 (p.58) |
| 10 | units (p.262) | 分子 (p.62) | (第3期, p.77) | 分官 (p.68) |
| 11 | aggregate (p.262) | 全体 (p.62) | (第3期, p.77) | 具体 (p.68) |

其中，"治化"（例①）[①]一词自古就有，在《天演论》中被严复用作"伦理过程"（the ethical process）和"文明"（civilization）的译语。[②] 而在《原政》当中，"治化"对应的日语却是"组织发生"（"組織発生"），明显与严复的所指不同。

---

① [英]赫胥黎：《天演论》(1898年)，严复译，第1348、1394页。
② Thomas H. Huxley, *Evolution & Ethics and Other Essays*, pp.30,81.

与赫胥黎（Thomas H. Huxley, 1825—1895）的原著《进化与伦理》（*Evolution & Ethics*, 1894）相比，严复在《天演论》中大量增删更改了原文的内容。并且在清朝末年，像严复那样英文水平高超的人才并不算多。因此对于清末知识分子而言，要想知悉《天演论》的译语到底对应着哪些英文词汇，可谓是相当困难。如此一来，留日学生杨廷栋在最大限度使用严译术语的过程中，不可避免地误用了"群治""治化"等译语。

### （二）日译术语的引入

中译本《政法哲学》引入了"哲学"、"社会"、"生存竞争"（例③）、"抗力"（例⑤）等日译术语，似乎没有受到严译术语的太大影响。

与此相比，《原政》译者杨廷栋虽然倾向于使用严译术语，有时仍不得不使用日译术语。例如，《原政》中出现了诸如"警察"（例②）、"生存竞争"（例③）、"细胞"（例⑧）、"神经"（例⑨）等日译术语。其中，"神经"一词的引入值得注意。根据松本秀士的考察，"神经"一词最早出现于医学译书《解体新书》（1774年），由杉田玄白（1733—1817）参考中国传统医学术语字斟句酌所创，用于对应荷兰语的zenuwen[①]。其实严复根据英文nerve的发音创造了"涅伏"一词[②]，并在《天演论》的案语中使用[③]。然而杨廷栋毕竟是以日文译本为底本进行翻译，很有可能并不知道日语的"神经"对应的就是严译术语"涅伏"，故而没能使用"涅伏"一词。当然从这里也可以看出，清朝末年要做到彻底抵制日译术语已经不太现实了。

## 四、改革与革命

如上考察可以发现，中译本《政法哲学》并未表现出对日译术语的抵触；而《原政》则多次使用严译术语。这种差异不仅仅体现在对日译术语的不同态度上，两本中译本的译者在吸收进化论时也表现出不同的倾向，这也在一定程度上反映了当时知识分子政治思想和政治主张的多样性。

---

[①] 松本秀士：《神経の概念の初期の流入に関する日中比較研究》，沈国威编著．漢字文化圏諸言語の近代語彙の形成：創出と共有．吹田：関西大学出版部，2008年，第373—394页。

[②] 黄克武：《新名词之战：清末严复译语与和制汉语的竞赛》，《"中央研究院"近代史研究所集刊》，2008年第62期，第18页。

[③] [英]赫胥黎：《天演论》（1898年），严复译，第1328页。

中译本《政法哲学》与《原政》前两卷，即原著《政治制度论》的前两章概要如下：

人们在分析社会问题时应注意控制自身的情感。社会形态是由构成社会的个体的性质来决定，社会内部的冲突有利于推动社会结构的发展。因此，虽然奴隶制和专制制度等会给人们带来诸多痛苦，却在社会进化的过程中创造了许多利益（原著第一章）。

尽管政治结构使合作成为可能，具有促进社会发展的作用，然而一旦某种政治结构得到确立，那么这个结构就会反对进一步的发展。其原因在于，进一步的发展意味着需要重组（re-organization），而现有的政治结构反对重组。当人们的地位、职业由世袭来决定时，社会结构很难发生变化。当人们的地位、职业由各自的才能来决定时，社会结构较易发生变化（原著第二章）。

斯宾塞认为，政治结构按照进化的法则发展，军事型社会（the militant type of society）将会转变为产业型社会（the industrial type of society）。这就是《政治制度论》的核心思想。正是基于这个理论，斯宾塞明确反对诸如法国大革命这般的急剧革命，[①]并向明治政府提出"保守的忠告"。[②]可是，在吸收和翻译斯宾塞理论的过程中，两位中国译者为中国选择了不同的道路。

### （一）对清末新政的期待

举例而言，中国译者在中译本《政法哲学》的译文中添加了自己对斯宾塞思想的理解，具体如下：

"大都今世文明之国，尚未造文明极顶。"（《政法哲学》第2期，p.86）

"迨其后文化日进，民智渐开，需用日繁，渐知交易之利。"（《政法哲学》第3期，p.64）

"社会之有官吏人民，亦犹人身之有五官四肢。"（《政法哲学》第3期，p.72）

---

[①] Herbert Spencer. Political Institutions: Being Part V of The Principles of Sociology: 662.
[②] 山下重一：スペンサーと日本近代．东京：御茶の水書房，1983年，第200—206页．

从以上语句可以看出，中译本《政法哲学》的译者正确理解了日译本乃至英文原著所阐述的社会进化论、社会有机体论。斯宾塞经常在其著作中强调，社会进化是一个"渐进"的过程。而在中译本《政法哲学》中，同样可以看到译者对"渐进"主张的支持，对清末新政的期待。

1900年6月21日，以慈禧太后为中心的清政府利用义和团运动对西方列强正式宣战。宣战不到两个月，北京即被八国联军攻陷，慈禧太后携光绪帝仓皇逃亡西安。这次事件给清政府带来了沉重的打击，1901年1月29日，慈禧太后以光绪帝的名义颁布上谕，向大臣们征求改革方案，这就是清末新政的开端。

这一时代背景无疑影响到了中译本《政法哲学》的翻译。在1901年1月28日发行的《译书汇编》第2期的《政法哲学》译文中，并未发现"改革"一词，然而在4月3日发行的《译书汇编》第3期的《政法哲学》译文中，"改革"一词却频繁出现。

斯宾塞在原著第二章中就社会结构的重组（re-organization）展开了分析。英文的"re-organization"被日本译者翻译为"组织之变更"（"組織ノ変更"），"组织之变更"又被中译者转译为"改革"[1]。不仅如此，英文的"alteration"[2] 和"change"[3] 被日本译者翻译为"变化"[4]，该词同样被中译者转译为"改革"[5]。

如上所述，日文译者正确理解了原著的内容，准确翻译了斯宾塞的主张，即，现有的结构反对重组。而中国译者却执着于使用"改革"一词，甚至在译文中添加自己的语句，强调改革所面临的困难——"故结构愈固则抗力愈大而改革愈难也"[6]。并且，中国译者还在译文中添加自己的主张，声称"非破坏旧法改弦而更张之何能为力焉"[7]。乍一看来，"破坏旧法"似乎蕴含着革命的思想，可是从上下文可以判断，"旧法"是指依靠世

---

[1] 斯宾塞的原文：an organization resists re-organization（p.255）；日译本《政法哲学》：一定セル組織ハ必ス組織ノ変更ヲ拒抗スル（p.47）；中译本《政法哲学》：制度已定。即有抗拒改革之力（p.72）。

[2] Herbert Spencer. Political Institutions: Being Part V of The Principles of Sociology：254.

[3] Herbert Spencer. Political Institutions: Being Part V of The Principles of Sociology：255.

[4] ハーバート・スペンサー．政法哲学．浜野定四郎、渡辺治，訳：45、47。

[5] [英]斯宾塞尔，《政法哲学》，坂崎斌编，《译书汇编》，1901年4月3日，第3期，第71—72页。

[6] [英]斯宾塞尔，《政法哲学》，坂崎斌编，《译书汇编》，1901年4月3日，第3期，第72页。

[7] [英]斯宾塞尔，《政法哲学》，坂崎斌编，《译书汇编》，1901年4月3日，第3期，第74页。

袭取得地位和职业,"破坏旧法"则意味着凭借才能获得地位和职业。也就是说,中译本《政法哲学》的译者没有打倒清政府的意愿,只是寄希望于改革。

(二) 革命倾向

从1901年到1911年,清末新政推行了大约11年。然而在1902年12月15日出版的《原政》中,日语的"组织之变更"("組織ノ変更")与"变化"("変化")却被杨廷栋翻译为"变化"①。然而这并不意味着杨廷栋对中国时政漠不关心(如下所示)杨廷栋于译文中多次添加自己的语句,表达出强烈的危机意识。

"设于此而不知互相争竞之术,则吾群将涣,而无足以制群外之胜。"(《原政》,p.9)

"保种宜族之念,亦溯腾涌往而不可复遏。"(《原政》,p.15)

"若狄克安族之冥然罔觉,亦为仁人君子所痛心者矣。"(《原政》,p.36)

严复在《天演论》的案语及译文添加部分常常强调优胜劣败的残酷,为中国读者敲响警钟,刺激中国读者产生强烈的危机意识。毫无疑问,杨廷栋在译文中同样承袭了这种危机感,"群涣""保种"等词恰恰就是《天演论》的常用词汇。

尽管严复和杨廷栋对于中国的命运都秉持着强烈的危机感,二者却在政治主张上存在着明显的不同。《天演论》的连载和出版是在戊戌政变之前,光绪帝尚未被软禁。在这样的历史背景下,严复吸收了斯宾塞的社会发展阶段论,于《天演论》中屡屡提及斯宾塞,反复强调"圣人"的重要性,寄希望于强大统治者的领导。另一方面,《原政》翻译出版的历史背景是慈禧太后主导的清末新政,杨廷栋在译文中暗示了自身的革命倾向。

举例而言,斯宾塞在原著中指出,当人们的地位和职业由世袭决定之时,年长者(the oldest)独占大权,保守主义(conservatism)占据优势。杨廷栋在遵照日译底本准确翻译斯宾塞主张之后,又添加了自己的感叹,

---

① [英]斯宾寨尔:《原政》,杨廷栋译,第47、50页。

"新政鼎革之际。何怅其天道闷而人事暗哉"①。从该句可以看出杨廷栋对于清末新政的失望之情。

更甚者,杨廷栋还在译文中添加自己的语句,表达了对于封建主义的厌恶。比如说,日译本《政法哲学》中有这样一句话,"古来之君主,贪欲极重,横征暴敛"("古来ノ君主、極テ貪欲ニシテ専ら収斂ヲ重クシ")②。杨廷栋直接把日语的"君主"(monarchs)转译为"暴君",并添加自己的语句指出,"(暴君)窃土地人民为一姓之私产"③。除此以外,杨廷栋还在译文中添加了自己的语句,认为"(君相)身为群以内之元恶大凶"④,明确表达了反封建的倾向。

如胡适所言:"天演论出版之后,不上几年,便风行到全国,竟做了中学生的读物了。读这书的人,很少能了解赫胥黎在科学史和思想史上的贡献。他们能了解的只是那'优胜劣败'的公式在国际政治上的意义。"⑤杨廷栋从《天演论》中吸收到的恰恰就是对于中国命运的危机意识。他在《原政》中多次采用严译术语并模仿严复的典雅文体,不仅是为了坚持中国的传统语言表达方式,同时也是为了承袭《天演论》的冲击力,并把冲击力传达给《原政》的读者。

1900年12月6日至1901年12月15日,《译书汇编》连载了杨廷栋以日译本为底本转译的卢梭《民约论》。⑥或许就是在转译《民约论》的过程中,杨廷栋吸收了革命理论。1901年6月25日,鼓吹"革命排满"思想的《国民报》在东京创刊,杨廷栋等人担当该报纸的主笔。⑦换言之,杨廷栋不仅在时事评论等文章中表达自己的革命主张,还把主张巧妙添加于译书之中,借斯宾塞之口宣传革命。

---

① [英]斯宾塞尔:《原政》,杨廷栋译,第62页。
② ハーバート・スペンサー. 政法哲学. 浜野定四郎、渡辺治, 訳: 250—251.
③ [英]斯宾塞尔:《原政》,杨廷栋译,第40页。
④ [英]斯宾塞尔:《原政》,杨廷栋译,第52页。
⑤ 胡适:《四十自述》,北京:中国文联出版公司,1993年,第48页。
⑥ 《译书汇编》中的《民约论》上虽然没有译者署名,但是1902年出版的杨廷栋译《路索民约论》与连载版内容类似,可知连载版的译者是杨廷栋。
⑦ 冯自由:《革命逸史(初集)》,北京:中华书局,1981年,第96—97页。

## 五、小结

通过比较分析斯宾塞原著《政治制度论》、日译本《政法哲学》、中译本《政法哲学》和《原政》，笔者发现，滨野定四郎和渡边治比较忠实地翻译了斯宾塞《政治制度论》的内容，从日译本《政法哲学》中很难读取日本译者自身的政治主张。中译本《政法哲学》的译者倾向于使用日译术语，几乎未受到严译术语的影响。该译者准确理解并吸收了斯宾塞的社会进化论、社会有机体论，赞成斯宾塞的渐进主张。从译文中可以读取译者对于清末新政的期待之情。

杨廷栋则在《原政》中广泛使用严译术语，像《天演论》一样对中国读者敲响警钟，并借斯宾塞之口宣传自己的革命主张。在戊戌政变发生之前，严复吸收了斯宾塞的渐进思想，认为若要解决中国眼前所面临的紧急问题，需要强大统治者的领导。而在清末新政这一时代背景中，《原政》的译者杨廷栋从严复的译作《天演论》中仅仅承袭了严复的译语和危机意识。在语言方面，杨廷栋不打算放弃中国传统的语言表达方式，尽管因为不了解严译术语所对应的英语单词，误用了"群治""治化"等词汇。在引入进化论方面，比起斯宾塞的渐进主张，杨廷栋更为关注弱肉强食、优胜劣败的残酷性，故而急切期待着中国发生剧烈的变化。

近代中国的知识分子通过转译日文译书，得以迅速引入西方思想。然而在学界，人们往往认为以日译本为底本进行转译容易导致理解偏差，其效果不如直接翻译原著。可是通过对比日译本《政法哲学》和两本中译本，笔者发现日译本《政法哲学》比较忠实地传达了原著的内容，而中国译者则基于各自的政治立场对译文进行了"加工"。如此看来，日译底本的历史价值有待重新评估。

# "汉学"与中韩人文交流

张 敏

**【内容提要】**"汉学"随着21世纪中国国际地位的飙升呈现白热化研究趋势。汉学在韩国的研究主要分为汉文字学、汉文学及韩国译学研究三个方面。韩国古代长期借用汉文字,使得韩国语言文字中60%以上是汉字词。由此,涌现出一批通晓汉字、汉学的韩国学者。在韩国的文学如诗歌辞赋,在思想文化方面如儒学、佛教思想,在教育制度上如国学和科举制,在艺术方面如建筑与绘画,在政治制度方面的官吏制度,在经济制度上如赋税和金融体系,在科技方面如医药学、农业、制茶、纺织、天文历法和数学、军工技术、造纸和印刷,在社会风尚和习俗礼仪等诸多方面,都体现出两国文化同源的特征。相通的古代文明和文化积淀中蕴藏着中韩人文交流的巨大潜力。中韩两国1992年建交之后,呈现出汉风与韩流交相辉映的人文交流热潮。本文历时或共时地考察"汉学"在中国与韩国人文交流中的学术价值与意义,以及"汉字文化圈"和"儒学文化圈"对韩国的辐射作用。

**【关键词】** 汉学 汉文学 韩国译学 朝鲜儒学 韩流汉风
**【作者简介】** 张敏,北京大学外国语学院教授。

"中韩文化交流源远流长"一语已成为中韩两国学者的口头禅,这说明中韩两国文化交流与世界其他国家相比有着不同的特点。韩国在接受汉语或汉学方面有自然的历史认同感与亲近感,与其他国家完全不同。古代韩国形成的"汉学"学问规模和现代韩国掀起的"汉风"热潮,不仅可以说明中韩人文交流之渊源及连续性,同时也可以说明以汉字和儒家文化为代表的中国文化对东亚国家发挥的重要文化辐射作用及对这些国家文化和社会发展所产生的深刻影响。

上世纪70年代,中国恢复了在联合国的合法席位之后,中国的国际地位飙升，引发了第一次全球范围的"汉学热"。到了上世纪90年代，中国加快了改革开放进程，经济贸易发展迅猛，成为万国瞩目的焦点，国际上呈现了第二次"汉学热"。如今，中国发展成为世界第二经济大国，特别是习近平主席在2013年提出"一带一路"倡议后，中国已逐步成为21世纪国际舞台的主角，全球性"汉学热"再次掀起。在众多国家中，中国与韩国的人文交流最具特色，目前在韩国就有23家"孔子学院"，仅在数量上就堪称世界第一。这种现象在韩国又被称为"汉风涌动"。由此可见，中韩人文交流既有悠久的历史渊源，又有着积极的现实意义。

作为学术研究的概念，韩国学者对"汉学"有多种理解，一是汉文字学，二是汉文学，三是韩国译学中的汉学。本文将从这三方面切入，历时或共时地考察"汉学"在中韩人文交流中的学术价值与意义，以及"汉字文化圈""儒学文化圈"对韩国的辐射作用，并由此提出应在"一带一路"倡议下进一步加强中韩人文交流，不断提升区域文化交流与合作水平。

## 一、"汉学"与训民正音

所谓"汉字文化圈"一般指中国、韩国、朝鲜、日本、越南、新加坡等使用汉文字的东亚国家和地区。韩国语是依据汉字而创立的韩民族文字，韩国语词汇中有大量的汉字词。

表1

| 안녕하세요?（你好?） | 안녕히 가세요.（再见!） | 안녕히 계세요..（再见!） |
|---|---|---|
| 安寧하세요? | 安寧히 가세요. | 安寧히 계세요. |

韩国语词汇按照其来源可以分为四类。以朝鲜民族固有语言资料创造的固有词约占总词汇量的26%，借用汉字与汉字词义按照韩国语发音的词汇约占总词汇量的60%，借用西方的词汇按照韩语发音的词占总词汇量的11%，由固有词、汉字词和外来词相互结合而成的混合词约占总词汇量的3%。

表2

|  | 韩语词 | 外来词 | 汉字词 | 韩语词 |  | 汉字词 |
|---|---|---|---|---|---|---|
| 固有词 | 바람 |  | 风 | 가다 |  | 走 |
| 汉字词 | 한국 | 韓國 | 韩国 | 소개하다 | 紹介하다 | 介绍 |
| 外来词 | 넥타이 | necktie | 领带 | 아파트 | Apartment house | 公寓 |
| 混合词 | 헛수고 | 헛+受苦 | 白辛苦 | 체크하다 | Check+하다 | 核对 |
|  | 노벨상 | Nobel+賞 | 诺贝尔奖 |  |  |  |

高丽朝史料《三国遗事》记载:"本朝三韩时,薛聪所制方言文字谓之吏读。"古代朝鲜的各部落国家都没有自己民族的文字,便借用汉字来标记古朝鲜语言。

表3

| 吏读/汉字 | 训民正音 | 音标 | 汉语意 | 现代韩语 |  |
|---|---|---|---|---|---|
| 徐罗伐 | 서라벌 | Se la bel | 古新罗国的名称 | =신라 | 现代韩国语义为新罗 |
| 忽 | 골,고을 | Gaol | 指古百济国的城,村 | =고을,마을 | 现代韩国语义为村庄 |
| 夫里 | 부리 | Bu li | 指古百济国的城 | =벌 | 现代韩国语义为平原 |
| 石塔五层乙 | 을 |  |  | =을,를 | 现代韩国语宾格助词 |
| 君隐父也 | 은 |  |  | =은,는 | 现代韩国语添意助词 |

在15世纪之前,朝鲜还没有本民族的文字,一直将古汉语作为借语使用。古朝鲜语的所有词汇和语法皆以汉字标音,这种标记方法叫吏读法。古朝鲜语的发音与汉语发音有很大不同,用"吏读"法标记,在读写方面遇到极大困难。且学习掌握汉字所需的工夫,非一般庶民百姓能够花费得起。在古朝鲜历史上,无论是三国时期(427—664),还是统一新罗时期(668—917),或者是高丽时期(918—1391),长期作为朝鲜民族的文化教育、文学艺术、政治外交、历史资料记载的主要手段是从大陆输入的汉语和汉文学。从学校的教科书,到官方的外交书函,以及历史书籍资料,都

依靠借用的汉字完成。由于没有自己民族的文字，庶民百姓在语言文字的使用中遇到了诸多不便，这种状况直到15世纪以后才有所改变。

1392年，李氏朝鲜建国，取朝日鲜明的意义，国号朝鲜。朝鲜朝的第四代君主世宗大王组织众学者共同研制朝鲜民族文字。于1443年12月（朝鲜朝世宗二十五年），创造出朝鲜民族文字，称"训民正音"。《世宗实录》中记载：

> 是月，上亲制谚文二十八字。其字倣古篆，分为初中终声合之，然后乃成字。凡于文字及本国俚语，皆可得而书，字虽简要，转换无穷，是谓训民正音。

韩国学者于1443年12月完成了朝鲜文字的最初创造，且于1446年9月向全国颁布《训民正音》。《训民正音》全文共405个字。朝鲜朝学者在《训民正音》中根据中国南宋时期的中世语音韵，创造了28个字母。这28个字母的使用，分初声、中声、终声三部分，组成朝鲜文字。所有朝鲜语言都可以按照这种语言符号拼写阅读。《训民正音》的诞生，标志着朝鲜民族从此具有了自己民族的文字。这在朝鲜民族文化发展史上的意义是无法估量的。今日，韩国将10月9日规定为法定"韩字节"，年年举国庆祝韩文字的诞生，歌颂世宗大王创制韩文字的功绩。

1986年，法国高等实验学院的汉学家、欧洲东亚研究会主席汪德迈提出了汉文化圈的定义，认为汉文化圈需满足两个标准：一是使用汉字的区域，二是使用筷子的区域。① 东亚汉文化圈的形成与东亚各国的汉语文字教育密切相关。朝鲜《训民正音》诞生前后，汉文字在朝鲜半岛的普及教育说明了中韩文化交流的根基。迄今，常用汉字仍然是韩国中小学必修课程。

公元前108年到公元313年，汉字汉文传入朝鲜半岛，到14世纪朝鲜朝时期，汉学水平达到高峰，在朝鲜朝的教育与研究机构集贤殿和成均馆中，涌现出一批批通晓汉字、汉学的大家。此后不仅在文字文学方面如诗歌辞赋，在思想文化方面如儒学、佛教思想；在教育制度上如国学和科举

---

① 羽离子：《覼论汉文化圈》，石源华、胡礼忠主编：《东亚汉文化圈与中国关系》，北京：中国社会科学出版社，2005年。

制；在艺术方面如建筑、绘画；在政治制度上如朝鲜经国大典规定的官吏制度和行政体制；在经济制度上如赋税制度和金融体系；在科学技术方面如医药学、农业、制茶、纺织、天文历法和数学、军工技术、造纸和印刷；在社会风尚和习俗礼仪等诸多方面，都体现出两国文化同源的特征。相通的古代文明和文化积淀中蕴藏着中韩人文交流的巨大潜力。

## 二、"汉学"与风流道

韩国学界公认韩国汉文学文坛的鼻祖为孤云崔致远（857—？）。① 这是因为新罗人崔致远青年时期曾留学唐朝，在大唐及第做官，汉学功底深厚，28岁归国之后，汇集整理了自己的大作《桂苑笔耕集》，为迄今流传下来的韩国人撰写的第一本汉文文集，也是新罗时代唯一的一本文集。故《桂苑笔耕集》序曰："吾东方之有文章而能著书传后者，自孤云崔公始。"

公元618年，隋灭唐兴。公元7至9世纪是大唐盛世，唐朝为中国封建历史上最为辉煌、空前开放的时代。周边国家大批公私留唐学生云集盛唐。"贞观五年以后，太宗始兴国学，逐增筑学舍一千二百间，四门亦增生员……高丽、百济、新罗、高昌、吐蕃、诸国酋长亦遣子弟请入学。于是国学之内，八千余人。国学之威，近古未有。"② 唐朝将各国学生安置在国子监学习，并称他们为"宿卫"留学生。专门为他们设立科举考试的"宾贡科"，合格者登榜首，及第者封官授爵，学而优则仕。毕业后可留唐做官，亦可带文凭回国任职，来去自由。宿卫学生在唐学习年限为十年。毕业合格者归国换下一批学生入学。宿卫留学生必须是各国的贵族王室子弟或国家重要使臣。他们不断交替更换，在学习的同时担任着文化交流的任务。高丽僧金富轼形容留学盛况时说："以至诚事中国，梯航朝聘之使相断绝，常遣子弟，造朝而宿卫入学，而讨习于以袭圣贤之风化，革鸿荒之俗为礼仪之邦。"③ 公元668年，新罗国借助唐朝的力量第一次统一了朝鲜半岛。其后罗唐文化交流兴盛，大批留学生和留学僧来往于唐罗之间。《三国史记》记载：

---

① [韩]李家源：《震撼汉文学的鼻祖—孤云崔致远》，《韩国名人小传》，汉城：一志社，1975年。
② 《唐会要》卷35。
③ [韩]金富轼：《三国史记》卷12，乙酉文化社，李丙焘译注，1990年。

（新罗朴氏）以至诚事中国，梯航朝聘之使相续不绝。常遣子弟造朝而宿卫，入学而讲习，于以袭圣贤之风化，革鸿荒之俗为礼义之邦。又凭王师之威灵，平百济、高句丽，取其地郡县之，可谓盛矣。①

统一新罗时代，留唐的学生和僧人回国后，吸收中国的典章文物制度，在社会礼教制度方面遵循儒家的理念和规范，在思想文化方面儒释道三教并举。如新罗国子弟崔致远于公元868年（新罗景文王8年）踏上宿卫留唐的征程，最早在唐朝及第做官，28岁归国欲实现大同抱负。崔致远在《鸾郎碑序》中曰：

国有玄妙之道，曰风流。设教之源，备详仙史，实乃包含三教，接化群生。且如入则孝于家，出则忠于国，鲁司寇之旨也。处无为之事，行不言之教，周柱史之宗也。诸恶莫作，诸善奉行，竺乾太子之化也。②

崔致远一语概括了新罗国风，新罗人以本土的原始多神巫俗信仰为基础，融合外来儒释道，盛行巫俗、儒学、道教、佛教，呈现出一种多元融合的宗教信仰。

韩国古代借用汉字，因此大量汉文书籍传入朝鲜半岛并成为当地私塾或官学的教科书。韩国现存规模最大最古老的古籍珍藏馆"奎章阁"中的中国经典古籍珍本有6075余册。北京大学朝鲜文化研究所副所长琴知雅教授认为"古代朝鲜的书籍几乎都是由中国引进的"③。她通过地域史料的考证，证明了《论语》《孝经》《古文尚书》《毛诗》《春秋左传》《礼记》《史记》《汉书》《淮南子》《吕氏春秋》《玉篇》《文选》《通要》《周易》等92种书籍是通过百济国最早传播到日本的。朝鲜半岛历代学者及当政者极为重视引进中国古典，通过中国书籍的引进使古代中国先进的典章文物制度得以在朝鲜半岛普及。近代以前，朝鲜人在教育、哲学思想、宗教信仰、政治体制、法律制度、封建官僚体制诸方面全面仿华，自誉"小中华"。

---

① [韩]金富轼：《三国史记》卷12，乙酉文化社，李丙焘译注，1990年。
② [韩]金炳孝等：《韩国哲学史》上卷，东明社，1987年。
③ 琴知雅：《韩中历代书籍交流史研究》，韩国研究院，2010年，第18页。

中国典籍书籍的输入促进了朝鲜半岛的文明进程，充实了韩国传统文化的内涵。上海复旦大学朝鲜韩国研究中心的邢丽菊教授认为：

> 作为中国儒学在海外的发展，或是从海外研究的视角来审视中国儒学的发展，韩国儒学是最有代表性的范例。直到今天，韩国依然是世界上儒学被保存得最好的国家之一。中韩互为友好邻邦，同属汉字和儒家文化圈，在历史发展和文化交流中，两国人民互相借鉴，共同发展，形成了基本相似的文化意识和价值观念，心理思维和行为方式也有诸多类同。①

中韩两国文化自古源远流长，在不断交流中互动互助，互相渗透，形成了互通的传统文化。中国的儒释道思想东传，韩国运用儒释道思想化解自身社会矛盾，寻求治世之道。特别是14世纪以后的朝鲜朝时代，朝鲜学者奉儒学为国教，将儒学与社会现实相结合，进而国家的典章文物制度、社会的伦理道德、人们的价值观念和心理结构以及生活方式皆以儒学作为理论基础。朝鲜朝学者注重儒学的实践理性和人间伦理的提升，围绕性理学的根本问题展开学术论争，形成主理、主气、折中、实学等学派，构成独具特色的朝鲜儒学思想。因此，在东亚区域文化圈中，至今韩国仍然属于最典型的儒学国度。

## 三、"汉学"与朝鲜译学

1392年，高丽朝武臣李成桂建立了朝鲜王朝。朝鲜朝初期是朝鲜半岛史上文化大繁荣的金字塔时期。特别是第四代明君世宗大王（1419—1450年在位）聚集众学者，设立"集贤殿"，奠定了朝鲜的学术基础。在成均馆和集贤殿，太祖设立的"十学"（礼学、乐学、律学、兵学、字学、医学、风水学、阴阳学、译学、吏学）得以深入研究，兴学弘文，在文学、文字学、数学、农学、医学、译学诸方面都取得了辉煌成就。其中的译学在朝鲜朝初期设置的司译院中进行，《太祖实录》记载：

---

① 邢丽菊：《韩国儒学思想史》，北京：人民出版社，2015年，第1页。

置司译院,肄习华语。①

国初置司译院,掌译者方言语,其属官有蒙、倭、女真学,通为四学,属礼曹。②

在"十学"中,朝鲜学者更偏重经学,将医、律、算、译学列为杂学。有名的译官有郭海龙、臣允绍、白琚、金台、郑子典、于光儒、郑庀、梢水、许赞、柳清臣、许孝南、金孝源等人。③译学虽属杂学,但是"事大交邻"是朝鲜朝的国策,历代朝鲜朝的君主都极为重视,许多贵族子弟以讲肄官、文臣、习读官为名,多就读于司译院,还有一些非译官的文臣,也在司译院学习汉语。司译院掌管外语和翻译之事,掌事大交邻之事,进行汉学、蒙古学、女真学、倭学的四学教育。《太祖实录》记载:

司译院提调契长寿等上书曰:"臣等窃围,治国以人才为本,而人才以教养为先,故学校之设乃为政之要也。我国家世事中国,言语文字不可不习,是以殿下肇国之初,特设本院,置禄官及教官生徒,卑习中国言语音训文字体式,上以尽事大之诚,下以期易俗之效。"④

司译院进行汉学的学习与研究,是为了以事大之诚同中原交往,摄取中原先进文化资源,移风易俗。蒙古建立元大都之后,以武力迫胁高丽称臣,高丽不得不成为元人的驸马国。就丽元关系而言,蒙古学当然是高丽和朝鲜司译馆学问之一。

"女真学"指女真族的语言。朝鲜与女真之间往来、交易、侵犯、讨征之事频繁,自然需要女真语言的翻译。高丽末叶以后,位于半岛南端的倭寇屡屡入侵挑衅,朝鲜政府为解决与日本方面的问题,较晚在司译院建立了倭学。

为了推行事大外交路线,司译院设立汉学;为了执行交邻对外政策,而设立蒙学和女真学及倭学。女真学在与清朝建立朝贡关系之后改称为清

---

① [朝鲜]《李朝实录》"太祖实录"卷四,二年九月辛酉条,朝鲜:社会科学院出版社,1975年。
② [韩]林东锡:《朝鲜译学考》第182页,《通文馆志》卷之一,沿革。
③ [韩]《高丽史》卷七十七,三十五官志,通文馆条。
④ [朝鲜]《李朝实录》"太祖实录"卷六,太祖三年十一月条,第330页。

学。而司译馆的所谓"四学",当时主要指四种语言的口语训练,培养进行口译的译官,以便在对周边国家进行交往中沟通双方的意思。朝鲜司译院四学之中,尤重汉学。

世宗二十四年(1442),司译院都提调申概等上奏说:"国家深虑事大礼重,务崇华语,劝课之方,至为详密。然能通华语者罕少,虽或有通者,音亦未纯,每当中国来使,御前传语,尤难其人。"① 当时能讲汉语者十分"罕少",有来自中国的使臣,需要在御前翻译时,已很难找到口译者。成宗七年(1476),成宗将译官张有诚、黄中、李春景招至殿前,"令以汉语相问答,复以乡语解之。"② 可见成宗已意识到汉语人才奇缺的状况。

汉字作为朝鲜朝官方文字,用以记录的书面语。作为官方文书,朝鲜朝与中国明清两朝之间的来往外交公文均用汉语书写。朝鲜成宗时代(1469—1494)由承文院编纂的《吏文》一书,共四卷,现存二、三、四卷。公文形式为咨、奏、申、呈、题奏、照会、榜文等,记录了明洪武至成化年间(1370—1478)明朝与朝鲜朝的公文史料。

对明朝的事大外交是朝鲜建国的保国之道。在朝鲜第四代君主世宗大王时期,呈现出朝鲜朝文化大发展的金字塔景观,其原因之一便是世宗大王极为重视事大国策。《世宗实录》记载:

> 引见左代言金宗瑞曰:"父王敬事朝廷,内史黄俨至,则事之甚勤,俨导达诚意于永乐,永乐益重父王,屡赏缯帛。传至于我,事朝廷益谨,今皇帝每遣使臣,勅辞褒美,非一二计。且朝官使臣,见我诚恩曰:'今之事朝廷至诚,倍于前王。'吾至诚事大,悠久益谨,无一毫行诈之心,天地神明,岂不知之?然或有一毫之不尽,甚可畏也。"③

但在甲午海战清朝战败后,朝鲜脱离了与清的藩属关系,1910年后沦为日本殖民地长达35年,其间朝鲜司译院关门,朝鲜译学止步。直到1945年日本投降,1948年韩国建国,冷战时期过后,1992年中韩建交才重新开

---

① [朝鲜]《朝鲜王朝实录》世宗95卷,1442壬戌。
② [朝鲜]《朝鲜王朝实录》成宗74卷,1476丙申。
③ [朝鲜]《朝鲜王朝实录》世宗53卷,1431辛亥。

启了人文交流的大门。

## 四、"汉学"与韩流汉风

20世纪50年代，韩国只在国立首尔大学、韩国外国语大学、成均馆大学三所大学设有中文专业。80年代以后，随着中韩两国关系的逐渐改善，汉语教育在韩国迅速发展，特别是1992年中韩两国建交以后，设立中文专业的韩国大学数量猛增。下图列举了1950—2005年韩国各大学中文专业的增设情况。[①]

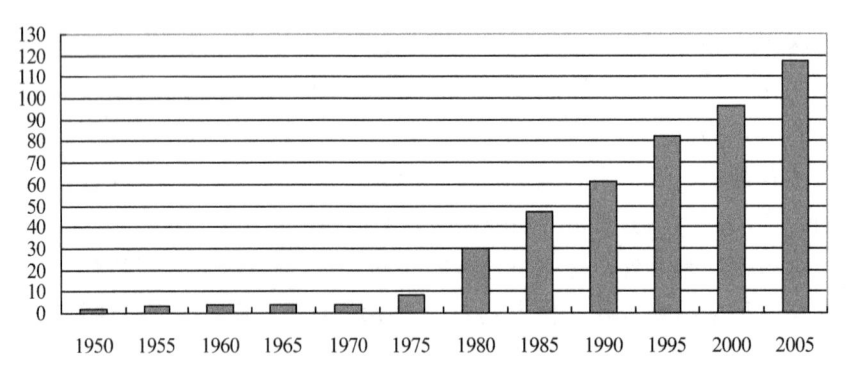

**图1　1950—2005年韩国设有中文系的大学数量统计**

中韩建交前后韩国设有中文专业的大学迅速增长，特别在1990—2005年的增长率惊人，1990年有60多所大学设有中文专业，之后的15年间这个数字翻番。这些大学的中文系与专业下设的学科也呈多样化，如最传统的语言文学类专业是中语中文学科、中国语言学科，发展到语言技能类学科如中国语学科、语言国情类学科如中国语中国学科、语言文化类学科如中国语言文化学科、专业汉语类学科如中国商务科、观光中国语科等。[②]报考中文专业的学生有增无减。人民网曾于2003年报道，韩国国立首尔大学的中文系报考率首次超过传统强项英文系，成为最热门专业。而到了

---

[①] 数据引自中华人民共和国驻大韩民国大使馆教育处网页统计资料：http://www.eoe.or.kr/publish/portal24/tab1065/（上网时间：2017年3月21日）。

[②] 参考云南师范大学国际语言文化学院、外事处对外汉语论坛：http://www.icis.cn/bbs4/Announce/Announce.asp?BoardID=16&ID=271（上网时间：2017年3月21日）。

2006年，首尔大学中文系的录取分数线首次高过英文系，成为外语专业中的最高分数线。

汉语水平考试（HSK）自1991年首次推向海外以来，报考的外国考生逐年增多。统计资料显示，韩国1999年报考HSK的考生2000多人，到了2001年猛增至8000多人。而到了2003年韩国报考HSK的人数升至所有外国考生中的第一位，之后这个第一榜迄今未被撼动。

据中国教育部统计数字表明，2004年全国共有来华留学生110844名，其中韩国留学生共43617名，占到总数的近40%。2008年留学生总数突破22万，而韩国留学生的数量依然遥遥领先于排名第二的美国留学生。[1] 2016年中韩已互为最大的留学生来源国，来华的韩国留学生为70540人，占来华留学生总数的15.93%。在韩国的中国留学生为6.23万人，占在韩国的外国留学生总数的60%。2016年中国已经超过美国成为韩国最大的留学目的地国家。

2004年11月全球第一家孔子学院在韩国首都首尔挂牌，此后2006年一年又新建3所；2007年新建8所。迄今在韩国各地共设立了23所孔子研究院。除了济州岛的济州大学叫商务孔子学院之外，其他均称"孔子学院"。

韩国国内两大报纸《朝鲜日报》《中央日报》自2001年起就开始提供中文网络服务；中国的《人民日报》也提供了网络版韩文服务，相互之间新闻信息传播畅通无阻。

中韩人文交流还体现在游客方面。2014年，两国人员往来人数进入"千万时代"。访问韩国的中国人633.5万人次，访问中国的韩国人410万人次。中韩互为第一大入境客源国。2016年，赴韩国的中国游客突破800万人次。因此中韩航班每周往返班次最多达1254次，占韩国与外部航班往来总数的29%。

随着韩国大众演艺文化在中国掀起"韩流"热潮，韩国语教育在中国各大学的发展也很令人吃惊。1992年中韩建交以前，中国只在北京大学、延边大学、洛阳外国语大学、北京经贸大学、中央民族大学5所大学设有韩语专业。中韩建交20余载后，随着两国之间政治、经济与文化的全面交

---

[1] 数据参考国家教育局网页统计资料：http://www.moe.edu.cn/（上网时间：2017年3月21日）。

流，国内大专院校韩国语专业骤增。据2015年中国教育部阳光高考网站上所做的不完全统计，中国高等学校本科韩国语专业有115所，高职韩国语专业有88所，目前全国共有203所大专院校招收韩国语专业的学生。

**表4 中国大学韩国语专业分布情况**

| 省区市 | 大学韩国语专业数量 |
| --- | --- |
| 北京市 | 7所 |
| 上海市 | 5所 |
| 重庆市 | 1所 |
| 天津市 | 4所 |
| 山东省 | 28所 |
| 吉林省 | 14所 |
| 黑龙江省 | 10所 |
| 辽宁省 | 4所 |
| 河北省 | 4所 |
| 河南省 | 2所 |
| 陕西省 | 4所 |
| 湖南省 | 5所 |
| 湖北省 | 4所 |
| 四川省 | 3所 |
| 安徽省 | 2所 |
| 江苏省 | 9所 |
| 浙江省 | 3所 |
| 广东省 | 4所 |
| 广西区 | 1所 |
| 云南省 | 1所 |

**表5 中国高职韩国语专业分布情况**

| 省区市 | 高职韩国语专业数量 |
| --- | --- |
| 北京市 | 2所 |
| 上海市 | 4所 |
| 天津市 | 2所 |
| 山东省 | 23所 |
| 山西省 | 3所 |

续表

| 省区市 | 高职韩国语专业数量 |
|---|---|
| 内蒙古 | 1所 |
| 吉林省 | 4所 |
| 黑龙江省 | 5所 |
| 辽宁省 | 7所 |
| 河北省 | 3所 |
| 河南省 | 2所 |
| 湖北省 | 4所 |
| 湖南省 | 2所 |
| 安徽省 | 1所 |
| 江苏省 | 11所 |
| 江西省 | 2所 |
| 浙江省 | 1所 |
| 新疆 | 1所 |
| 广东省 | 6所 |
| 广西区 | 1所 |
| 云南省 | 1所 |
| 海南省 | 2所 |

20世纪90年代末开始，以韩国电视剧、电影、音乐、舞蹈、美食为代表的韩国文化持续席卷中国，成为中国流行文化的组成部分。随着中韩关系的深入发展，汉语、汉学、儒家文化、中华料理等中国文化也深深融入了韩国人的生活。中韩人文交流一直呈现着"韩流"与"汉风"交相辉映的盛况。

## 五、结论

上文通过对汉文字的借入、汉文学的传播、中韩互译的语言文化交流、两种语言的翻译教育和冷战后及中韩建交之后人文交流盛况的考察，探讨了"汉学"在中韩文化交流中的特点及意义。由此，可以引申出后顾性与前瞻性的两点思考，前者是中韩人文交流中存在的障碍问题，后者是在"一带一路"倡议下中韩人文交流的有效开展问题。

中韩文化交流源远流长，但其间却时时遇到来自两国内外政治局势变化的漩涡暗礁，从而造成了两国人文交流历史的跌宕起伏。如1946年朝鲜废除汉字，1948年韩国立法规定不允许政府公文中出现汉字，1968年立法废除汉字，规定韩文中的汉字词一律用韩文字母拼写，随之各学校停止了汉语教学。直至1999年2月，韩国时任总统金大中签署总统令，批准了文化旅游厅计划，推进中文和英文在道路指示牌和政府公文中的使用，才打破了韩国近50年对汉字使用的禁令，韩国的一些地名、地铁站名等才重新标示上了原来的汉字名称。在这50年间，韩国本国的民族语言表面上得到净化，文盲率却有所上升，语言发展方面出现诸多问题。韩国语言中60%以上的词汇均为汉字词，禁用汉字，停止汉语教育，使得学生不懂汉字，无法阅读图书馆大量的汉语藏书，传统文化传承受阻；街道名和地铁站名使用韩文标注造成混乱；高速发展的科技使西方外来语大量涌入，泛滥成灾，表意能力有限的韩语又难以招架。现代韩国语言迅速外来语化，造成了韩语的杂乱不纯。为此，1998年11月韩国成立了"超越宗教、超越政党、超越地域"的全国汉字教育推进总联合会，该会以爱国为己任，"在'韩文与汉字是鸟之双翼，车之双轮'的旗帜下，主张从小学开始进行汉字教育，继承和发展传统文化，克服文化危机。"为了促进汉字教育，该联合会在成立宣言书上提出了8条主张：

1. 促进小学教育课程中进行1000个左右的汉字教育，谋求国语教育的正常化。
2. 促使各级学校所有教科书实行汉韩文混用。
3. 促使公文、标牌、招牌上混用汉字或并记汉字。
4. 促使报纸、杂志等言论媒体尽量混用汉字。
5. 通过汉字教育继承和发展传统文化，积极恢复素质教育。
6. 摆脱文化危机，以防沦为汉字文化圈里的孤儿。
7. 电脑实现了汉字信息化，应该活用电脑文字技术成果走在信息时代的前头。
8. 促使国会年内通过《废弃韩文专用法法案》。①

---

① 全香兰：《韩国的汉字现状》，《汉字文化》，2000年第4期。

韩国汉字教育推进总联合会1999年8月创办了《韩文+汉字文化》杂志。创刊号上登载的文章一致谴责政府语文政策的失误，并希望政府出面停止关于韩文专用和混用汉字长达半个世纪的无意义争论，从生活的便利与实用出发，有效制定可持续发展的语文政策。他们认为专用韩文的语言政策会使韩国走向文化锁国，使韩国的政治、经济、社会、文化在国际竞争中一落千丈。

2008年9月，韩国历任国务总理联名，向韩国总统提交了一份在中小学教育中恢复汉字教学的倡议书，里面提到"自祖国光复的半个世纪以来，由于'韩文专用'的错误文字政策，我们今天陷入了比上个世纪90年代经济危机还要危急的文化危机。为了克服这一严重的文化危机，为了主导21世纪汉字文化圈时代，务必要在初等教育规定的教育课程中实施汉字教育……。汉语是中国人的语言交流工具，中国人使用汉字记录日常生活；日本人从幼儿园就开始教育儿童学习《论语》；而韩国却在排斥'汉字活用'方案，固守'专用韩文'的文字改革方针。这一举措于国于民均无益处。……半个世纪以来，错误的文字政策造成了今日严重的文化危机。如若想从根本上解决这一危机，就应在初等学校的教育课程中，规定分级进行汉字教育，而不应将汉字作为外国语学习。为了使国语正常发展，必须将韩文和汉字都作为国语进行教育。……作为历届国务总理，我们谨代表全国汉字教育推进总联合会的5万余名成员，以忧国衷情之心，为国家和民族之将来，联名建议政府尽早施行《初等教育学校规定课程中的汉字教育》。"随着中韩两国人文交流的的逐渐深入，中国国际地位的提升，中国经济的飞速发展，韩国政府各界人士对于推行汉字、汉语教育的重要性的认识也在逐步加深。历任国务总理联名向韩国政府提出的建议，字字铿锵。在中韩文化交流的历史长河中，文字是同源文化尤为重要的体现。韩国在近50年"去汉化"不成功后，重又开始重视汉字在本国的影响及在生活、教育、语言发展等各方面的重要作用。

进入21世纪后，出现了中韩两国"韩流"与"汉风"交相辉映的人文交流的繁荣局面，但受到国际形势变化的影响，从冷战时期的"寒流"转到中韩建交后的"韩流"和"汉风"热潮，到2017年突然降温转向"寒流"。由于国际关系及南北关系的变化，特别是美部署萨德反导系统事件导致中韩两国之间心存芥蒂，成为中韩关系发展的绊脚石。自2016年8月以来，中国赴韩游客及两国留学生人数迅速下降，使得两国人文交流滑向低谷。

中国现在已成为世界第二大经济体。历史上，所有大国在崛起过程中，都有围绕它的崛起而展开的全球化运动。如罗马帝国的区域扩张全球化，盛唐时代的文化输出全球化，英国资源贸易全球化，美国的金融货币全球化等。每一次全球化都被一个崛起的国家所推动。由于生产方式的改变和交易方式的改变，世界正在发生根本性的变化。今天，中国在互联网、大数据和云计算等领域已经与美国站在同一起跑线上。机遇稍纵即逝，习近平主席不失时机地提出"一带一路"倡议，体现出"睦邻、安邻、惠邻"的诚意和"与邻为善、以邻为伴"的大国外交姿态，这也是一项承贯古今、造福沿途各国人民的宏伟工程。2100多年前，丝绸之路打开了中国通向世界的人文交流大门，将中国与欧亚大陆的众多国家联系起来，在推动东西方思想交流、文化交融、经济交往方面作出了重要贡献。如今，中国与世界各国又站在了一个崭新的历史关口。顺应求和平、谋发展、促合作，追求共生共荣的发展趋势，"一带一路"倡议也被赋予了新的丰富内涵和深远意义。发挥"一带一路"连接不同文明的纽带作用，可将区域间的经济、社会、文化交流提高到新水平。

从中韩两国两千多年的人文交流史中，可以看到，不论从历史还是现实的角度，以汉字和儒家文化为代表的中国文化对朝鲜半岛发挥了重要的文化辐射作用。从历史角度回顾两国人文交流与发展，反思今后中韩两国在"一带一路"倡议下人文交流的必要性，国之交在于民相亲，民相亲在于心相通。"一带一路"文化先行，文化交流是民心与未来工程，只有通过文化交流与合作，才能使两国人民增强相互信任、加深彼此感情，从而促进区域合作，实现共同发展。

尹海良在《关于世界汉语热的几点思考》一文中指出：汉语之所以能够在世界范围掀起热潮，主要原因是：一、中国经济的高速发展所带来的商机是促成世界汉语热的源动力。二、中国良好的国家形象与充满希望的未来让世界充满信心，是世界汉语热的重要前提。三、作为吸引海外华人学习汉语的软力量，博大精深的中华文化功不可没。四、中国政府的积极参与推动是引导世界汉语热健康发展的重要保障。[①]

中国政府高度重视中国传统文化与对外人文交流，明确提出要扎实推进公共外交和人文交流，要提高国家文化软实力，树立高度的文化自觉

---

① 尹海良：《关于世界汉语热的几点思考》，《广西社会科学》，2009年第2期。

和文化自信。在推动建立在国家硬实力基础上的文化软实力传播的过程中，须关注朝鲜半岛上韩国这样一个汉语与汉学热度极高的邻邦，把握汉学热潮在半岛的发展趋势，并根据新形势采取适宜的方式坚持推进中韩人文交流，增进两国人民之间的相互信任、加深彼此感情，从而夯实民意基础，搬掉阻碍两国关系发展的"绊脚石"，实现两国关系的正常化，为我国发展与周边国家和"一带一路"沿线国家的人文交流与合作提供借鉴。中国文化部在其颁布的《文化部"一带一路"文化发展行动计划（2016—2020）》中，提出了要建成"一带一路"文化交流合作机制、完善"一带一路"文化交流合作平台、打造"一带一路"文化交流品牌、推动"一带一路"文化产业繁荣发展、促进"一带一路"文化贸易合作等五个方面的任务。有了这样一个顶层设计，今后中韩文化合作便可本着这一方向与框架开展切实有效的人文交流。

# 中韩人文交流的传统与特点

牛林杰

**【内容提要】** 中韩两国人文交流的历史源远流长,人文交流的内容丰富多彩,人文交流的形式多种多样。特别是在外交使节交流、留学生交流、书籍交流等方面形成了十分鲜明的特点。自古以来,中韩外交使节在出使期间,互相唱和,作诗著文,在增进相互理解和友谊的同时,也为后人留下了丰富的记录遗产。中韩留学生交流始于唐代,崔致远等大批新罗学子来唐学习,为中国文化在韩国的传播作出了重要贡献。中韩同属汉字文化圈,汉文书籍是两国共同的文化财富,也是两国人文交流的重要组成部分。

**【关键词】** 中韩关系　人文交流　留学生交流　书籍交流

**【作者简介】** 牛林杰,山东大学东北亚学院教授。

中韩两国是一衣带水的邻国,拥有悠久的文化交流传统,是东亚历史上人文交流最为频繁的两个国家。中韩两国之间的人文交流,无论是在交流的形式方面,还是在交流的内容方面,都积累了十分丰富的历史经验,值得我们认真总结和继承。

2014年7月4日,习近平主席访韩在首尔大学发表了题为《共创中韩合作未来,同襄亚洲振兴繁荣》的演讲,指出:"回顾历史,中韩友好佳话俯拾即是。从东渡求仙来到济州岛的徐福,到金身坐化九华山的新罗王子金乔觉;从在唐朝求学为官的'东国儒宗'崔致远,到东渡高丽、开创孔子后裔半岛一脉的孔绍;从在中国各地辗转27年的韩国独立元勋金九先生,到出生于韩国的《中国人民解放军军歌》作曲者郑律成……两国人民友好交往、相扶相济的传统源远流长。"① 习近平主席在演讲中所列举的中韩人文交流史上的上述事例，包含了外交使节交流、留学生交流、移住民交流等中韩人文交流的多种形式。此外，习近平主席访韩时，还向首尔大学赠送了一万册中国图书，书籍交流也是中韩人文交流史上一种重要的交流形式。中韩关系史上丰富多彩、形式多样的人文交流形成了颇具特色的中韩人文交流传统，也为当代中韩人文交流的发展提供了宝贵的经验。

## 一、外交使节交流

外交使节交流是古代国家之间交流的一种重要形式。秦朝时期，秦始皇为寻找长生不老药遣徐福东渡，成就了中日韩三国交流的一段佳话；汉朝时期，汉武帝派张骞出使西域，为开创著名的丝绸之路作出了重大贡献；唐朝时期，唐太宗派遣玄奘等人到印度求取佛经，最终使佛教在中国盛行。这些史实说明，外交使节在古代的文化交流中发挥了极为重要的作用。

自古以来，中韩之间互派外交使节的频次之繁、数量之多、规模之大、影响之深在中外关系史上都是罕见的。据史料记载，从公元前109年（汉武帝元封二年）汉朝派涉何出使古朝鲜起，至1840年（清宣宗道光20年）止，中国方面派使节到朝鲜半岛的次数多达926次②。中国的外交使节出使朝鲜，主要任务包括颁诏、册封、军务、赐物、赠书等。在完成其政治使命的同时，还积极与朝鲜文人进行各种文化交流，部分使节回国后把出使朝鲜的经过和见闻撰写成书，为后人留下了深入了解朝鲜历史文化、风土人情的宝贵资料，这些著作史称"使朝鲜录"。今天我们所能看到的有关朝鲜较早的文献，大多是曾经出使朝鲜的外交使节所著。如宋朝孙穆的《鸡林类事》（1103年出使高丽），徐兢的《宣和奉使高丽图经》（1123年出使高丽），明朝倪谦的《朝鲜纪行》《辽海篇》（1450年出使朝鲜），张宁的《奉使录》（1460年出使朝鲜），祁顺的《使东录》（1475年出使朝鲜），董越的《朝鲜赋》《朝鲜杂志》（1488年出使朝鲜），龚用卿的《使朝鲜录》（1537年出使朝鲜），朱之蕃的《奉使朝鲜稿》（1606年出使朝

---

① 《习近平在韩国国立首尔大学的演讲》，2014年7月4日，中国驻韩国使馆网站，http://www.chinaemb.or.kr/chn/zgzt/XJPZ/t1171934.htm（上网时间：2017年3月21日）。

② 杨昭全：《中国 - 朝鲜韩国文化交流史（第2卷）》，北京：昆仑出版社，2004年，第707页。

鲜），姜曰广的《輶轩纪事》（1625年出使朝鲜）、清朝阿克敦的《奉使图》（曾于1717年、1718年、1722年、1724年先后四次出使朝鲜）、魁龄的《东使纪事诗略》（1866年出使朝鲜）、崇礼的《奉使朝鲜日记》（1890年出使朝鲜），等等。

明代是中国使节出使朝鲜较多的时期。明初期使节多由宦官担任，后为加强与朝鲜的沟通和文化交流，明政府改派文人担任使节。下面以明朝朱之蕃出使朝鲜为例，探讨明使节的朝鲜使行、与朝鲜文人之间的交流以及在中朝关系史上所起的作用。

朱之蕃，明朝万历年间大臣、书画家，曾为翰林院修撰，先祖世居山东茌平，后附南京锦衣卫。据《明史》记载，"（万历二十三年，1595年）三月乙未，赐朱之蕃等进士及第"，但《明史》中无其传。另据《四库全书总目》记载，其"官至吏部右侍郎"。《明实录·神宗实录》关于朱之蕃出使朝鲜有如下记载：

> 命修撰朱之蕃、左给事中梁有年敕谕朝鲜国王李昖。……敕曰，兹朕皇孙诞生，覃恩宇内，念王世守东方，恪修职贡，宜加恩赉，以答忠诚，特遣翰林院修撰朱之蕃、礼科左给事中梁有年充正副使，捧赍诏谕。并赐王及妃彩币文锦，至可受赐，见朕优礼之意。[①]

由此记录可知，万历三十三年（1606年），明朝派朱之蕃为正使、梁有年为副使出使朝鲜，主要目的是颁布诏书以告知皇孙诞生之事。朱之蕃一行于1606年2月16日从北京启程，3月24日渡过鸭绿江，到达朝鲜境内，4月11日在汉城颁布诏书，20日启程回国。在朝鲜期间，朱之蕃与朝鲜才士互相辩难，赋诗赠答，应对如流，且语言得体，不辱使命，给朝鲜文人留下了深刻的印象，不仅顺利地完成了颁布诏书的使命，还为中朝文化交流作出了重要的贡献。

首先，朱之蕃在朝鲜与朝鲜文人进行了非常活跃的诗赋唱和活动。朱之蕃在朝鲜期间共创作了259篇诗作，是历代中国出使朝鲜的使节中作诗最多的。据《东方和音》记载，出使期间，与朱之蕃进行诗赋唱和的朝鲜文人多达30余人。朝鲜编辑的《皇华集》收录了朱之蕃、梁有年与朝鲜文

---

① 《明实录·神宗实录》，万历乙巳季冬望日颁诏。

人的唱和诗共计五卷。①

其次，朱之蕃高度评价了朝鲜文人的文学成就，并为其文集作序，在中朝人文交流史上留下了一段美好的佳话。朱之蕃出使朝鲜期间，应朝鲜著名文人许筠之请，为其姊许兰雪轩诗文作序，写下了《兰雪斋诗集小引》一文：

闺房之秀，撷英吐华，亦天地山川之所钟灵。不容掩，亦不容遏也。汉曹大家成敦史以绍家声，唐徐贤妃谏征伐以动英主，皆丈夫所难能，而一女子办之，良足千古矣。即彤管遗编所载，不可缕数。乃慧性灵襟不可泯灭则均焉。即嘲风咏月，何可尽废。以今观于许氏兰雪斋集，又飘飘乎尘埃之外，秀而不靡，冲而有骨。游仙诸作，更属当家想其本质，乃双成飞琼之流亚。偶谪海邦，去蓬壶瑶岛，不过隔衣带水。玉楼一成，鸾书旋召，断行残墨，皆成珠玉，落在人间，永光玄赏。又岂叔真易安辈悲吟苦思，以写其不平之衷，而总为儿女子之嘻笑颦蹙者哉。许门多才，昆弟皆以文学重于东国。以手足之谊，辑其稿之仅存者以传。予得寓目，辄题数语而归之。观斯集，当知予言之匪谬也。万历丙午孟夏廿日。朱之蕃书于碧蹄馆中。②

此小引是朱之蕃宿碧蹄馆时所作。朱之蕃对许兰雪轩的诗文给予了高度评价，称赞其诗"飘飘乎尘埃之外，秀而不靡，冲而有骨……"。朱之蕃在回国时将此诗集带回了国内并进行了刊印。可以说，许兰雪轩诗文在中国的传播得益于朱之蕃此次出使朝鲜。

第三，朱之蕃是明朝著名的书画大家，其书法、绘画作品深受朝鲜文人的喜爱。他在朝鲜期间，很多朝鲜文人前来索其字画，或请其题词，朱之蕃皆欣然接受。因此，时至今日，朝鲜半岛仍留有朱之蕃的很多书法、绘画作品。如韩国成均馆大学内文庙中的"明伦堂"牌匾、奇应世墓碑等都是出自朱之蕃的手笔。朱之蕃在朝鲜期间也十分注意了解朝鲜文人的书

---

① [朝鲜]《皇华集》卷之三十八至四十二，万历三十四年丙午颁。另，韩国奎章阁现存木刻版《皇华集》则载有朱之蕃和朝鲜文人唱和诗共六卷。
② 朱之蕃：《兰雪斋诗集小引》，《使朝鲜录(下)》，北京：北京图书馆出版社，2003年，第338页。

法情况，回国时带回了朝鲜中期著名的书法家韩濩①（1543—1605）的作品。此外，朱之蕃还曾将明朝著名书画家文征明的《衡山石刻帖》作为礼物送给了朝鲜的从事官许筠，其留在朝鲜的绘画作品还有《仿李成小景山水图》以及他从国内带过去的《千古最盛帖》等。《千古最盛帖》和《衡山石刻帖》的传入对朝鲜画坛产生了很大的影响。朱之蕃和文征明都是明朝江南地区吴派画风的代表人物，其作品的传入成为明朝吴派画风正式传入朝鲜的契机。②

朱之蕃在出使朝鲜以及与朝鲜文人的交流过程中，与许筠等朝鲜文人结下了深厚的友谊。许筠作为从事官一直陪侍在朱之蕃身边，在其文集《惺所覆瓿藁》中专门记载了接待朱之蕃的过程。许筠从朱之蕃那里了解到了很多明朝文坛的现状，朱之蕃也通过许筠了解到了很多朝鲜文人及其文学作品。由此可见，中国使节出使朝鲜不仅加强了两国之间的政治关系，对于促进两国的人文交流也发挥了重要的作用。

同样，朝鲜半岛在各个历史时期派往中国的使节也为两国的人文交流作出了巨大的贡献。自公元277年（晋武帝咸宁三年）马韩遣使赴西晋，至公元1840年（清道光二十年）长达563年期间，朝鲜历代王朝遣使赴中国共计2615次。③上述数字未必精确，但朝鲜派往中国的使节为数众多则是无可置疑的。由于中国历代王朝与朝鲜历代王朝大多建有宗藩朝贡关系，朝鲜使节赴中国的使命与中国赴朝鲜的使节有较大区别。朝鲜使节的任务主要有进贺、进香、问安、陈奏、谢恩、告讣、请求、特贡等。

朝鲜半岛历代王朝派往中国的使节也撰写了大量的出使中国纪行录，详细记录了他们出使中国的见闻与观感以及与中国文人的交往情况。比较著名的纪行录有权近的《奉使录》（1389年出使明朝）、许筠的《朝天记》（1574年出使朝鲜）、许筠的《丁酉朝天录》（1597年出使明朝）、金尚宪的《朝天录》（1626年出使明朝）、洪大容的《湛轩燕记》（1765年出使清朝）、朴趾源的《热河日记》（1780年出使清朝）、柳得恭的《滦阳录》（1790年出使清朝）、洪良浩的《燕云续咏》（1794年出使清朝），等等。这些纪行

---

① 韩濩，字景洪，号石峰、清沙。朝鲜中期著名书法家，与金正喜并称为朝鲜书法界的"双璧"。
② 유미나.朝鲜中期《美术史学研究》，2005年，第245期，第74页。
③ 杨昭全：《中国—朝鲜韩国文化交流史（第2卷）》，北京：昆仑出版社，2004年，第758页。

录真实地记载了当时中国的政治、经济、文化状况以及当时中国与朝鲜的关系，是今天研究当时中国历史的珍贵史料。

朝鲜文人通过"使行"与中国文人建立了密切的联系和深厚的友谊，有的甚至世代相传。朝鲜金尚宪（1570—1652）家族与明清文人之间的百年世交即是最好的例证。金尚宪家族是朝鲜朝的名门望族，世代仰慕中华文化。金尚宪曾于明末出使中原，与中国文人建立了交流关系。在其后的140多年里，其曾孙金昌集、金昌协、金昌翕、金昌业等朝鲜朝著名文人都曾出使清朝，与清朝的李光地、杨澄、陆飞、严诚、潘庭筠等续写了传统的异国文缘，成就了中韩人文交流史上的一段百年佳话。

中韩两国历代外交使节的交流具有一些十分鲜明的特点。第一，外交使节的使命一般以政治和军事为主，同时也包括经济、文化等各个方面。因此，外交使节交流成为推动两国关系发展的重要手段。第二，中韩两国互派外交使节，真正实现了双向交流。这与留学生交流、书籍交流等其他交流形式的单向交流形成鲜明对比。第三，外交使节大多都由富有文采的文官担任。出使期间中，两国文人频繁接触，互相唱和，增进了相互之间的理解和友谊。第四，外交使节作诗著文，为后人留下了丰富的记录遗产。目前，中韩学术界都十分重视中韩历代外交使节所撰写的纪行录研究。有关《朝天录》《燕行录》《皇华集》《使朝鲜录》的资料挖掘和整理不断取得新的进展，具有创新性的研究成果不断涌现。

## 二、留学生交流

留学生交流是当代国家之间人文交流不可或缺的重要形式之一。留学生教育既可以促进国家间的人文交流，同时又是提升本国大学国际化、提高教学与科研水平的有效手段。在不少国家，留学生教育甚至还发展成一个特殊产业，促进了当地经济的发展。

在世界留学生教育史上，中国是开展留学生教育最早的国家之一。中国的留学生教育可以追溯到一千多年前的唐代。唐朝时期，在科举制度的体系内专门设立了"宾贡科"，为朝鲜、日本、琉球、越南等周边国家和地区的留学生来唐朝学习和参加科举考试提供便利。

当时，中国和新罗的关系非常密切，大批新罗子弟来唐留学。对这些新罗学子，唐更是"广荡无外，不以外国人为之轻重"①，不仅许其入学，而且许其参加科举考试，故有崔致远、崔匡裕之游中华，先后得成进士。当时新罗人入唐学习，一般要在唐停留十年以上，不少人"宾贡科"及第，有的还在唐为官，如崔致远曾任宣州漂水县尉，金云卿曾做兖州都督府司马，金文蔚曾做工部员外郎，等等。这些来唐新罗人久居中国，对唐文化有着相当深入的理解，他们与唐朝的墨客韵士"肩相比，臂相抵"，彼此唱和，切磋诗艺，相互结下了深厚的友谊。

唐代的留学生教育，造就了一大批精通汉学的新罗文人，他们为古代中韩人文交流作出了重要贡献。新罗赴唐留学生中最著名的代表人物当属崔致远，他被朝鲜和韩国学术界尊奉为韩国汉文学的开山鼻祖，有"东国儒宗""东国文学之祖"的称誉。崔致远12岁入唐求学，28岁荣归新罗，在唐生活达16年之久，唐僖宗乾符元年（公元874年）进士及第。所著《桂苑笔耕集》为韩国历史上第一部个人文集，后被收录《四库全书》。

崔匡裕和崔致远是同时代人，885年新罗王派试殿中监金仅为庆贺副史使唐时，崔匡裕和金茂先、崔涣等作为卫宿学生被一起派往唐朝留学。据朝鲜文献《海东绎史》中提及崔匡裕和崔致远"接踵成进士"②的记载，可以推断崔匡裕在唐的时期以及宾贡科及第的时间应该和崔致远相差不远。据崔致远"新罗王与唐江西高大夫湘状"一文中"顾鸡林之士子，特令朴仁范、金握两人，双飞凤里，对跃龙门，许列青衿……"的记载，朴仁范宾贡及第的时间应该在高湘任职礼部侍郎的876年前后。新罗的另一位文人崔承佑入唐和及第的时间都有详细的记录，他于890年入唐，在唐学习三年之后，于893年宾贡科及第。③

由于种种历史原因，中韩两国的留学生交流在经历了唐朝的黄金期之后，并没有得到长久的持续和发展，这不能不说是一个历史性的遗憾。直到20世纪上半期，朝鲜半岛遭受日本的侵略，沦为殖民地，一批韩国抗日青年被迫离开朝鲜半岛，来到中国从事抗日独立运动。其中不少人进入北京大学、清华大学、中山大学、沪江大学、山东大学等中国的大学学

---

① 李奎报：《唐书不立崔致远列传议》，《东国李相国全集》（卷二十二）。
② 《海东绎史》卷六十七。
③ 《三国史记》卷四十六载："崔承佑以唐昭宗龙纪二年入唐，至景福二年侍郎杨涉下及第。"

习，①也有一部分人进入云南讲武学堂、黄埔军校、洛阳军官学校等中国的军校学习。这些韩国留学生完成学业之后，很多人继续在中国从事抗日独立运动。中日战争全面爆发后，他们和中国人民并肩作战，积极参加中国的抗战，为抗日战争的最终胜利作出了贡献。

韩国著名的独立运动家李范奭（1900—1972）是近代留学中国的代表人物之一。他于1915年来华，曾就读于云南讲武学堂，先后担任高丽革命军骑兵队队长、韩国光复军第二支队长、韩国光复军参谋长等职。抗战胜利后于1946年回国。1948年大韩民国政府成立时，曾担任国务副总理兼第一任国防部长。抗日战争时期，中国作家无名氏（卜乃夫，1917—2002）和李范奭有过密切交往，无名氏曾多次采访李范奭，并以李范奭的曲折经历为素材，创作了《北极风情画》《骑士的哀怨》《红魔》《龙窟》等小说作品，以文学艺术的方式记录了中韩两国人民面对危难时相濡以沫、患难相助的传统。

唐朝后期和20世纪上半期的中韩留学生交流可以说是中韩人文交流史上留学生交流的两次高潮。上述留学生交流的一个显著特点就是单向交流，即都是朝鲜半岛的留学生来中国学习，几乎没有中国人到朝鲜半岛去留学。这种情况直到中华人民共和国成立后，和朝鲜民主主义人民共和国签署互派留学生协议，才实现了中国和朝鲜半岛之间留学生的双向交流，但交流的规模和频度十分有限。1992年中韩建交以来，中国和韩国之间的留学生交流再次创造了中韩人文交流的历史之最。

中韩建交25年来，中韩留学生交流快速发展，已互相成为最大的留学生来源国。自1998年以来，韩国来华学生规模始终居各生源国首位。2016年，在华韩国留学生为70540人，占在华外国留学生总数的15.93%，②中国首次超过美国成为韩国最大留学目的地国家。中国赴韩留学生的人数也出现了快速增长的趋势。据统计，在韩外国留学生人数于2016年2月突破10万大关，创历史新高。其中在韩的中国留学生达6.23万人，占在韩外国留学生总数的60%。③另外，"汉语热"在韩国尤其高涨，韩国参加汉语水平考试的人数占全球考生一半以上。中韩两国在留学生交流方面取得的上述

---

① 韩晓：《民国时期来华留学韩人作家的跨国体验与文学书写》，山东大学博士论文，2017年。
② 数据来源：中国教育部。
③ 数据来源：韩国法务部。

成果，与中韩战略合作伙伴关系深化发展的大背景密切相关，也与两国政府的支持、各大学采取的积极吸引留学生的一系列措施等密切相关。中韩两国都设立了政府奖学金，吸引对方国留学生攻读学位或进修。中韩两国的很多大学则成立了专门的留学生教育机构，负责留学生的招生、教育、管理等工作，为留学生的学习和生活提供便利。

目前，中韩两国之间的留学生交流无论在规模上，还是在双向交流的性质上都达到了历史最高水平。但是，仅就留学生在促进中韩人文交流方面所发挥的作用和影响力来讲，应该说尚没有能够超越新罗时期和抗战时期的留学生。今后，如何提高中韩留学生交流和留学生教育的质量，将是摆在我们面前的重要课题。

人文交流是不同国家民众之间增进友好认知的重要途径。一般来讲，两国民众之间的往来越频繁，参与的人员越多，两国民众之间的友好认知度就会越高。中韩人文交流单就人员往来的数量来讲可以说是规模庞大，但庞大的交流规模并没有给两国民众带来预期的"认可与好感"，每当遇到政治安全或历史文化领域的突发事件，两国民众的好感度往往会出现大幅度波动。

中韩人员往来在2014年就进入了"千万时代"，但韩国人对华认知却并不乐观，据韩国首尔大学统一和平研究院的调查，韩国人认为中国比较亲近的比例2007年为10.1%、2008年为7.7%、2009年为6.1%、2010年为4.2%、2011年为5.3%、2012年为5.8%、2013年为7.8%、2014年为10.3%。① 从这个调查结果可以看出，韩国人对中国的好感度普遍比较低。在中韩关系因韩国部署萨德反导系统而陷入低谷之际，韩国人对华好感度甚至一度低于日本。韩国峨山政策研究院发布的调查结果显示，2017年3月韩国人对华好感度为3.21分（分值区间为0—10分），低于同期韩国人对日本的好感度3.33分。②

在留学生交流方面也存在同样的问题。尽管中韩互为最大的留学生来源国，但留学生的素质及教育质量仍有待提高。一般情况下，韩国来华留学的学生学成归国后，在韩国社会的地位远不及留美回国的学生。中国赴

---

① 数据来源：韩联网，http://www.yonhapnews.co.kr/bulletin/2015/03/19/AKR20150319130100056.HTML（上网时间：2017年3月21日）。

② 《中国取代日本成为韩民众最不喜欢国家》，中青网，http://news.youth.cn/gj/201703/t20170322_9332385.htm（上网时间：2017年3月21日）。

韩国留学的学生回国后也面临与留美、留欧、留日归国留学生的竞争。因此，今后中韩留学生交流不能仅仅追求数量，更应该关注质的提升；不能过于追求经济效益，而忽视了社会效益。必须通过可持续发展的制度性安排，切实推进中韩人文交流的全面发展。

### 三、书籍交流

书籍交流是文化传播和思想传播的重要途径，也是人文交流的一种重要形式。中韩两国是陆地相连、一衣带水的邻国，又同属汉字文化圈，韩国历代社会通用汉文，文人阅读中国汉文书籍没有任何障碍。因此，中国与朝鲜半岛之间的书籍交流非常密切。其次数之频繁、内容之广泛、种类之繁多、途径之多样，都堪称世界之最。

在古代，中国的图书生产方式经历了甲骨、金石、竹简、木板等几个阶段之后，随着纸张和印刷术的发明和普及，中国的书籍发行得到了快速发展。中国书籍随之开始大量传播到周边国家。

中国书籍最早传入朝鲜半岛的时间和途径未见史载，不得而知。但日本《和汉三才图绘》中的记载"公元284年（晋武帝泰康五年，百济古尔王五十一年，日本应神十五年），百济王遣阿直岐者（赴日），贡《易经》《孝经》《论语》《山海经》及良马。"[①] 为我们了解中国与朝鲜半岛早期图书的传播提供了参考。依据该记载可知，《易经》《孝经》《论语》《山海经》等图书在中国西晋初期就已经传入百济。

到了唐朝与新罗时期，两国外交使节和留学生的交流极大地促进了两国书籍的传播。公元682年新罗设国学，教学内容主要是中国儒学经典著作。"（国学）教授之法，以《周易》《尚书》《毛诗》《礼记》《春秋左氏传》《文选》，分而为之业。"[②] 由此可见，中国儒家经典在新罗时期均已传入朝鲜半岛。另外，新罗时期来唐的留学人员，除了崔致远等普通留学生之外，还有一批学习佛教的僧人（又称"留学僧"）。较有代表性的人物有新罗王子金乔觉。金乔觉来唐留学研习佛教，最后金身坐化九华山，在中国被尊奉为"地藏菩萨"。新罗留学僧人回国时往往携带大量佛经书籍，因

---

① 杨昭全：《中国-朝鲜韩国文化交流史（第3卷）》，北京：昆仑出版社，2004年，第880页。
② [韩]金富轼：《三国史记》卷三十八，首尔，瑞文化社，1980年，第78页。

此,他们是中韩佛教交流与佛经传播的使者。

进入宋朝与高丽时期,两国的书籍交流出现了一些新的特点。首先是书籍的双向交流。中国方面或赠予朝鲜图书,或允许其购买。同时,朝鲜也主动献书于中国,或应中国王朝之要求,赠送中国王朝书籍。其次,参与书籍交流的人员除了外交使节,还有往返于两国的商人、医官等。其三,流入朝鲜半岛的书籍,除儒家经典之外,范围扩展到了史、子、集方面的各类书籍。其四,由于宋与北方的辽、金对峙等原因,宋朝曾一度禁止向辽、金、高丽出口书籍。

明朝与朝鲜朝的关系十分密切,两国的书籍交流也进一步活跃。朝鲜朝为满足社会需求,大量翻印中国书籍,刊印朝鲜文人的著述。很多在中国散失的书籍,反而在朝鲜得以保存下来,成为中国校勘古文献的参考书。另外,朝鲜朝印书多为活字印刷,图书质量优良,中国文人尤其是藏书家非常喜爱朝鲜印本。清朝与朝鲜朝的书籍交流也很活跃,除了清政府与朝鲜王廷进行的书籍交流外,两国民间的图书贸易也开始发展起来。中国清代的稗官野史、小说、戏曲等传入朝鲜都是两国民间图书交流所致。清代文人十分关注朝鲜文人的著作,并将其收入所编的丛书中。如纪晓岚把朝鲜徐敬德的《花潭集》收入了《四库全书》别集类中;朴齐家的诗文集《贞蕤稿略》被收入《艺海珠尘》《丛书集成初编》;柳得恭的《滦阳录》《燕台再游录》被收入《辽海丛书》;李德懋的《清脾录》被收入《雨村诗话》等。

中韩两国的书籍交流对韩国社会产生了巨大的影响,极大地促进了中韩两国文化的发展,增进了两国人民之间的相互了解和友谊。儒家文化之所以能在韩国广泛传播并影响韩国社会的各个方面,与中国儒家经典书籍早期传入韩国有着密切的关系。佛教在韩国的发展普及,与中韩佛教经典的交流也同样存在一定的因果关系。

当今世界,随着信息化的不断发展,互联网媒体在国际文化交流中的地位日益提升。尽管传统书籍仍是人们获取知识的重要途径和手段,但网络媒体的影响力正在超越传统书籍的影响力,这给传统书籍的交流带来了重大挑战。另外,中韩共享汉字、无障碍阅读的时代已经成为过去,书籍交流首先需要解决语言问题。今后,中韩两国有必要认真研究,重新确定书籍交流的定义,明确其范围和内容。至少应该把电子图书、网络媒体、专业数据库等都纳入书籍交流的范围。同时,加强有关网上机器翻译的研究，解决交流中的语言问题。

中韩两国地缘相近、文化相通，有着悠久的友好交往历史。在当今世界大变革，以及区域化和全球化深入发展的背景下，应进一步加深两国人民之间的相互理解和友好感情，在历史文化等领域加强交流和对话。深入挖掘中韩两国丰富的人文交流资源，不断深化两国人文交流领域的合作，是两国增进互信，推进两国关系长远发展的重要基础。

为此，中韩两国应该在政府层面，进一步提升中韩人文交流战略对话机制的级别，建立长效机制，加强政府与学界、民间的沟通与互动，努力探索中韩人文交流的新渠道、新内容、新方法，保持中韩人文交流的后劲和活力。在学术层面，摒弃东亚文化民族主义，深入研究并树立"东亚文化共同体"的理念，发掘传统的"东方智慧"，应对当前人类发展面临的各种挑战。

# 中国传统审美文化对韩国的影响

蔡美花

**【内容提要】** 传统的中国审美文化，无疑对古代朝鲜半岛审美理念的建构产生了深刻而久远的影响。特别是中国传统美学的"和"的理念与价值取向，对朝鲜半岛传统审美文化中具有原型意义的"风流"价值体系的形成与发展发挥了积极的建构功能。"风流"的审美传统在当下韩国依然有迹可循，但却发生了一定程度的畸变。这不得不激励我们积极思考与探索如何以中国审美文化的正能量，加强与当下韩国社会文化的良性互动。

**【关键词】** 文化因子　"风流"思想　花郎徒　韩国审美文化

**【作者简介】** 蔡美花，湖南师范大学东北亚研究中心主任、教授。

中国文化传统对古代朝鲜半岛的深刻影响是毋庸置疑的，即便当下，我们仍可窥探到朝鲜半岛南北社会文化中中国传统影响因子的存在。这说明，中国传统文化因子之于古代朝鲜半岛的影响有些已积淀为其民族文化的某种原型意象。从审美文化的视域进行考察，我们同样会发现，中国审美文化的传统价值取向对古代朝鲜半岛民族审美文化心理的形成，有着不可估量的建构功能。特别是，作为中国文化意识与精神价值在美学领域重要体现的"和"（或曰"和谐"）范畴，对朝鲜半岛审美文化传统的影响至关重要。作为中国传统审美文化的核心范畴之一，"和"的理念对古代朝鲜半岛"风流（道）"审美思想的形成、发展与完善，是不可或缺的重要一环。"风流"的理念与审美价值取向，在当今的朝鲜半岛依然是其社会文化的主要内驱力。据此，中国审美文化中"和"的价值体系，就仍有可能对目前朝鲜半岛的社会文化施加某种积极的影响。

## 一、中国传统审美文化中的"和"

中国文化之"和"的理念,早在原始仪式中就有鲜明的体现,《尚书·尧典》的记载① 混杂了从图腾到神到帝的漫长历史中不同时代的各种因素,但其中反映了原始仪式之"和"的三个要素:乐舞之和、人格之和、神人以和。总之,原始仪式的目的就是追求"和"。②《周易》所言"一阴一阳之谓道","刚柔发散,变动相和"的宗旨也是对"和"的诉求。

作为一个规范的范畴,"和"的概念最早出现在《国语·郑语》中:"夫和实生物,同则不继,以他平他谓之和,故能丰长而物归之。"意谓世间万物皆为矛盾变化的统一体,只有把事物间相异或对立的因素按一定的规律协调统一起来,才会有新事物的产生与发展。由此,"和"不是同类事物的简单相加,而是一种自然法则,同时也是某种社会生存法则。落实到审美文化层面,中国古代先哲意识到,审美是多种美的要素的和谐统一,否则就会"声一无听,物一无文,味一无果"(《国语·郑语》),也就是说,单一的声调不可能动听,唯一的颜色谈不上华美,仅一种味道也无所谓美味佳肴。因此,"和谐"之美,就在于协调不同甚至是对立因素的统一,正如《左传·昭公二十年》所言:"清浊、小大、短长、疾徐、哀乐、刚柔、迟速、高下、出入、周疏,以相济也。"在春秋时期所确立的"和"的基本理念与内涵的基础上,先秦时的儒道两家分别从各自的世界观与方法论出发,确立了各自相异而又互补的人格理想与社会理想,进而奠定了中国古代审美文化中"和"的价值体系,也使得"和(或和谐)"逐渐成为中国传统的文化理想与审美准则。

概而言之,儒家美学所追求的"和",是在审美的冲突对立中获得某种平衡统一的和谐,是偏重于"中"的"中和",即在审美的对立冲突中采取一种"中庸"的审美态度。而"中庸"的审美标准,就是符合礼义的规范。所谓"曷谓中?曰:礼义是也。"③ 据此,儒家提出"乐和同,礼别异"的主张,进而确立了儒家"思无邪"的审美批评尺度,要求创作主体

---

① 帝曰:"夔!命汝典乐,教胄子,直而温,宽而栗,刚而无虐,简而无傲。诗言志,歌永言,声依永,律和声。八音克谐,无相夺伦,神人以和。"夔曰:"於!予击石拊石,百兽率舞。"
② 张法:《中国美学史》,上海:上海人民出版社,2000年版,第19页。
③ 《荀子·儒效篇》。

以礼为准绳，力求情感中和并使之符合礼义的规范，最终达到"乐而不淫，哀而不伤"的审美效果。同时，基于使对立的双方实现和谐统一的审美目的，儒家强调文质彬彬、尽善尽美的审美原则，反对偏执一方而走向极端。这在一定程度上，确立了中国古典美学艺术辩证法的理论基础。

与之相比，道家美学所追求的"和"，是在道的统摄下物我浑融后的和谐，是偏重于"天"的"天和"，即在观物体道的过程中采取一种"无为"的审美态度。而"无为"的前提，就是老子所言的"涤除玄览"或庄子所言的"心斋""坐忘"，进而达到"无不为"的境地。① 所以，道家的所追求的"天和"之美，是一种审美主体无差别无对立的审美境界。它取决于审美主体虚静淡泊、潜心修德、杜绝所有外在束缚与人为干扰，进而达到"乘物游心"、"以天合天"的审美效果。其典型审美形态为"素朴"，老子言"见素抱朴"、庄子言"素朴而天下莫能与之争美"是也。道家美学认为，只有这样的和谐之美，才是"至美"，才能达到物我一体的"物化"境界。②

虽然儒道审美之"和"的哲学基础都源于中国古代"天人合一"的宏观文化理念，并在此基础上将物我一体作为最高的审美目标，但二者对"和"的审美诉求明显不同。相较而言，儒家审美之"和"注重自我人格的塑造，主张参照天地之道来践行人道，即所谓"万物皆备于我""与天地参"的审美态度。因此，在儒家的物我合一中，体现出鲜明的主体性，偏重以我观物，在审美过程中追求移情入物，往往将自我的审美情感对象化，正如王国维《人间词话》所言："有我之境，以我观物，故物皆着我之色彩。"从孔子的"仁者乐山，智者乐水"到刘勰的"登山则情满于山，观海则意溢于海"，清晰地呈现了这一发展脉络。道家审美之"和"则尊崇自然天道，主张消融自我情感而同于大化，即所谓"天地与我并生，万物与我为一""与天地精神相往来"的审美追求。因此，在道家的物我交融中，主体性色彩较淡，更强调以物观物，追求审美过程中物我两忘、物我同化的"逍遥游"境界，正如王国维《人间词话》所言："无我之境，以

---

① "若一志，无听之以耳，而听之以心；无听之以心，而听之以气：听止于耳，心止于符。气也者，虚而待物者也，唯道集虚，虚者心斋也。"（《庄子·人间世》）"堕肢体，黜聪明，离形去知，同于大通，此谓坐忘。"（《庄子·大宗师》）

② 《庄子·齐物论》言："昔者庄周梦为胡蝶，栩栩然胡蝶也，自喻适志与！不知周也。俄然觉，则蘧蘧然周也。不知周之梦为胡蝶与，胡蝶之梦为周与？周与胡蝶，则必有分矣。此之谓物化。"庄子的"物化说"后来成为中国古典美学意境理论的重要来源。

物观物，故不知何者为我，何者为物。"

中国传统审美文化中的"和"的思想，特别是儒道互斥又互补的和谐之美，潜在地影响并规范着中国审美文化各个层面的审美思维与审美形态，同时，它也作为一股潜流一直渗透于中国不同历史时期的社会文化的建构之中。由于中国传统文化在"东亚文化圈"的主导地位，中国传统审美文化之"和"的理念与价值取向自然会向外流播。它对古代朝鲜半岛社会审美文化的深刻影响就是不争的事实，朝鲜古代的"风流"审美文化的形成是最显著的现象。

## 二、古代朝鲜半岛审美文化中的"风流（道）"思想

通观整个古代朝鲜半岛的审美文化，"风流"无疑是其最核心的美学范畴。而在"风流"范畴的各个层面，无不隐含着中国文化的影响因子，尤其是其无时无处不内隐着中国审美之"和"的理念及价值取向。据朝鲜古代文人金富轼《三国史记》记载：

> 崔致远《鸾郎碑序》曰："国有玄妙之道，曰风流。设教之源，备详《仙史》。实乃包含三教，接化群生。且如入则孝于家，出则忠于国，鲁司寇之旨也；处无为之事，行不言之教，周柱史之宗也；诸恶莫作，诸善奉行，竺乾太子之化也。"①

由此看见，来自中华文化的儒道释精神对"风流"价值体系的构建具有"原型"的功能与意义。而儒道释三教合一的建构特点，使得"风流"理念在诞生之初就具有了某种"和谐"的特质。本质上，"风流"是对朝鲜半岛民族精神特质的一种抽象概括，其典型的现实形态或曰日常生活范型则是新罗时期"花郎徒"组织的群聚生活形式。这种组织形成的根本源于新罗的真兴王出于选拔贤俊之才为其所用的动机，真兴王是为了更有效地发现人才，选拔有用贤才。② 朝鲜半岛民族文化中根深蒂固的"风流"精

---

① [韩]金富轼：《三国史记、新罗本记、真兴王条》，首尔：瑞文化社，1980年，第78页。
② 取美貌男子装饰之，名"花郎"以奉之。徒众云集，或相磨以道义，或相悦以歌乐。游娱山水，无远不至。因此知其人邪正，择其善者荐之于朝。故金大问《花郎世纪》曰："贤佐忠臣从此而秀，良将勇卒由是而生。"

神借由"花郎集团"的成就与影响得以凸显与强化。当时的社会精英——花郎徒在"游娱山水,无远不至"的生活与"修行"的实践中,始终奉行儒家式的"相磨以道义"及道家式的"相悦以歌乐"的人生哲学,并最终或成为辅佐朝政的"贤佐忠臣",或成为驰骋沙场的"良将勇卒",即儒家所倡导的建功立业的价值追求。他们的生活方式与功业成就即是对"风流"精神的最好诠释。随着这种选拔人才形式的日渐体制化及其效果的显著,"风流"的理念更为广泛流播,更为朝鲜古代民间社会和封建王朝所认同,甚至成为朝鲜古代社会的一种普适价值,被尊称为"玄妙之道",意即和谐之道。

但是,"风流"的精神不仅体现在"花郎徒"群聚式的生活中,在古代朝鲜半岛的村屯、性别圈以及共同生活目标群体等以农事、祭祀祖先、武卫、狩猎、婚丧嫁娶与日常娱乐为主的林林总总的活动中,都带有"狂欢化"的审美特质。如历史上记载的新罗的中秋节、高句丽的东盟、东濊的舞天与马韩的苏涂等活动中都伴有饮食游乐,并乘兴载歌载舞。可以说,"风流"的"原型"是构筑朝鲜半岛历史文化哲学的基石,它深深地扎根于古代朝鲜社会生活的方方面面。① 甚至在今天,"风流精神"依然是韩国社会历史文化的有力支撑,潜在地影响和制约着韩国的政治、经济以及社会生活的深入发展,无可避免地影响与规定着岛国民众的思维方式及行为准则。故此,一千多年前的崔致远就曾明确指出:"国有玄妙之道,曰风流。"以"道"释"风流",进而使"风流"上升为"风流道"。古代朝鲜民族集体无意识的"风流"原型跃升为"风流道"的精神历程,深刻地说明"风流"是一种集合性的理念,它不只局限于某个单一方面,而是体现在朝鲜半岛文化传统的方方面面。正如有学者所言:风流道之形成为道,已上升为关于天地自然、人与人、人与社会关系的哲学理解,具有了较深邃的思想性,是岛民在长期与自然、与社会和合共生中,感悟积累形成的一种理解。其思想是幽远广大的,"实乃包含三教"。但它是"玄妙"的,"设教之源,备详《仙史》",其起源在于漫长的仙道发展进程中形成了一

---

① 乐天乐舞是一种情绪,也是一种理念的表现,它标示着人对天地自然的和合情感和意志。人们乐天源于与天为一。这种情景从风流道中单独剥离出来的现代音乐艺术生活中,也能体察到。无论是朝鲜还是韩国,为百姓所喜闻乐见的民族民乐表演形式无不尚存民族文化的古风。参见姜日天:《和合会通——韩国的文化哲学》,《东北亚文化研究(第一辑)》,北京:东方出版社,2001年,第64页。

种文化积淀。① 由于"风流"具有"玄妙"的特质，而"玄妙"又是感性的体验而非理性的思辨，所以"风流"也就具有了审美的体验性特征。又由于"风流"已经逐渐累积为朝鲜半岛民族的一种"文化积淀"，因此，完全可以将其视为朝鲜半岛传统美学的经典范畴。

美学范畴的形成以艺术思维和哲学思维的形成与发展为基础，"风流"的理念与精神在朝鲜半岛古代神话中就有不同的表现形式。伴随着现世主义观念的历史发展，朝鲜半岛传统的艺术精神日渐清晰，并且愈来愈成为朝鲜半岛文学艺术史上的一种主导力量，即把艺术作品的内容美、精神美视为风格生成的主要内质。如"檀君神话""解慕漱神话"及其他神话、传说中所体现出来的和谐与均衡的审美心理，归一性的审美思维方式以及对神的崇拜等思想观念是朝鲜半岛古典美学最为原始的审美意识。这种原始的审美意识包含两层含义：第一，以"生命体验"作为审美活动的主导力量，即不探究理性的思辨而追求"感性的完善"；第二，将"和合乐生"视为审美活动的主要价值取向，即在与天地自然的和谐共存中获取生的快乐。②

来自中国的儒佛道哲学思想和朝鲜半岛的传统思想相互融合形成了"花郎道"的"风流"理念，而"风流"思想的形成和发展又极大地推动了朝鲜半岛传统审美文化的历史演进。"风流"思想对于朝鲜半岛传统审美文化的精神性气质的形成和审美价值的取向产生了积极的影响，并且从"自然"的角度形成了朝鲜半岛审美文化的独特气质。"风流道"中的"兴"与"味"在具体的艺术创作过程中成为了朝鲜半岛传统艺术创作独具的审美意识，即把生命的审美体验作为深层构造，重视直观和感悟的审美思维方式，并体现为崇尚和谐与天然的审美理想。"风流"的理念与价值取向，对朝鲜半岛民族文化心理，甚至是民族文化原型的积极构建功能也是毋庸置疑的。带有鲜明的本土化特色的"风流"审美文化中的与天地万物息息相通、带有神灵感应特色的"大同"意识与"迷狂"的行为方式，彰显了朝鲜半岛民族具有中流砥柱特质的民族内蕴，即永不屈服、永不言败、永远乐观向上、始终自尊自强的民族性格。可以说，"风流"审美文化的积极意义与价值在于，它具有强烈的民族主体性，坚决维护民族的自我形象。

---

① 姜日天:《和合会通——韩国的文化哲学》,《东北亚文化研究（第一辑）》,北京：东方出版社，2001年第63页。

② 蔡美花:《高丽文学审美意识研究》,延吉：延边人民出版社，1994年，第16页。

从人本主义的立场来看，它充分张扬了人类主体的无限潜能，可以将人性的正能量发挥得淋漓尽致。这在当下朝鲜半岛北南双方的社会政治生活中都有鲜明的体现，当然，如果一旦走向狭隘化，就有可能产生不利于和谐的消极力量。

综观"风流"的审美内核，其本质追求就是"和谐之美"，但在和谐之中，更注重凸显主体性色彩，强化了儒家的入世精神，甚至使之走向了"迷狂"的境地，而在一定程度上消解了道家那种出世的审慎与洒脱。所以，一方面，浸染了"迷狂"的"风流"所获得的美感体验既是当下的也是瞬间的，"迷狂"式的"风流"冷却后，便是无尽的懊恼与悔恨，即短暂的审美快感消退后，取而代之的往往是现实的痛感。这既是朝鲜半岛"风流"审美文化的特性，也是当下韩国社会文化的主要特征。

## 三、当代韩国的文化精神与"风流"的现实呈现

在韩国当代社会文化的精神价值中，无不隐含着"风流"传统的审美理念。"风流"的审美文化，一方面支撑着韩国民族文化的现代性构建，另一方面制约着当下的韩国社会文化的健康发展。

### （一）崇尚物质文化上的唯美主义

韩国社会文化唯美主义倾向的典型体现，即是大力追求形式主义美学的"韩流"在短时间内风靡全球。其最直接的方式就是对物质产品极尽奢华的包装，如韩国的化妆品、服装、音乐、影视都极度夸张地追求"视觉盛宴"的消费美学效果。在数字化时代，大众艺术和流行文化的"泛审美"绝不是媚俗和低级趣味，而是从个体出发的主动审美亲近，是文化的选择，是美学的必然。[①] 如此看来，韩剧和流行音乐主打的"韩流"，创造了"世俗神话"，为东亚人所青睐。但是，不可否认，"韩流"从另一面把作为主体的人也降格为被包装的"产品"，韩国现已成为举世公认的"整容大国"。如果说花郎徒时代的"美貌男子"是天生丽质，那么，韩国当下的"俊男靓女"大多是现代医学刀削斧凿出来的"青春偶像"；如果说，大多花郎徒最终或修炼成"贤佐忠臣"或铸造成"良将勇卒"，那么，时下的

---

① 张生茂：《"韩流"的文化现代性再审视》，《山西农业大学学报》，2015年第2期。

韩国青春偶像大多时候是物质欲望的代名词。概而言之，韩国当下唯美主义潮流的实质，就是极力感官享受的快感，是追求形式至上与消费至上的现世功利主义价值观的直接体现，例如"韩流"所消费的只不过是一种情感上的刹那体验，体现出情感消费文化的特性，这无疑背离了古代朝鲜审美文化的"风流"传统。

### （二）精神文化上的"身土不二"意识

"身土不二"之谓最早出自公元1世纪的《大乘经》[①]。在古代朝鲜半岛，"身土不二"最早见于16世纪末朝鲜时代许浚的《东医宝鉴》一书。意谓身体和出生的土地合二为一，即在出生长大的地方产出的东西最适合自己的体质。[②] "身土不二"阐明了人与环境互相依托的辩证关系，当环境遭受破坏后，人类自身也会受到影响。20世纪60年代，韩国民间组织"韩国农协"把它作为宣传口号，号召国民消费本国的农产品，意为"韩国土地上生产的东西最适合韩国人的体质"，韩国人应该吃韩国土地上生产出来的农产品。根植于人和自然合一的"身土不二"意识——"乡土恋情"，鼓舞着韩国国民积极地投入到建设家园的活动中，保护自然，进而创造出"汉江奇迹"的伟大工程。

然而，"身土不二"的意识渗透于当下韩国文化生活的方方面面，促成韩国"亲情政治文化"的最终形成。韩国政治文化明显地具有"朋党政治"的陋习。朋党之争，无论在中国历史上，还是在朝鲜半岛历史上，都曾留下无比惨痛的历史记忆与教训。当下，韩国社会的焦点之一就是政治问题，而政治文化无疑是其民族文化的历史积淀在当下政治生活中的具体表现。一段时期以来，韩国政治文化的显著特征是"朋党政治"的恶性循环，例如大多韩国总统不得善终的事实。特别是曾一度闹得沸沸扬扬的"闺蜜门"事件，既暴露了韩国政治文化的某些阴暗面，同时也凸显了韩国民主文化的不成熟。

有学者指出，韩国"朋党政治"的社会基础源于韩国社会普遍存在的

---

[①] "寂照不二，身土不二，性修不二，真应不二。无非实相，实相无二，亦无不二。是故举体作依作正，作法作报，作自作他。乃至能读所说，能度所度，能信所信，能愿所愿，能持所持，能生所生，能赞所赞。"

[②] "naver"词典将"身土不二"解释为"몸과 태어난 땅은 하나라는 뜻으로, 제 땅에서 산출(产出)된 것이라야 체질(体质)에 잘 맞는다는 말"。

"三缘"情结。① 所谓"三缘",即"学缘""血缘"和"地缘",其中"学缘"指来自同一所学校的校友;"血缘"指血亲或由婚姻结成的亲缘关系;"地缘"则是拥有相同籍贯的乡亲。这三种情结在韩国社会的职场、官场、选举场等场域都发挥着不可估量的潜在影响。"三缘"情结的普泛存在,使得韩国社会普遍处于双重道德标准冲突与错位的纠结之中。韩国人在日常生活场域讲究亲疏有别、尊卑有序,甚至任人唯亲,但在公共生活空间则大力推举民主政治的高度制度化与规范化。这种双重道德标准势必引发制度与文化的激烈碰撞。例如朴槿惠被弹劾后,执政党中的"亲朴派"就指责参与弹劾朴槿惠的党员不讲"信义"。这样,"亲朴派"因为朴槿惠的过失丧失了道德高地,而"非亲朴派"因为弹劾朴槿惠也同样退出了道德高地。其他韩国总统的命运遭际,也具有同样的性质。

花郎徒那种"相磨以道义"的"人格之和"在当下的韩国社会已鲜有存在。以"三缘"情结为价值取向的"朋党政治"势必造成韩国政治文化的封闭与内耗。这种亲疏有别、任人唯亲的裙带政治,完全背离了"风流道(或花郎道)"那种"游娱山水,无远不至"的自然情怀,以及"择其善者荐之于朝"的开放胸襟,也就谈不上"为政以和"的政治理想了。

### (三) 行为方式上"活在当下"的族群认同

传统的"风流"审美文化,一方面以生命体验作为审美实践的主导力量,即通过弱化或消解理性思辨而力求感性体验的最大化;另一方面,它又将"和合乐生"视为审美的主要价值取向,即在与天地自然的和谐共存中获得生之快乐。这就使得朝鲜古代的"风流"具有某种"迷狂"的美感效果。而这一切,在当下的韩国社会中体现为族群认同倾向。

其一,情感的技术制作与消费。韩国的情感文化,通过风靡全球的"韩流"得到了最集中的呈现。"韩流"催生了诸多有关当代大众审美文化的议题,可谓众说纷纭,毁誉参半。无论褒贬,"韩流"无疑是韩国情感文化的典型样态,其对"情感"的复制与技术化消费也是无可争辩的"现象性存在"。"韩流"对"人的情感"精心设计与奢华包装,难以遮蔽其情感表现的平面化与重复化,这使得"韩流"具有当下性与时效性。它可以迅疾点燃熊熊烈火,但烈火也必将会被快速熄灭,即烈火着得快灭得也快。

---

① 王晓玲:《从"青瓦台厄运"看韩国的社会文化》,《焦点透视》,2017年7月16日。

若要"韩流"不熄,就得常换火把。所以,"韩流"的制作只见"量"的复加,少见"质"的提升。原因之一,即是"风流(道)"那种"相悦以歌乐"的精神之乐,在"韩流"中蜕变为"颜值审美"的感官之乐。

其二,国民社会参与的狂欢化。韩国政治生活由于移植了美国的民主化制度模式,于是日渐高涨了民众参与群体组织生活及社会政治的澎湃激情。所以,在当下的韩国社会,民众易于被快速集结起来,其热情也易于被瞬间点燃,这不能不说韩国民众介入社会生活的感性特征。例如《江南 style》式的"韩流"宣泄、韩国足球世界杯创造的"红魔"狂欢、聚点燎原式的蜡烛抗议、此起彼伏的街头政治,等等,都形象地彰显了韩国民众以强烈的主体色彩积极介入社会生活与生活政治的狂欢化特质。在这种狂欢化的"表演"中,"风流(道)"设教之初确立的"接化群生"的价值取向,早已悄然变味。

其三,理性思辨的弱化与缺失。由于注重感性、追求瞬间的狂欢化体验,势必造成韩国当下的文化精神中理性思辨的弱化甚至是严重缺失。这在韩国的政治生活与国际外交中表现得尤为突出。朴槿惠政府突然宣布在韩国部署"萨德反导系统",明显欠缺理性的思考,最终甚至导致朴槿惠政府的下台,其不良影响仍在持续发酵。

综上所述,从中国审美之"和"与朝鲜古代审美之"风流"的内在关联上,我们可以看到,中国传统审美文化对古代朝鲜半岛审美思维、行为方式与生活习惯等深刻而积极的历史影响。但由于诸多现实国际因素的介入,古代朝鲜半岛充满人间关怀的"风流"审美文化,在当下的韩国生活发生了一定程度的畸变。这也一定程度上为韩国国内政治与国际外交带来了诸多的危险及不确定性,如韩国民主政治的诸多乱象、朝鲜半岛的北南对抗、因朝鲜半岛问题引发的东北亚危机与挑战等,无不与此相关。据此,如何以中国文化传统的优质因子促进中国与韩国的良性互动,如何让中国的优质文化成为改善韩国社会乱象的一剂良药,进而为中国塑造一个良好的周边外交环境,是我们不得不思考的现实问题。

# 韩国人的"中国观"：特征与变化

王晓玲

**【内容提要】** 从2009至2017年，韩国对外经历了朝韩关系不断恶化，对内经历了两届保守政府执政，其外交思维发生了很大变化，"中国观"也随之改变。对比这两个年度进行的"中国观"问卷调查结果，可见中国在韩国人心目中已经从之前的"地理人口大国"变为"强国"。韩国人对中国经济发展成就的评价在上升，但对于中韩经济合作的兴趣下降。韩国民众在安保问题上对中国的信任减少，对中国政治制度的偏见有所增强，对于中国文化的亲近感下降，对华整体好感度降低。

**【关键词】** 韩国人 "中国观" 问卷调查

**【作者简介】** 王晓玲，中国社科院亚太与全球战略研究院副研究员。

韩国人对中国的认知形成于中韩交流的过程中，是国与国之间社会文化交流的结果，同时又是中韩进一步合作交流的基础。通过观察韩国民众对中国的认知，我们既能看到中韩交流的成果、现状，也能发现其中存在的问题。

本文将以2009年和2017年面向普通韩国人进行的两次问卷调查的结果为依据，对韩国人"中国观"的特点、变化趋势进行描述，对其影响因素进行分析，并且在此基础上尝试反思中韩人文交流中存在的问题。

## 一、韩国人"中国观"的特征与变化

比较2010年3月与2017年9月的问卷调查结果，可见韩国人的"中国观"既存在一贯性，也有一些明显变化。首先，"大国"始终是中国在韩国人心目中的鲜明印象。但是，与2009年相比，中国的"大国"形象不仅仅是自然意义上的"地大人多"，"强国"的概念在增强。相比2009年，2017

年的调查结果显示有中国访问经历的韩国人进一步增多，韩国人对于中国经济实力的评价明显上升，但对中国社会制度的偏见没有减少，对中国文化的亲近感没有增长。在安全问题上，韩国人对中国的信任度下降，警戒意识，甚至敌对意识增强，在中美之间的立场也变得更加"亲美疏华"。韩国人的对华整体好感度显著下滑，远低于对美好感度，也低于对日好感度。

中国第一联想：从"大国"到"强国"。2009年的调查结果显示，在"中国第一联想"中，提到中国首先想到中国"大"的被访者占23%，想到中国"人口多"的占19.7%，而联想到中国政治、经济、社会、文化以及自然风景等其他方面特征的被访者的比例要低得多。2017年的调查结果显示，"地大人多"依然是重要的"中国联想"，占被访者的17.7%，但认为中国是"强国"甚至"霸权国"的被访者也占17.7%，由此可见中国在韩国人心目中正从地理意义上的"大国"向着政治意义上的"大国"转变。

有中国访问经历者显著增加。在2009年，没有访问过中国的被访者占67%，而2017年没有中国访问经历的被访者成为少数，只占48.9%。在访问中国的被访者中，以观光为目的的游客最多，但因为工作关系来华"出差"的被访者也明显增多。这些数据说明中韩民间交流合作日益密切且日益深入。（详见表1）

表1 中国访问经历的变化

单位：%（人）

|  | 2017年 | 2009年 |
| --- | --- | --- |
| 无中国访问经历 | 48.9（512） | 67.0(655) |
| 观光 | 34.5（361） | 25.1(245) |
| 出差 | 12.8（134） | 6.3(62) |
| 留学或工作 | 3.3（35） | 1.6(16) |
| 其他 | 0.4(4) | 0 |
| 合计 | 100(1046) | 100 (978) |

对中国经济发展水平的评价明显上升。两次调查问卷通过两个相同的问项调查了韩国人对于中国经济的发展水平的认识。首先，问卷要求被访者回答中国GDP在全世界的排位。调查结果显示，韩国被访者存在低估中

国经济规模的现象。2008年中国GDP总量世界第三,从2009年至今,中国GDP总量排在世界第二。但2009年的调查结果显示,低估中国经济规模的被访者占29.6%,"过分低估"的占54.7%,半数以上被访者对中国经济规模的认识停留在20年前。2017年,正确认识中国经济规模的被访者从10.7%上升至35.1%,虽然低估中国经济规模的人数仍然超过一半,但其比例较之2009年明显减少。(详见表2)韩国被访者感到中韩之间的发展差距在缩小。相比2009年,认为"首尔发展领先于北京"的被访者从54.2%减少到47.6%,认为两个城市发展水平相当的被访者从31.4%增长至37.3%。(详见表3)

表2 对中国经济规模的认识变化

单位:%(人)

| | 2017年 | 2009年 |
|---|---|---|
| 高估 | 7.8(82) | 5.1(47) |
| 正确认识 | 35.1(367) | 10.7(99) |
| 低估 | 25.9(271) | 29.6(275) |
| 过分低估 | 31.2(327) | 54.7(579) |
| 合计 | 100(1047) | 100(929) |
| $x^2=196.543, df=3, p=.000$ | | |

注释:4到10位(2017年为3到10位)为"低估",11位以后为"过分低估"。

表3 对中韩发展差距的评价变化

单位:%(人)

| | 2017年 | 2009年 |
|---|---|---|
| 首尔领先北京 | 47.6(498) | 54.2(520) |
| 首尔北京差不多 | 37.3(391) | 31.4(301) |
| 北京领先首尔 | 15.1(158) | 14.5(139) |
| 合计 | 100(1047) | 100(960) |
| $x^2=9.643, df=2, p=.008$ | | |

韩国被访者对于中国经济的评价虽然有所上升,但对于中韩合作重要度的评价却并不高。问卷将韩日合作重要度定为50分,要求被访者以此为

参照，分别对韩中、韩美经济合作重要度在0到100分之间进行评分。调查结果显示，韩中经济合作重要度平均得分为62.5分，虽然明显高于日本（50分），但低于韩美经济合作重要度（平均得分为67.9分）。①（详见图1）但事实上韩中贸易规模远远大于韩美贸易，韩中贸易对韩国GDP增长的贡献度也远远高于韩美贸易。韩国产业通商资源部发布的数据显示，中国大陆地区在2016年韩国的总出口额和进口额中分别占25.1%和21.4%。2016年韩国对华顺差占韩国总顺差的41%，而美国在韩国总出口额和进口额中分别占13.4%和10.6%。也就是说，2016年韩中贸易额是韩美贸易额的1.93倍，韩国对华出口额是对美出口额的1.87倍。②

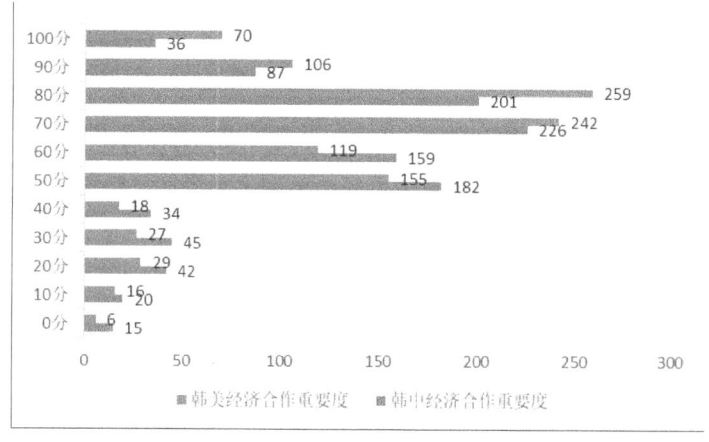

**图1 对于韩中、韩美经济合作重要度的评价比较**

在安全领域里，对中国的信任度降低。朝核与统一是关系到朝鲜半岛命运的重大问题，韩国被访者在这两个问题上的态度最能够反映他们对于中国的信任感。问卷调查显示，认为中国在朝核问题上起到了积极作用的被访者占11.3%，相比2009年（2009年韩国被访者认为中国起积极作用的曾占52.5%），韩国人对中国的信任严重下滑。由于朝核问题日益严峻、朝韩关系日益紧张，被访者对于牵涉其中的周边大国的信任感都有所降低。以美国为例，2017年调查结果显示，被访者中认为美国在朝核问题中起到积极作用的占41.2%，与2009年的52.7%相比也明显降低。但相比之下，

---

① T-test分析结果显示，F=4.963，双侧检验有意度为0.000，韩美、韩中经济合作重要度平均值之间存在显著差异。

② 数据来源：韩国产业通商资源部，http://www.motie.go.kr（上网时间：2017年3月21日）。

被访者们对中国的信任滑坡明显甚于美国。（详见表4）与此同时，认为相信中国支持朝鲜半岛统一的被访者比例从13.4%减少到7.5%，而完全不相信中国支持朝鲜半岛统一的被访者则成为多数，占61.7%。（详见表5）

表4 对于中国在朝核问题上所起作用的认识变化

单位：%（人）

| 有益于朝核问题解决 | 2017年 | 2009年 |
| --- | --- | --- |
| 非常认可 | 1.7（18） | 15.8（152） |
| 基本认可 | 9.8（101） | 36.9（354） |
| 不认可 | 39.1（403） | 35.5（340） |
| 完全不认可 | 49.4（510） | 11.8（113） |
| 合计 | 100（1032） | 100（959） |
| $x^2=502.628, df=3, p=.000$ | | |

表5 对于中国在朝鲜半岛统一问题上态度的认知变化

单位：%（人）

| 中国支持朝鲜半岛统一 | 2017年 | 2009年 |
| --- | --- | --- |
| 非常认可 | 1.4（14） | 2.1（20） |
| 基本认可 | 6.1(61) | 11.3(106) |
| 不认可 | 30.8(310) | 49.8(469) |
| 完全不认可 | 61.7(621) | 36.8(346) |
| 合计 | 100(1006) | 100(941) |
| $x^2=121.809, df=3, p=.000$ | | |

中国威胁论进一步抬头。冷战时期中韩两国曾经长期敌对，中韩建交以来，两国政府间关系发展顺利。但在普通韩国民众心目中，中国在军事方面依然是韩国的"威胁"。2009年的调查结果显示，认为中国是韩国军事威胁的被访者比例为73.1%，2017年这一比例进一步上升至80.5%。（详见表6）中国威胁论的抬头还反映在韩国被访者对于中国崛起的态度上。2009年，认为中国崛起对于韩国而言是"利弊各半"的被访者比例最高，占44.5%，然而在2017年，认为中国崛起对于韩国而言"弊大于利"的被访者占多数（56%），比2009年上升了13.2%。（详见表7）

表6 对中国军事威胁的认识变化

单位：%（人）

|  | 2017年 | 2009年 |
| --- | --- | --- |
| 非常正确 | 30.4（318） | 34.8(348) |
| 基本正确 | 50.1(525) | 38.3(383) |
| 不正确 | 14.7（154） | 19.4（194） |
| 完全不正确 | 1.8（19） | 2.2（22） |
| 不知道 | 3.0（31） | 5.3（53） |
| 合计 | 100（1047） | 100（1000） |
| $x^2=33.076, df=4, p=.000$ | | |

表7 对中国崛起态度的变化

单位：%（人）

|  | 2017年 | 2009年 |
| --- | --- | --- |
| 利大于弊 | 13.2（138） | 18.7（186） |
| 弊大于利 | 56.0（586） | 36.8（366） |
| 利弊各半 | 30.9（323） | 44.5（443） |
| 合计 | 100（1047） | 100（995） |

在中美之间的立场变得更加"亲美疏华"。本研究在问卷调查部分通过三个问项测量了被访者在中美之间的军事立场。第一个问题是"假设中美发生军事冲突，韩国应该采取何种立场？"通过这一问题，我们能够观察在极端情况下韩国社会在"韩美同盟"与"均衡外交"之间的取舍。第二个问题是"是否支持'萨德入韩'"？通过这一问题，我们能够观察半岛安全形势威胁升级的情况下被访者在"均衡外交"与"韩美同盟"之间的被动选择。第三个问题是"朝鲜半岛统一后，美军是否应该继续留在朝鲜半岛"？如果说支持"萨德入韩"，一定程度上是出于应对安全威胁的"被动防御"，那么假设朝鲜半岛已经实现统一、安保危机已经消除，在这种前提下，韩国人是否还愿意牺牲国防自主性而支持美军留在朝鲜半岛？如果朝鲜半岛统一后仍然希望美军留在半岛，那么这种韩美军事同盟意愿是积极主动的，而且带有"防华"的性质。通过这一问题，我们能够观察被访者是因为安保危机而被动选择"韩美同盟"？还是为了提升自身的国际

地位、防范中国而主动选择"韩美同盟"?

2017年的调查结果显示,针对第一个问项,选择"中立"的韩国人最多,占52.7%,选择"支持美国"的占39.2%,感到无所适从的占7.1%。也就是说在"中美军事冲突"这种极端情况下,选择"中立"的韩国人是主流,但选择"支持美国"的"韩美同盟拥护者"的比例也不容小觑,另外还有7.1%的摇摆人群,因此"中立"的立场并不稳定。针对第二个问项,选择支持"萨德入韩"的占46.8%,反对者占43.7%,感到无所适从的占9.5%,"支持萨德入韩"的被访者比例略高于反对者。针对第三个问项,假设朝鲜半岛已经统一的情况下,希望美军撤离的被访者占58.8%,希望美军继续留在韩国的被访者占整体被访者的34.3%,感到无所适从的被访者占7.0%。也就是说,如果安全危机消除,希望韩国实现自主国防的韩国人占多数。但是,仍然希望依附美国的极端保守主义者占34.3%,这一比例也不容小觑。(详见表8)

表8 韩国人对于韩美军事同盟的态度
单位:%(人)

| | | |
|---|---|---|
| 假如中美发生军事冲突 | 支持美国 | 39.2% |
| | 中立 | 52.7% |
| | 无所适从 | 7.1% |
| 对于萨德入韩的立场 | 支持 | 46.8% |
| | 反对 | 43.7% |
| | 无所适从 | 9.5% |
| 朝鲜半岛统一后,美军应去应留? | 美军应撤离 | 34.3% |
| | 美军应留下 | 58.8% |
| | 无所适从 | 7.0% |

对比2009年的调查结果,我们发现在中美军事冲突时保持中立的被访者比例在2017年明显减少,也就是说"均衡"外交的社会基础明显减弱。与此同时,忠实于韩美同盟的被访者比例有所上升,在"均衡"与"韩美同盟"之间感到无所适从的被访者比例有所上升。(参见表9)但同时我们也发现,韩国人在"韩美同盟"忠诚度上升的同时,他们要求国防自主的热情有增无减。假设朝鲜半岛实现统一的情况下,希望美军撤离的韩国人与2009年相比没有增加而是减少了。也就是说,2009年到2017年间"韩

美同盟支持者"有所增长，但其中"被动防御型"同盟支持者增长较多，同一时期里"主动战略型"同盟支持者的数量反而减少了。

表9　韩国人对韩美同盟的态度变化

单位：%（人）

| | | 2009年1月 | 2017年8—9月 |
|---|---|---|---|
| 假如中美发生军事冲突，韩国应采取何种立场？ | 支持美国 | 30.1% | 39.2% |
| | 中立 | 65.7% | 52.7% |
| | 无所适从 | 1.7% | 7.1% |
| 朝鲜半岛统一后，美军应去应留？ | 美军应撤离 | 49.6% | 58.8% |
| | 美军应留下 | 47.9% | 34.3% |
| | 无所适从 | 4.8% | 7.0% |

对中国社会制度的偏见不减反增。韩国被访者受冷战思维影响，对于中国的社会主义制度持有较强的偏见，而且这种偏见没有随着中韩人文交流的增长而减少。2009年的调查结果显示，20.5%的被访者认为中国"自由开放度"高，但2017年持这种认识的被访者仅占5.1%。中国的政府效率一直被韩国的学者和官员所称赞，但普通韩国人对此评价较低。2017年的调查结果显示，只有13.3%的韩国人认为中国政府高效，而41.1%的被访者认为美国政府高效。实际上普通韩国人很难对中国的社会制度做出全面客观的评价，被访者对于两国社会制度的评价很大程度上反映的是他们对于中国的偏见以及带有情感偏向的想象。

在社会问题中，韩国被访者最关注中国的环保状况，而且一贯认为中国在环境保护方面非常落后。因为中韩两国毗邻，中国的环境问题对韩国人生活影响较大。近年来中国的"雾霾"现象越来越严重，韩国也受到了一定影响，成为韩国人对华负面认知的重要原因之一。与2009年相比，2017年被访者对中国环保工作的评价出现了显著恶化，对于中国的环境保护工作持完全否定态度的被访者比例从30.7%上升到56.2%。（详见表10）

表10 对中国环保工作的评价变化

单位：%（人）

| 环保做得好 | 2017年 | 2009年 |
| --- | --- | --- |
| 非常认可 | 0.6 (6) | 0.9 (9) |
| 基本认可 | 4.2 (44) | 3.3 (33) |
| 一般 | 12.6 (132) | 20.1 (201) |
| 不同意 | 24.2 (253) | 40.2 (402) |
| 完全不同意 | 56.2 (588) | 30.7 (307) |
| 不知道 | 2.3 (24) | 4.8 (48) |
| 合计 | 100 (1047) | 100 (1000) |
| $x^2=145.586, df=5, p=.000$ | | |

对中国文化的亲近感不增反降。虽然中韩间人员交流的规模增大，文化活动不断，但韩国人对中国文化的亲近感不增反降。2009年的调查结果显示，对中国文化持有亲近感的被访者比例为51.6%，但2017年这一比例降低到了25.5%。（详见表11）

表11 对中国文化的亲近感变化

单位：%（人）

| 对中国文化持有亲近感 | 2017年 | 2009年 |
| --- | --- | --- |
| 非常认可 | 1.9 (20) | 12.8 (128) |
| 认可 | 23.6 (247) | 38.8 (388) |
| 不同意 | 49.5 (518) | 35.5 (355) |
| 完全不同意 | 20.7 (217) | 10.1 (101) |
| 不知道 | 4.3 (45) | 2.8 (28) |
| 合计 | 100 (1047) | 100 (1000) |
| $x^2=185.846, df=4, p=.000$ | | |

整体中国好感度下降至较低水平。调查问卷将"对日好感度"定位50分，要求被访者在0到100分之间对"对华好感度"打分。结果显示，相比2009年，2017年，韩国人对中国的好感度出现了下滑，平均分由51.2分下滑至42分，从2007年的略高于变成低于对日好感度。

## 二、如何理解韩国人"中国观"的变化？

对比2009年和2017年的调查结果，韩国人"中国观"的变化中最值得引起我们关注的是被访者们在安保问题上对中国信任度降低、警戒心增强，在中美之间的立场变得更加"亲美疏华"。分析其原因，有以下几点：首先，2016至2017年，中韩围绕"萨德入韩"产生了严重分歧，"萨德摩擦"应该是刺激韩国人对华负面认识增长的重要因素，这一因素带有阶段性和偶发性，但"萨德入韩"意味着韩国的外交战略发生了变化，对中韩关系的影响具有里程碑意义，影响力不会在短时间内消失。其次，除了"萨德摩擦"因素之外，朝鲜半岛的安全危机持续高涨也是造成韩国人对华信任感下滑的重要原因。2009年至2016年是李明博和朴槿惠执政时期，二人都是保守派的代表，对朝鲜奉行较为强硬的外交政策。这两届政府期间，朝韩关系非常紧张，朝鲜不断推动核试验，朝鲜半岛的安全危机高涨。朝韩矛盾是中韩关系的发展瓶颈，韩国保守派的对朝政策与中国的分歧尤其明显。在保守政府执政期间，韩国媒体不断指责中国没有在半岛核问题上起到积极作用，对半岛安全形势的恐惧感不断强化韩国人对于中国的怨恨。再次，保守政府的外交战略除了对朝鲜高压外还有着"亲美"的传统。保守政府执政期间，在朝核危机不断高企的背景下，韩国社会重视韩美军事同盟的论调增强，这也是造成韩国人在心理上靠近美国、疏远中国的原因之一。最后，不可忽视的是，中国的发展也给韩国民众带来了心理压力。在"中国第一联想"问项中，2017年提到中国想到"强大"甚至"霸权国"的被访者比例接近10%，担心中国崛起损害韩国利益的被访者比例也显著上升，这都证明韩国人对华焦虑感本身在明显上升。朝核危机引发的安全焦虑增长、对美安全需求增长以及对中国崛起的焦虑增长共同作用，导致韩国人对华信任感降低，在心理上更加"亲美疏华"。

经济合作一直是中韩关系发展的引擎，韩国人对于中韩经济合作的重视度与中韩经济合作的实际规模远远不匹配，这一点也应该引起我们的注意。导致被访者低估中韩经济合作的原因来自多方面：首先，部分韩国人对于中韩经济合作的实际规模缺乏了解。本调查结果显示，知道中国是韩国最大顺差来源国的被访者占56.5%，认为美国是韩国最大顺差来源国的被访者占21.3%。其次，韩国虽然通过与中国进行经济合作获取了丰厚的红利,但韩国方面参与中韩经济合作的主体是大企业,合作场地大多在中国,普通韩国人在生活中能够感受到的"中国红利"不多。这使得普通韩国人对于中韩经济合作实际规模缺乏了解,对于中韩经济合作的兴趣也低于预期。再次,近年来中国经济发展进入"新常态",产业不断升级,韩国社会意识到中韩经济之间的互补性在减弱、两国企业的竞争在增强。"萨德摩擦"引发中韩经济合作受阻后,宣传中韩企业竞争加剧的"中国经济威胁论"更加盛行,政府和民间都加快了在东南亚等地区寻求新的经济合作伙伴的步伐。最后,"萨德摩擦"导致中韩经济合作短期受阻,安保与政治领域的矛盾外溢到经济合作中。"萨德摩擦"造成中韩关系恶化以来,韩国媒体对于韩国企业在华经营业绩下滑、中国赴韩游客减少等现象进行了大量报道,韩国民众因此对于中韩经济合作的安保瓶颈感到焦虑。与此同时,"萨德摩擦"使得韩国人对于美国的依赖感增强,亲美情绪的增长外溢到了经济领域。

　　中韩之间的人文交流规模非常庞大,"人文相亲"也经常被表述为中韩关系的"压舱石"。但是,调查结果显示,韩国民众对于中国的社会主义制度仍然持有偏见,对于中国文化的"亲近感"也并不多。令人担忧的是,这种状况没有随着中韩人文交流规模的增长而得到改善。在中韩关系因为"萨德入韩"而停滞时,人文交流不但没有起到"压舱石"的作用,反而也因为安全领域的摩擦而迅速陷入停滞。人文交流没能起到缩小立场差异、提供对话空间的作用,反而是中韩之间的民族主义对抗再次出现,相互好感度大幅度下滑。中韩关系对于两国的重要性毋庸赘述,两国关系的恢复和发展是必然趋势。但在两国关系恢复的过程中,政府作为理性行为者更容易取得共识,而民间感情一旦受到伤害却需要更长的时间去修复。事实证明,自2017年文在寅上台以来,中韩关系稳步向好,但文在寅访华期间发生了中国保安与韩国记者之间的冲突,这一突发事件被韩国媒体解释为中国的傲慢表现,刺激了韩国人的对华民族主义对抗情绪,大大削弱了文在寅访华为中韩关系带来的友好氛围。在紧随其后的韩国平昌冬奥会上,韩国裁判的不公正判决又引发了中国民众的不满。一连串类似突发事件的出现使得中韩民间关系的改善大大落后于政府间关系的恢复,人文交流领域的问题反而拖了中韩关系发展的"后腿"。

## 三、围绕中韩人文社会交流的反思与建议

中韩人文社会交流中存在的问题值得我们深思。我们应该充分意识到积极引导中韩人文社会交流的重要性和迫切性。

首先,回顾中韩关系发展的过程,两国关系在"萨德摩擦"之前发展顺利,在"萨德入韩"后,中韩两国在安保层面的瓶颈充分显现,两国关系在所有领域出现了全面倒退。这使得我们认识到,因为存在安全瓶颈,中韩关系需要更坚实的民间关系基础。中韩关系一直靠经济合作来拉动,但"以利相聚"有可能"利尽而散",只有"民心相通"才能"成其久远"。自中韩建交以来,两国政治、经济领域的摩擦经常外溢到人文社会交流领域,人文社会交流领域本身也多次出现"软摩擦",人文社会交流领域里的中韩关系其实是最脆弱的,但一直以来我们因为中国人文社会交流的规模之大而感到欣慰,对于其交流质量却缺乏观察、测量以及思考。目前,设定正确方向、建立有效机制,有意识地引导中韩人文社会交流的任务已经迫在眉睫。短期来看,目前中韩需要在朝鲜半岛和解以及"一带一路"建设等政治经济问题上展开紧密合作,韩国民众对中国的认识如果得不到改善,中国所做的努力将会事倍功半。长期来看,如果我们今后仍然放任其发展或者找不到有效引导中韩人文社会交流的途径,那么将非常不利于中韩关系的长远健康发展。

其次,从中韩美三国在东北亚地区的外交格局来看,中美是韩国外交的两极,韩中关系与韩美关系之间存在张力。调查结果显示,韩国社会在外交上变得更加"亲美疏华"。虽然这一波"韩美同盟"呼声的增长主要体现为"被动防御型"韩美同盟支持者的增加,但如果我们对其放任不理,任由韩国社会对华负面认识长期化、稳定化,韩国社会必将进一步走向"亲美疏华"。不仅如此,调查结果显示,有三分之一的被访者属于"主动战略型"韩美同盟支持者,即便朝鲜半岛实现统一,他们依然愿意牺牲国防自主而保留驻韩美军。因此,韩国社会的"亲美保守化"氛围必须引起我们的关注。"中韩战略合作伙伴关系"的重点是经济合作,与安保层面上的"韩美军事同盟"相比具有天然的脆弱性。这种脆弱性需要坚实的民间合作基础来弥补。

再次,中韩社会文化交流领域里潜在着诸多引发争端的问题。例如两

国之间的渔业纷争仍然存在。中韩之间人员交流规模庞大，各种人群都参与其中，发生负面突发事件的可能性很高。中韩之间的历史文化纷争也有可能再次浮出水面。中韩两国毗邻，中国的环保问题会影响韩国。

要增进中韩两国民众间好感、恢复和发展中韩关系，短期内可以尝试进行以下努力：首先，我们应该理性引导中国舆论，为韩国对华舆论的改善提供空间。其次，我们应该在为朝鲜半岛对话斡旋的同时，继续积极阐述中国维护半岛和平、支持半岛统一、反对半岛拥核的立场，阐述这些立场与中国国家利益的契合点。为此，我们应该强化与韩国智库和媒体的交流，要与其中的"保守派"交流，更要为其中的"进步派"提供更多参与中韩交流的机会。再次，中韩两国之间曾经多次出现民族主义对抗，这些经历也增进了两国媒体间的合作，使得两国媒体达成了着眼于两国社会长远利益、共同维护中韩关系健康发展的共识。今天，中韩两国媒体应该重新确认这一社会责任，加强交流，警惕情绪化的负面报道，避免出现新的民族主义对抗。最后，中韩两国政府应该建立观察预警机制，在有可能引发中韩民间关系恶化的突发事件发生时，第一时间对其进行管控和理性引导。

长期来看，要提升中韩人文社会交流的质量，可以尝试进行以下努力：

首先，我们可以考虑建立起独立于政治和经济领域的高层次、制度化的人文交流机制。这一机制应该由政府、企业、媒体、学术界、民间组织共同参与，统筹协调各个领域的信息和资源。在常态下，这一机制应该监督、引导中韩民间交流健康发展，并在出现突发矛盾时进行应急处理。当中韩关系在政治、经济领域遇到困难时，人文交流机制应该起到稳定中韩关系、提供交流渠道的作用。其次，我们应该重新思考中韩人文交流的目标，在对外人文交流中践行"人类命运共同体"理想，追求两国社会的共同发展。在中韩建交后的20多年里，经济合作一直是两国合作的重点。今后，我们依然要在经济领域里寻求更多的合作机会，特别是在"一带一路"的平台上寻求新的合作路径。与此同时，我们也应该认识到，目前中韩经济合作的地点主要在中国境内，韩国方面参与其中的主要是大企业，韩国中小企业以及普通民众从中分得的红利较少。然而单纯的GDP增长不符合韩国社会的需求，韩国社会的发展主题是"经济民主化"与"均衡发展"，韩国社会的头等难题是"青年就业"。今后我们应该在中韩合作中充分考虑韩国社会的上述发展需求，以强化中韩关系的社会基础。例如我们可以利用中韩之间的服务贸易鼓励韩国的优质人力资源到中国就业和创业，可以利用互联网商务平台为韩国中小企业提供更多商机，可以鼓励韩国企业与中国合作开拓"一带一路"上的广阔市场。再次，中韩之间的人文交流规模虽然庞大，但质量却比韩美人文交流低。今后我们应该在中韩人文交流中做好"人"的工作，这将是一项长期而细致的工作。我们应该有意识地吸引更多的优秀青年、具有舆论影响力的人物参与到中韩人文交流当中，逐渐消除韩国人对于中国的偏见，期待韩国社会里出现更多有社会影响力的"知华派"。最后，中韩建交以来，以"韩流"为代表的两国的文化交流成为中韩关系的亮点。"萨德摩擦"出现之前，中国资本正快速流入韩国文化产业，中韩两国的文化产业合作中出现了"共同投资""共同制造"，并且在中韩两国市场"同时消费"的现象。在这样的过程中，"韩流"正慢慢向着"韩中流"甚至"中韩流"转变。[①] 文化产业的这种融合有利于促进两国文化的融合与同化，可惜这一趋势被"萨德摩擦"打断。目前中韩关系将要迎来新的发展期，我们应该鼓励两国文化产业合作。这也是于无形中消除藩篱、取得认同的理想路径。

---

① "韩中流"与"中韩流"的概念详见王晓玲在《中韩社会交流进入"相互构建期"》（载《韩国发展报告（2015）》，第224页）中的相关论述。

# 中印人文交流：背景、内容与挑战

罗绍琴

**【内容提要】** 中印人文交流是两国关系的重要组成部分，是改善和稳定中印关系的重要纽带。本文通过对中印人文交流的背景、内容及其发展中所遇到的障碍进行梳理和分析，总结出中印人文交流已经在企业、青年、学者等多个层面建立起来，但是还是面临双向人员交流规模小、媒体负面报道偏多、民众负面认知较强等障碍。总体而言，在纵向上中印人文交流有一定加强的趋势；而横向上，中印人文交流却并没有中国与其他周边国家所开展的人文交流活跃，呈现出与两国的体量严重不匹配的景象。

**【关键词】** 中国　印度　人文交流

**【作者简介】** 罗绍琴，中国人民大学国际关系学院博士研究生。

随着全球化和信息化的推进，国家间交往越来越呈扁平化发展趋势，"国之交在于民相亲"的趋势越来越明显，人文交流越来越成为两国关系建立、改善和维持的纽带。以喜马拉雅山和喀喇昆仑山相隔，与中国毗邻的印度，不仅与中国同为世界文明古国，在历史上有着两千多年的友好人文交流历史，在近代有过同样的遭遇和历史经历，而且正处于相同的发展阶段，在国际上有相似的立场，都跻身新兴大国之列且有着广泛的共同利益和合作基础。随着两国自身的发展和融入国际的进程的加快，这两个新兴大国之间因为不全面和不客观的了解，以及印度对中国政策和现状的误解，而出现一些消极的认知偏差，限制了两国官方外交发挥作用的空间，从而增加两国交流的障碍。随着信息化与全球化的推进，两国交流朝着更加扁平化方向发展，两国民众能了解更多政府外交政策，同时也能在两国关系中发挥更加重要的作用，因此以人民为主体的人文交流作为官方外交的重要补充发挥着越来越重要的作用。

不同于传统官方外交，人文交流不仅具有更大的灵活性和低政治敏感度的特点，而且能以两国共同利益和目标为着力点，实现民间直接接触，既能发挥"润物细无声"之效，又有"水滴石穿"之韧性，其不仅维持和巩固了中印之间的友好关系，还在两国建立和恢复外交关系、解疑释惑和扩大共同利益中起到重要作用。本文通过对中印人文交流的背景、主要内容进行整理和分析，并试图找出目前发展所面临的挑战及其原因，以期为增进中印人文交流，实现"人心相通"以及总体关系的改善奉献微薄之力。

## 一、中印民间外交发展的背景

合抱喜马拉雅而生，中国和印度同为世界文明古国，有着两千多年的人文交流历史，其关系远非比邻而居。源于公元6世纪左右，以佛教交流为主的中印文化交流，在唐宋两代达到高潮，虽在此后有所"衰微"，但仍保持着折不断的纽带。20世纪40年代末，摆脱西方殖民统治的中印两国，作为两大文明最年轻的代表，延续着中印之间传统的友好交流。在20世纪40年代末50年代初不仅实现了官方层面的"蜜月外交"，也极大地促成了两国之间的人员、人文等的交流。但1962年的冲突，使两国官方关系极速恶化，民间交流也随势倒流。之后14年"冷冻期"，让两国一度成为一对最陌生的邻国，民间交流也几乎被冲突与冷漠所阻断。在1976年两国恢复外交关系以后，两国政府开始有意促进两国的友好交流，但是受制于两国国内保守势力，其改善的效果并不明显。1988年拉吉夫·甘地的破冰访问以后，两国官方力量开始成为民间交流的主推力量。

### （一）长历史弱交流

19世纪以前，中印之间的交流以佛教和少量的商品贸易为主，在此带动下，两国之间人员交流也以来华梵僧和赴印的僧侣为主，以及少数经由喜马拉雅山口进行贸易的中印商人。虽然在此期间有著名的法显、玄奘等为中印交流作出过杰出贡献的人，但是两国人员交流的规模并不大，经文献记载，从晋初至唐末500多年间，经记载由海路进行交流的中印僧侣只有238人。[1] 从中可以一窥两国在悠久的交流历史上人员交流之少。

19世纪末，印度局势相对比较稳定，在英殖民当局的治理下成为当时

---

[1] 何方耀：《晋唐时期南海求法高僧群体研究》，北京：宗教文化出版社，2008年，第5页。

最繁荣的亚洲地区之一，其首府加尔各答被称为大不列颠"帝国的第二城市"①，孟买也是亚洲名噪一时的海运港，孟加拉的茶树种植园也成为向世界各地供应茶叶的重要基地。面对繁荣的邻居，饱受晚清政府闭关锁国政策和列强侵略之苦的中国人开始选择由海路远赴印度。其中最主要的就是广东梅县人和湖北天门人，通过英国来华商船经南海到印度。②主要分布在孟买、加尔各答等当时商贸发达的城市。为了进一步开拓孟加拉茶树种植园，英国殖民当局也直接从中国引进熟练茶工，到1884年在孟加拉茶园工作的华人茶工已有247人③，这些人大多住在加尔各答。随着越来越多的华人来到印度，由此所形成的中国城也开始发展并初具规模。到20世纪初，位于加尔各答塔坝的中国城就已颇具规模，华人社团相继成立并逐渐活跃起来④，逐渐成为此后华人来印的主要聚居点。20世纪初，为了躲避战火，有大批华人来到印度，在印华人数量激增。仅加尔各答中国城的华人就从1901年的2300人增加到了1951年的6874人⑤，各种华人社团也随之活跃起来，到1935年以在印华人为主体的《印度中华报》（China Journal of India）成立，并随后出版了《中国概览》（China Review）。⑥然而，在一定程度上，这些在印华人并没有真正融入印度社会，以加尔各答塔坝的"中国城"为例，社区两端建造有大门，将华人聚居区与印度人社区分开，社区内有中文学校、中餐馆、赌场等，与印度社区的融合交流并不充分。到20世纪50年代，在印华人达到历史最高值，因为统计方法和数据资料不同，目前对当时在印华人的数据分别有3万、5万和11万三个不同数据⑦，虽然数据各有争议，但是这些学者无一不认为50年代在印华人达到前所未有的规模。这些华人主要分布在加尔各答、孟买、新德里等城市，主要

---

① 杨保筠：《〈加尔各答华人——孟加拉之虎〉简介》，《华人华侨历史研究》，2000年第1期，第67页。
② Poston, Dudley L., Michael Xinxiang Mao, and Mei-Yu Yu: "The Global Distribution of the Overseas Chinese Around 1990." Population and Development Review (1994), pp.631-645.
③ 杨保筠：《〈加尔各答华人——孟加拉之虎〉简介》，第68页。
④ 杨保筠：《〈加尔各答华人——孟加拉之虎〉简介》，第69页。
⑤ ［印］玛德芙·布拉拉：《印度华人初探》，陈欣译，《八桂侨史》，1999年第4期，第54页。
⑥ ［印］玛德芙·布拉拉：《印度华人初探》，陈欣译，第55页。
⑦ ［印］玛德芙·布拉拉：《印度华人初探》，陈欣译，第53页；印度学者玛德芙·布拉拉通过印度人口普查数据计算得出是3万；《揭秘：印度华人为何越来越少》，印度中文网，2015年3月19日，http://www.indiancn.com/pinglun/2015/0319/27624.html（上网时间：2016年7月27日）；Poston, Dudley L., Michael Xinxiang Mao, and Mei-Yu Yu: "The Global Distribution of the Overseas Chinese Around 1990." Population and Development Review (1994), pp.631-645.

来自于广州梅县、湖北天门、山东等中国城市，多数从事船务、皮革、制糖、餐饮等行业。这些行业，特别是皮革业，在印度主要是"贱民"从事的行业，因此也被某些印度学者称之为"贱民资本主义者"①，所以他们虽然经济上取得一定的成就，但是在印度社会认可度却有限。加之中国社区相对封闭和"沉默"的特点，这类华人在印度的影响力有限，成为在印的"沉默的群体"。

人员的流动并非由中国向印度的单向流动。得益于英国殖民者在中国的联系，在19世纪末20世纪初，印度人也开始来到广东沿海开展对华贸易，此中积累起资金，建立起印度最早的轻纺工业，而这一部分人也逐渐建立起印度最富有、最显赫的企业家族。② 随着英国殖民当局对中国介入加深，在华印度人也主要分成了两个群体：与英国殖民当局联系紧密的印度人和共同反对英国殖民主义的印度人，前者在某种程度上成为了殖民主义的牺牲品，后者不仅在支持中国反帝反殖斗争中作出了重要的贡献，同时也为中印友好交流起到桥梁作用。与英国殖民当局联系紧密的主要是在新疆地区的部分印度商人和在英租界的雇佣兵。英国殖民者将部分印度商人与新疆人的贸易往来作为殖民渗透的工具。③ 在上海等英国租界内的印度雇佣兵，则直接参与对中国反殖斗争的镇压，甚至被中国民众贬称为"红头苍蝇""黑鬼""红头阿三"等。④ 随着日本侵华战争进一步扩大，英国殖民当局开始大规模撤回这部分在华印度人，其中在1937年9月就从上海撤走900人，到1945年几乎全部撤回，⑤ 中国对这部分印度人的认知也随之逐渐淡化。然而，剥离了英国殖民当局的影响，对中国反殖民主义进行精神和物质支持的印度友人是在华印度人的另一个写照。俗话说，患难见真情，当中国深受日本帝国主义蹂躏之时，尼赫鲁不仅在1936年6月30日通过新闻界向人民呼吁，强烈谴责日本对中国的攻击，并在收到八路

---

① ［印］玛德芙·布拉拉:《印度华人初探》，陈欣译，第55页。
② 尹锡南:《在历史深处钩沉和思考中印关系—简评玛姐玉〈在华印度人：1840—1949〉》，《东南亚南亚研究》，2011年第2期，第87页。
③ 尹锡南:《在历史深处钩沉和思考中印关系—简评玛姐玉〈在华印度人：1840—1949〉》，第87页。
④ 尹锡南:《在历史深处钩沉和思考中印关系—简评玛姐玉〈在华印度人：1840—1949〉》，第88页。
⑤ Madhavi Thampi, *Indians in China: 1800 – 1949*, Delhi: Manohar Publishers, 2005, pp.201-215.

军总司令朱德于1937年11月请求印度医疗支援的信息后，迅速作出反应，不久就派出由柯棣华、爱德华、卓克华、木克华和巴苏华5名医生组成的援华医疗队并携带了22000卢比的资金来到中国。① 而医疗队招募过程中，短短几天内就得到700多人的热烈响应，也从侧面印证了中印人民反对殖民主义的共同决心和互助情谊。

然而，不同于在印华人，在华印度人在1949年之前都已回到印度，其中一部分原因是英国主导下的在华印度人集中撤离。更重要的是，当时中国的战火未停，从而迫使印度人返回到相对"和平"独立的祖国印度。即使在20世纪50年代，中印交往的"蜜月期"内，也少有印度人来到中国，更不用提60年代初到80年代初期间的"冷冻期"。1988年以后，中印两国关系得到明显改善，来华企业逐渐增多，自此来华印度人的数量逐渐增多。同时，随着两国教育合作、文化交流等的推进，在华印度人也逐渐增多，近年来印度来华留学生同比增长均超过10%，2015年来华留学生已增至16694人，排名第四。② 除此之外，受困于印度就业压力，也有不少印度年轻人来到中国求职，甚至迎娶中国女孩儿，长期定居于中国。③ 然而，中印之间的人员流动仍在很大程度上受制于两国的政治关系以及两国的边界问题的解决。随着两国在边界问题上信任机制的建立，相互之间人员流动加快，两种文明的碰撞也更加激烈。

### （二）大国小交流

印度人口仅次于中国，居世界第二，GDP总量排名世界第八（截至2015年），是中国最重要的邻邦之一。中印两国不仅都是历史悠久的东方文明古国，有两千多年的交流历史，而且同是发展迅速的新兴经济体，有很大的合作潜力。与此同时，作为两个重要的亚洲大国，中印之间的合作不仅对地区稳定和繁荣有举足轻重的作用，而且对于亚洲与世界的连接意义重大。然而，事实是目前的中印经济和人文交流现状确实与两国体量严重不符。

---

① 于则：《来自印度的名医，柯棣华》，《看世界》，2011年9月（上），第66页。
② 《2015全国来华留学生数据》，中华人民共和国教育部，http://www.moe.gov.cn/jyb_xwfb/gzdt_gzdt/s5987/201604/t20160414_238263.html（上网时间：2016年8月12日）。
③ 乐玉成：《促进中印交流，扩大相互认知》，中华人民共和国驻印度共和国大使馆官网，http://in.chineseembassy.org/chn/sgxw/t1331158.htm（上网时间：2016年8月7日）。

经济上，印度经济规模到2018年3月底将达到2.6万亿美元，中国经济规模是12.4万亿美元，但是双边贸易额却非常小。2017年中印双边贸易额突破880亿美元，同比增长20%。印度接收外商直接投资（FDI）从2013年的约345亿美元增长至2017年的约617亿美元，连续两年成为接收FDI最多的国家，但是2016年中国对印度投资额仅为10.63亿美元，而且是2015年的6倍多。截至2016年底，中国对印度直接投资额累计仅48亿美元。由此可见，两国经济交流与两国经济体量比较，发展严重不足。

在双方人员往来中，两个有10亿以上人口的大国，每年往来人员竟然只有100多万，仅相当于两国总人口的万分之三，与两国人口规模严重不匹配，相反，中国与人口只有5000万的韩国人员往来每年都超过1000万。中韩每周有1000多个航班，而中印之间不到40个。中美之间有90个政府间合作机制，中印间也就20多个，中美有214对友好城市/省州，中印只有10对。

有限的经贸投资、人员交流等所带来的最直接的后果就是两国相互之间的认知鸿沟。前中国驻印度大使乐玉成曾被问到"在印度能不能住五星级酒店"等问题，有人会担心吃不好喝不好，却不知印度在莫迪总理的领导下正致力于改革，经济发展迅速，2015年第三季度的经济增长速度高达7.4%，在世界主要经济体中首屈一指。而"印度制造""数字印度""智慧城市"等倡议正成为印度重点发展方向，吸引着众多国际大企业来印合作。同样地，也有一些印度朋友，初次去中国时甚至非常担心在中国不能上网、有没有Wi-Fi。难以想象，在信息化的时代，两国民众动一动手指就能找到很多有关对方国家的信息，却仍有如此大的鸿沟，原因何在？

两国之间人员流动较少，实际体验有限，因此两国民众认识在很大程度上依赖于两国媒体相互的报道，而媒体的报道内容及其真实性就成为影响两国认知的关键所在。21世纪初，两国驻对方国的记者很少，直到2004年，中国在印常驻记者只有3名，分别是《人民日报》2名和《文汇报》1名，以及中央电视台在新德里设立的记者站。当前，两国媒体相互报道不论是在报道的质量上，还是数量上都有显著的提升，在一定程度上改善了中国对印度的认知。但是只要搜索"印度"两字，各个论坛及其报道下的评论仍充斥着"阿三""对抗"等负面词汇。2009年关于我海军护航编队的假新闻一出，经《联合早报》报道后，中印两国主流媒体在头条醒目大肆报道此"新闻"，甚至部分印度海军官员认为这是中国海军对印度的一次心理战。① 可见，双方过于依靠第三方的棱镜来观察对方，② 过于倚重第二手的信息来了解对方，而且也可以看出中印民众对两国的负面新闻比较敏感，而对两国的友好信号采取选择性的漠视，这对于中印来说是很危险的。克服这种沟通和交流的障碍，促进直接交流，才能有效地消除误会，增进了解。

### （三）大需求小平台

两国相互认知的水平，主要取决于两国民众接收的对方信息本身及获取的渠道充足与否、机制合理与否。

20世纪30年代，在印度诗人泰戈尔和中国学者谭云中的促进下，印度的中国学和中国的印度学逐步萌芽并发展。囿于印度历史记录的完整性有限，中印学者主要集中在文化、文学等方面的研究。当时研究印度的集大成者主要是谭云山，以及后来的季羡林、王树英、薛克翘等，他们主要侧重于中印文化交流。1962年，中印边界自卫反击战以后，对印度的研究也曾聚焦于中印边境问题，但仍关注印度的国内问题、宗教文学等方面。

21世纪以来，随着印度经济的发展，国际地位有所提升，国际影响力增大，中国对印研究才开始聚焦于印度政治、外交以及中印关系等综合议题。由中国社会科学院亚太与全球战略研究院和中国南亚学会主办的《南亚研究》堪称中国的印度研究"风向标"。《南亚研究》1979年创刊以来，主要刊载了南亚地区（主要是印度）政治经济、社会文化与国际关系等方面的文章。通过对《南亚研究》创刊以来所刊登的文章来看，除了对印度政治、外交等进行比较全面的分析以外，还始终保持着对研究印度文化、哲学、宗教等问题的文章持续刊载。从图1可以看出印度在中国南亚研究中的份量，以及主要的研究议题。由此可见，中国对印度的研究中，文化、文学、哲学等都是重要的组成部分。

---

① 唐璐：《中印海军对峙假新闻背后：民族情绪影响互相认知》，《国际先驱导报》，2009年2月10日，http://www.chinanews.com/gn/news/2009/02-10/1556528.shtml（上网时间：2016年8月7日）。

② 《中印为邻是"天造地设"》，中华人民共和国驻印度共和国大使馆官网，http://www.fmprc.gov.cn/ce/cein/chn/zywl/t1368281.htm（上网时间：2016年8月7日）。

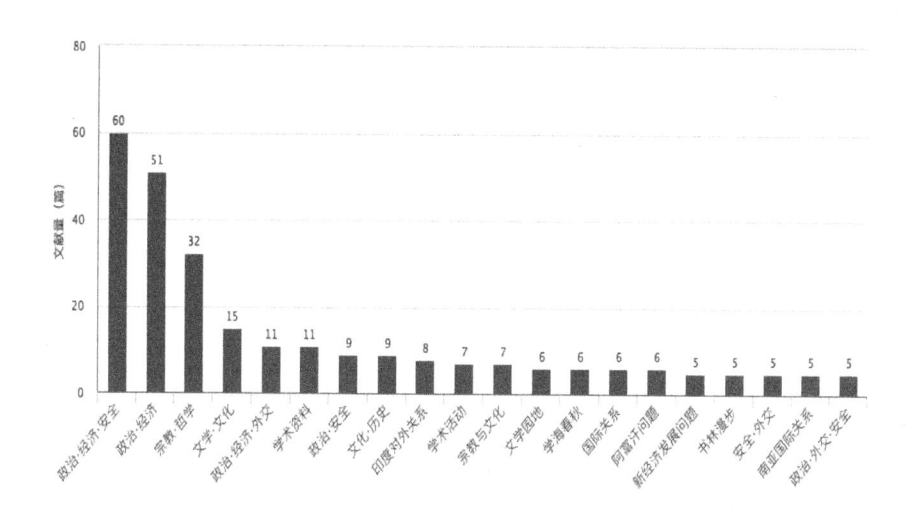

图1 《南亚研究》刊载文章研究热点分布①

图表来源：《中国学术期刊（网络版）》全文数据库

而印度学者对中国的研究，却是另一番景象。20世纪50年代末60年代初，在中印边界冲突的历史背景下，在"了解敌人非常重要"的氛围下，印度的中国研究快速兴起，1969年由印度德里大学、贾瓦哈拉尔·尼赫鲁大学、发展中社会研究中心、经济增长研究所、国防分析研究所等机构的学者发起和建立的非正式的学术论坛——中国研究小组，也就是现德里大学中国研究所的前身，是当时印度研究中国的主要学术阵地，其研究却是"中国哲学、地理学、宗教等方面全部出局的'中国观察'"，现实问题成为两国学者研究的首选议题。②直到20世纪80年代末，在谭云山父子等老一辈中国研究学者，以及玛妲玉、狄伯杰等青年学者的努力下，印度的中国学研究才开始转型，向更加全面的方向发展。然而到目前为止，印度对中国的研究中，现实问题仍占有绝对优势。1964年创刊的《中国评述》

---

① 图表来源：《中国学术期刊（网络版）》全文数据库，见：http://navi.cnki.net/knavi/journal/Detailq/CJFQ/LAYA?Year=&Issue=&Entry=&uid=WEEvREcwSlJHSldRa1FhcTdWYVFpK1Z3MVpiNmV2MVZaaTJROHU5TnVYUT0=$9A4hF_YAuvQ5obgVAqNKPCYcEjKensW4ggI8Fm4gTkoUKaID8j8gFw!!#ferh

② Giri Deshingkar, "Sinology or Area Atudies", China Report, Vol 1,1986,New Delhi, pp.79-80. 转引自尹锡南：《在历史深处钩沉和思考中印关系——简评玛妲玉〈在华印度人：1840—1949〉》，《东南亚南亚研究》，2011年第2期，第258页。

是印度唯一一份全面研究中国问题的刊物,有学者观察到其刊登中国现实问题研究的成果的频率远远大于其他方面的研究,而在该刊持续刊登的书评几乎一律为英文著作,中文著作几乎没有受到点评和刊载。[①] 对中国进行研究,却鲜有关注中国学者自己的研究,暴露出了印度中国研究的西方主导、现实问题导向的特征,不仅没有达到真正研究中国、了解中国的目的,反倒强化了两国在现实问题上的分歧。

## 二、中印人文交流的内涵与任务

### (一) 纽带与融冰

1950年,印度与中国建交,成为第一个与中国建交的非社会主义国家。深处国际反华势力包围中的中国,非常重视来自"印度兄弟"的国际支持,也采取了一系列措施来维护两国的友好关系,民间外交便成为中国维系这一特殊友谊的纽带。

20世纪50年代,中印政府高层互动频繁,很多文化代表团、艺术团等赴印进行友好交流,并积极邀请印度代表团来华交流。仅在1951年下旬,两国就进行了较大规模的文化代表团互访:9月21日,应中国和平理事会的邀请,以印度斯坦文化协会秘书、《新印度》编辑森德拉尔(Panpit Sundarlal)为团长的15人友好代表团来华进行了为期一个月的访问,[②] 森德拉尔在回国后还撰写了中国游记,增进了印度对中国的了解。作为回应,以丁西林为团长的15人赴印缅中国文化代表团于同年10月访问印度。[③] 其中随团的季羡林先生后来成为中印文化研究的集大成者,为中印之间的文化交流作出巨大贡献。而在两国建交之初的十年间,两国互访的代表团中,仅文学交流团就有30多个,[④] 由此可以一窥当时中印间人文交流的盛况。随着两国民间交流的快速发展,两国人民进一步了解对方,对维持中印"兄弟关系"起到了非常重要的作用。

---

① 尹锡南:《在历史深处钩沉和思考中印关系——简评玛妲玉〈在华印度人:1840—1949〉》,同上,第261页。
② 尹锡南:《中印人文交流研究:历史、现状与认知》,北京:时事出版社,2015年,第47页。
③ 陈翰笙:《四个时代:陈翰笙回忆录》,北京:中国文史出版社,2012年,第81页。
④ 薛克翘:《中国印度文化交流史》,北京:昆仑出版社,2008年,第521页。

20世纪50年代末,两国边界矛盾升级,关系极速降温,1962年中印发生大规模边境冲突,受印度国大党主导的反华政策影响,华人企业被调查,许多华人被关进了印度北部的监狱。迫于形势,大部分华人陆续离开了印度,留下来的人也被认为通敌,处境艰难。① 直到1976年中印恢复互派大使后,在印华人的生存环境才得以改善。但是,不得不承认1962年的冲突在两国人民心中都留下伤疤,时不时还会隐隐作痛,也成为两国关系进一步改善的障碍。

而在中印长达14年的"冷冻期",特别是在20世纪70年代初,中印民间交流缓和了两国的对抗局面,为两国关系正常化起到了重要作用,可以说民间外交充当了两国关系升温的"先行者"的角色。1973年4月,全印柯棣华大夫纪念委员会主席B.K.巴苏大夫应叶剑英元帅之邀访问中国,② 并于次年率全印柯棣华大夫纪念委员会访华团访华。1975年2月,中国乒乓球代表团赴印比赛并进行友好访问,这些中印"非常时期"的民间交流,使两国关系出现转机,为两国关系正常化奠定了重要基础。

在两国关系正常化以后,民间外交仍是改善并推进两国关系进一步发展的主要手段,为中印关系保驾护航,由图2可以看出,中印关系正常化以后,文化交流的次数明显增多。到1988年底,两国交流次数达到了176次,③ 交往频率高于此前任何一个阶段,而正是在这交流最频繁的时段中,印度总理拉吉夫·甘地访华,并签订"文化合作协定1988、1989、1990年交流执行计划",将中印关系推到一个新的发展阶段。

21世纪以来,中印民间外交发展势头不减,而两国间在文化、艺术等方面的交流也成为中印大规模人员流动和相互接触的渠道之一,在一定程度上促进了两国民间认知的提升。缘起于1981年的中印作家互访,在"中印文化合作协定1988、1989、1990年交流执行计划"签订后,这一隔年互访的中印作家代表团交流,成为一种惯例,并一直延续至今。1994年的"印度文化节",印度派出了10个文艺团在内的140人大型代表团访华,④ 这对两国人民加深彼此了解起到了极大的促进作用。除此之外,中印两

---

① 郭西山:《中印边界冲突致多名华侨被捕,华人要印道歉》,《环球时报》,2010年6月7日,http://world.huanqiu.com/roll/2010-06/844576.html(上网时间:2017年7月13日)。
② 薛克翘:《中国印度文化交流史》,第521页。
③ 薛克翘:《中国印度文化交流史》,第529页。
④ 薛克翘:《中国印度文化交流史》,第516—521页。

国的舞蹈、电影等方面的交流，也增进了中印两国民众对两国不同文化的了解。

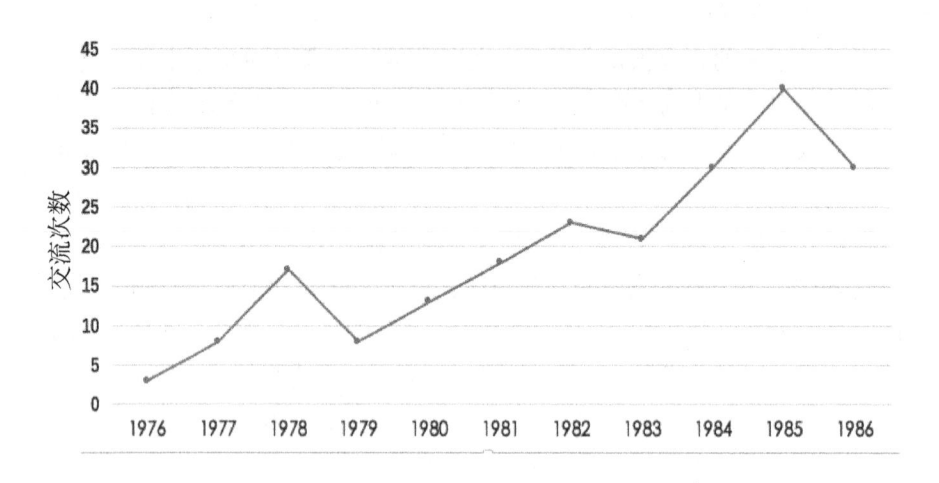

**图2　1976—1986年中印文化交流次数**

数据来源：笔者根据薛克翘的《中国印度文化交流史》第506—563页，以及中华人民共和国外交部官网资料整理而成：http://www.fmprc.gov.cn/web/gjhdq_676201/gj_676203/yz_676205/1206_677220/1206x0_677222/（上网时间：2017年7月13日）。

随着全球化的深入发展，中印两国政治、经济等方面的交往更加频繁和复杂，由相互认知缺乏而造成的摩擦也相继增加，仅靠两国官方交流渠道来解决是不现实也不够的。发生在民间层面的文化、文学、艺术等方面的交流，将在更广的范围内促进两国民众认知，为两国更深入的政治、经济等交流保驾护航。

### （二）在印中资企业

随着中印两国经济合作的增加，中国企业开始进入印度寻找商机和拓展市场。1984年，中国与印度签署了第一个政府间贸易协定，两国经济交流开始逐步恢复。在中国政府的鼓励下，一些中国企业开始进军印度市场。在印中资企业直接参与印度经济、社会建设，直接与印度各界接触、交往，成为印度民众了解和认知中国的最直接信息来源。虽然在印中资企业数量不多，但是他们起到的"门户"作用却不可替代。

印度是劳务输出大国，为了保障国内就业率，鼓励使用当地劳力，对劳务输入实施较为严格的限制，因此中资企业中绝大多数非技术工作人员都是印度本地人。在印中资公司建立早期，因为两国文化和管理理念的差异，有时在工作中出现中印员工之间的摩擦，却易被人为地提升为劳资纠纷而对簿公堂，这在一定程度上损害了中资公司在印形象。中资公司吸取教训，之后在向印派驻工作人员之前，会集中对中方员工进行印度文化、习俗、法律等方面的培训，从而最大限度地减少中印员工冲突。例如，山东源和电站公司人员，定期对员工进行文化差异培训，要求中方员工在尊重印方员工的习俗的同时，努力在工作和生活中遵守当地的习俗，避免文化差异带来的摩擦，还在印度重要节日到来时，为印度员工准备小礼物，这不仅避免了员工之间冲突所带来的公司财政损失和对公司形象的损害，而且向印度民众展现了中方的真诚与友好，塑造了良好的对外形象。[1]

在中国政府以及驻印外交人员的引导和帮助下，在印中资企业也积极参与中国在印民间外交，开始积极融入并扎根印度社会。中资企业不仅积极参与印公共部门的慈善活动，而且还积极践行保护环境的原则，为保护印度环境贡献一份力量。目前，融入印度社会最成功的，非华为公司莫属，其开展的e-hope农村教育通讯项目、协助德里政府举办的"清洁德里"活动，以及连续对"Bharti马拉松义跑义捐"活动，[2] 得到了广泛而积极的社会反响。新印度钢铁有限公司专门制定了"企业社会活动计划"，派专人负责在印公益活动，如多次向附近村庄组织的集体婚礼捐款，向附近多所学校捐赠书包，等等。首钢印度公司在购置新办公和家具设备时，尽量选择环保社会的做法，即积极融入当地社会和带头保护环境。中资企业积极在印度树立友好的形象，不仅有利于其拓展在印市场，还为中国"争气"和"挣面子"。[3]

随着中资企业融入印度社会的不懈努力，真诚友好的企业形象逐渐树立起来，不仅提高了在印的积极存在感，为其在印的进一步发展创造了有

---

[1] 商务部国际贸易经济合作研究院、商务部投资促进事务局和中国驻印度大使馆经济商务参赞处：《对外投资合作国别指南——印度》，2016年4月，第77页。见：http://fec.mofcom.gov.cn/article/gbdqzn/upload/yindu.pdf（上网时间：2017年3月21日）。

[2] 商务部国际贸易经济合作研究院、商务部投资促进事务局和中国驻印度大使馆经济商务参赞处：《对外投资合作国别指南——印度》，2016年4月，第76页。见：http://fec.mofcom.gov.cn/article/gbdqzn/upload/yindu.pdf（上网时间：2017年3月21日）。

[3] 《在印中资企业要为中国争气》，中华人民共和国驻印度共和国大使馆官网，见：http://in.china-embassy.org/chn/sgxw/t1393576.htm（上网时间：2016年9月3日）。

利条件。而且在潜移默化之下，正面的企业形象，也促进了中国在印民众中的积极认知，为中资企业进入印度营造了良好的社会氛围和民众基础。

### （三）朝阳之交

"国之交在于民相亲"，而民之未来又在于青年，中印青年交流与相互认知决定着两国关系的未来。中印青年交流一直受到两国政府的重视，2005年温家宝总理访印期间，两国建立了青年交流机制，每年两国青年代表团互访成为惯例，延续至今。2014年习近平主席将代表团成员由100名增加至200名，以增进两国青年的交流。目前，中印之间已经实现了3000多人的交流互访。

**中国—印度青年代表团互访一览表**[①]

| 时间 | 事件 | 人数 | 访问地点与活动 |
| --- | --- | --- | --- |
| 2006年 | 印青年代表团访华 | 100名 | 参观城市、农村和学校等，并与中国青年开展友好交流。 |
| 2006年 | 中国青年代表团访印 | 100名 | 新德里 |
| 2007年 | 中国青年代表团访印 | 100名 | 德里、阿格拉、瓦拉纳西、艾贾尔、孟买、海得拉巴等地，与印度青年网络组织的青年志愿者、青年企业家，以及曾经访华的印度青年进行了广泛的交流。 |
| 2008年 | 印度青年代表团访华 | 100名 | 到访北京、贵阳、福州和上海等地，参观城市、农村、学校、企业和社区等。 |
| 2009年 | 印度青年代表团访华 | 100名 | 访问北京、成都和广州。重点为考察借鉴中国志愿者服务的成功经验，访问北京、广州及四川省会成都。 |
| 2010年 | 印青年百人代表团访华 | 100名 | 访问上海、重庆、合肥三个城市，并参观世博园，是历次印度百人青年代表团访华领队级别最高的一次。 |
| 2011年 | 印青年百人代表团访华 | 491名 | 200余人参观访问了洛阳白马寺，访问北京、上海以及广州。200人参观武汉，在华中农业大学、湖北奥体中心、武汉钢铁集团公司等地开展一系列文化交流活动。 |
| 2012年 | 印度青年百人团访华 | 100名 | 对北京、呼和浩特及沈阳三地展开访问。 |

---

[①] 根据中华人民共和国驻印度共和国大使馆、印度驻华大使馆、中华人民共和国外交部、新华网、人民网、国际在线、印度中文网、凤凰网、中新网等报道整理绘制。

续表

| 时间 | 事件 | 人数 | 访问地点与活动 |
|---|---|---|---|
| 2012年 | 中国青年代表团赴印 | 475名 | 六个分团分别访问新德里、孟买、阿格拉、加尔各答、班加罗尔、博帕尔、菩提伽耶等城市,会见当地的政府机构和青年组织,考察印度青年工作和经济社会发展现状,参观企业、大学、社区和农村等,并与印度各界青年进行友好对话。 |
| 2013年 | 百人青年团访华 | 100名 | 国务院总理李克强在中南海紫光阁会见了中印两国青年代表。代表团访问北京、武汉、深圳三地。 |
| 2013年 | 中国青年代表团访印 | 100名 | 前往印度的阿格拉、孟买等城市参观访问,并与印度青年进行友好交流活动。 |
| 2014年 | 中国青年代表团访印 | 100名 | 到达印度喀拉拉邦首府科钦,先后参观了山之宫殿和诺瓦拉民俗博物馆。 |
| 2014年 | 印度青年代表团访华 | 100名 | 对中国北京、山东和上海展开为期9天的访问。 |
| 2015年 | 印度青年代表团访华 | 189名 | 先后访问北京、杭州、上海等城市。参观了阿里巴巴集团,游览了西湖,登上东方明珠电视塔等。 |
| 2015年 | 中国青年代表团赴印 | 200名 | 参观新德里、艾哈迈达巴德、孟买等城市。拜会当地政府机构、青年组织、大学,考察了解印度社会的文化与发展,并与印度各界青年进行互动和联欢。 |
| 2016年 | 印百人青年代表团访华 | 200名 | 一百名青年代表访问成都、桂林和广州,另外一百名青年代表走访西安、南京和上海。 |

  两国青年代表团成员都是经过层层筛选的中印各界优秀青年,通过互访亲身体验当地的风土人情、深入了解当地风俗文化,增进两国青年的相互理解。2015年随中国青年代表团访印的崔文就曾表示,在访问之前,他认为印度如"洪水猛兽"①,甚至还担心访印行程不能顺利进行,而真正来到印度,亲身体会在印生活后,"震撼以及惊喜"地发现印度并非如之前的想象,并感叹否泰各半的印度,比想象的更复杂,而印度人民也比想象的热情。印度青年随团来华访问后,经过对中国文化等直观的体验,消除了偏见并对中国的看法有了很大的改观。随2013年访华的印度青年代表团成

---

① 崔文:《继续先行者的梦想—随中国青年代表团访问印度随感》,《世界知识》,2016年第4期,第64页。

员拉贾·阿卜杜尔·瓦希德是印度查谟克什米尔邦的大学老师,他看到中国学校并非只有报道中的"危房教室"和泥泞操场,中国政府对教育的重视以及学校现代化的程度都让他惊讶不已,惊叹"中国是一个不可思议的国家"。①

除了官方渠道访印的青年代表团以外,中国也有越来越多的青年自发前往印度。了解这个神秘而古老的国度,并用自己在印的实际表现,展现中国青年应有的风范。2015年,"全球视野开拓者"项目中11名中国大学生赴印,从孟买到德里,从阿拉伯海到孟加拉湾,与印度在校大学生、企业管理者、自主创业者、贫民窟孩子与志愿者们交流互动。在与享誉全球的印度理工学院孟买分校(IITB)学生进行交流时,来自清华大学的郭政通过"中国能源趋势与分析"报告展示了中国能源的现状与未来,并且与IITB的学子们共同探讨中印能源问题与环境问题的可行性解决方案,着眼全球问题,展现出了中国的大国青年风范。②除此之外,还有一部分青年,通过Gapper国际义工旅行平台,自费来到印度,把旅行与义工结合起来,在深入学习印度文化的同时也到乡村儿童中心,为社区贫困儿童提供教学服务。③越来越多的中国青年自发赴印交流,在互动与交流中,逐步消除偏见,从而更客观地认识印度,同时作为中国在印度的"形象大使",这些具有良好专业知识和素养的中国青年,向印度展现了中国青年朝气向上和真诚友好的一面。

### (四)中印知识精英的民间舞台

知识精英,不仅是国家各行各业发展的智识支持,还是国家间合作与沟通的重要纽带,各类智库也成为两国学术重镇和政策孵化器④。中印知识精英的交流,对增进两国战略互信、提升双边关系、促进民间友好起到了不可替代的作用。中印关系正常化以来,中印之间以学者、艺术家、作

---

① 廖亮、薛媛:《印度百人青年代表团访华:心怀"中国梦",难忘"中国行"》,国际在线,2013年5月24日,http://gb.cri.cn/42071/2013/05/24/6611s4125846.htm(上网时间:2016年7月16日)。

② 刘冠伶:《11位中国大学生开启中印青年交流之旅》,新华网上海频道,2015年4月3日,http://www.sh.xinhuanet.com/2015-04/03/c_134122533.htm(上网时间:2016年7月23日)。

③ Gapper义工旅行,www.gappernet.org/?m=travel(上网时间:2016年7月29日)。

④ 《中印两国智库亟需加强交流》,中华人民共和国驻印度共和国大使馆官网,2016年9月22日,http://in.china-embassy.org/chn/sgxw/t1400340.htm(上网时间:2016年9月23日)。

家、校长、河流治理专家等为主的知识精英交流迅速发展，并在其努力下，两国交流平台逐渐搭建起来，一系列论坛、交流会等逐渐成为中印各界交流的主要舞台。利用这些平台，中印相关研究领域的学术专家和中印的一线外交官、媒体、企业工作人员等进行积极交流，使理论与实践相结合，为更好地促进两国间战略释疑和具体领域合作提供了主要智识来源。

虽然没有达到中美、中韩、中日等知识精英交流的水平，但是进入21世纪以来，以知识精英为主的论坛、研讨会等交流机制也陆续建立并逐年召开。特别是2010年以来，中印两国知识精英交流从"中印联合医疗队"一家独大的局面逐渐发展为目前中印论坛、中印媒体对话、中印跨境河流专家级机制会议、中印大学校长论坛等不同行业、不同层次的交流平台竞相争鸣的局面，数量不断增多，机制不断健全。同时，随着两国交流的进一步发展，中印交流中，政府面临更加复杂的决策环境，更需要来自知识精英的政策建议，因此各类智库、论坛、专家咨询会等交流平台，以及通过这类平台所形成的政策建议也在政府决策中起到越来越重要的作用。通过中印各类学术交流平台，两国学者互访进行学术交流，传达本国的声音。

2013年，由云南省人民政府和中国社科院主办的"中国—南亚智库论坛"成立。作为中国—南亚博览会系列活动之一，该论坛已连续举办四届，增加了中国与南亚和东南亚国家的交流，对深化中国与南亚和东南亚国家的合作发挥了积极作用。其中，2016年第四届在云南昆明召开，以"经济走廊建设与国际产能合作"为主题，主要围绕"孟中印缅经济走廊建设的早期收获及产能合作的优先领域、面临的问题及对策"等议题展开研讨，来自中国、南亚东南亚国家的政府官员，知名智库、高校以及相关国际组织的120多位正式代表参会并进行了广泛地讨论。一线经验与理论相结合，具有针对性地对"孟中印缅经济走廊"建设提出了"接地气"的合作建议，以及具体的合作内容、重点、项目及对策措施等。①

中印之间的中国—南亚智库论坛、中印论坛等涵盖不同行业的论坛，知识精英与一线工作者进行比较广泛的交流，缩短了中印研究的理论与实践的差距，加强了政策建议的可行性，提供了上至中印战略释疑，下至两

---

① 沈宗涛：《第四届中国—南亚智库论坛闭幕》，http://www.sky.yn.gov.cn/ztzl/zg-nyzklt/hdjx/06635189413692145135（上网时间：2016年7月23日）。

国跨境水域险情处理的全面的建议。

### (五) 官方举措的溢出效应

中印关系正常化后到21世纪初，两国战争创伤并未痊愈，同时受国际环境的影响，中印两国关系恢复相对缓慢。而在此期间，中印政府之间虽然也签订了一系列文化交流协定和经贸发展协定，在政治关系恢复缓慢、人员交流较少的情况下，两国难以实现实质上的突破。2005年温家宝总理访印，并签订《中华人民共和国与印度共和国联合声明》，两国建立中印"面向和平与繁荣的战略合作伙伴关系"，[①] 两国关系进一步提升。2006年胡锦涛主席出访印度，成果颇丰，其中包括两国互办旅游友好年、青年代表团互访活动、促进地方政府开展合作、促进中印学术交流等，而且两国政府努力将这些成果落实。

随着两国青年代表团的逐年互访，在中印青年中播种下友好的种子，互派青年友好团的形式也为后来中印地方交流所效仿。如2012年6月，云南省派出青年代表团20余人赴印度加尔各答和新德里访问，为2013年昆明与加尔各答结成友好城市营造了友好的氛围。

2014年印度"草根"总理莫迪上台以后，中印领导人高度重视双边交往，身体力行，开展了一系列"魅力外交"，促进两国高层频繁交往的同时，也让"中国热"和"印度热"不断升温。两国政府更是趁热打铁，加大了开放的力度和交流频度，两年时间里，两国建立中印地方合作论坛，将两国友好城市（省邦）增加到目前的10对，中方开通了乃堆拉山口赴神山圣湖朝圣路线，印方对中国游客开放电子签证，以实现促进中印人文交流的平台搭建和人员往来的便利化。

与此同时，李克强总理与莫迪总理组织的400余人"太极瑜伽相会"和"超级自拍"风靡网络，被两国民众津津乐道，而瑜伽和太极逐渐被两国民众所熟知。2015年莫迪访华，在开通微博后短短的12天内就拥有超过15万名粉丝，其访华结束时在微博留言跟中国网友说再见，在短短5小时内就有8600多人点赞和100多人留言。[②] 可见，在当今信息化时代，交流

---

[①] 《中华人民共和国与印度共和国联合声明》，中华人民共和国驻印度共和国大使馆官网，http://www.fmprc.gov.cn/ce/cein/chn/zygx/zywx/t752833.htm（上网时间：2016年7月13日）。

[②] 《印度总理莫迪结束访华，微博与中国网友告别》，中国新闻网，2015年5月17日，http://world.people.com.cn/n/2015/0517/c1002-27013075.html（上网时间：2016年7月17日）。

方式多样快捷，仅仅是政治高层互动就能利用这些传播手段来达到较为理想的民间外交效果。

## 四、中国对印民间外交的障碍及其原因

随着中印关系的不断改善，以及两国政府对促进两国交流的努力，中印人文交流实现了质和量的提升，并逐渐呈现出自觉化的趋势。但是，虽然有官方主推，但两国却难以真正实现"民心相通"。主要存在以下几点障碍。

### （一）双向人员交流规模小

"国之交在于民相亲"，中印人文交流的核心在于"人"。而目前，因为印度国内安全问题、严苛的签证政策等单向障碍存在，导致中印间人员相互交流较少，而且增长也相对比较缓慢，交流深度也相对缺乏。

首先，中印人员交流的规模较小。拥有泰姬陵等世界著名旅游景点的印度，却极少成为中国游客的首选目的地，中国每年出境人次超过1亿，去日本、韩国有1000多万，而2015年到印度的却只有17万人次，同期来中国的印度人也只有70万人次。[①]

其次，两国人文交流的不对称趋势突出。2016年中印人员交流突破100万人次，来华印度人员就有80多万人次，而中国赴印度人员只有20万人次，[②] 只有来华印度人次的四分之一。然而中国人口众多，而且每年出境人员数量巨大，2016年，中国仅赴缅甸旅游的人数就有50万人次，而唯独对赴印旅游热情不高。与此同时，2017年，在华印度留学生约有20000名，[③] 在印中国留学生只有约2000名，仅占在华印度留学生的十分之一。

究其原因，首先是印度国内安全问题，特别是印度女性游客安全问题，成为阻碍中国人赴印旅行的最大障碍。2011年，路透社坦普森基金

---

① 乐玉成：《促进中印交流，扩大相互认知》，中华人民共和国驻印度共和国大使馆，2015年1月12日，/http://in.chineseembas-sy.org/chn/sgxw/t1331158.htm（上网时间：2016年7月17日）。
② 同上。
③ 中华人民共和国驻印度大使馆官网：《驻印度大使罗照辉在印度留华学子2018年春节联欢会上的致辞》，http://www.fmprc.gov.cn/ce/cein/chn/sgxw/t1534970.htm（上网时间：2016年7月17日）。

会的"对女性来说世界上最危险的国家"的调查中,印度以其女性游客安全问题、买妻等社会安全问题排名第四。① 2017年,国际女性旅游中心网站将印度列为对女性游客最危险的5个国家之列,排名仅次于土耳其和埃及。② 除去这些排名报告、调查和数据,频频见诸媒体的印度针对女性的暴力事件,也对印度旅游吸引力造成负面影响。世界经济论坛2017年发布的《旅游产业竞争力报告》中,印度在136个国家中位列第40位,比2015年上升了15位,③ 2016年旅游人数比2015年上升了10.7%。④ 但是据印度《商业内幕》报道,印度工商业联合会表示,2016年印度女性入境游客数量相对2015年出现35%的下滑。⑤

再次,印度严苛的签证政策也阻碍了中国人进入印度的数量。从2015年开始,印度对华开放电子签证,为赴印中国游客提供了极大便利,而这一便利只仅限于赴印休闲观光、探亲、短期商务考察或医疗的人员,对于要进入印度的中资企业来说,签证仍然是其入印的高墙。印度作为重要的劳务输出国,对入印工作签证限制非常严格,普通技术人员都很难获得,普通工人更难入境。即使有资格申领工作签证,也需要极为复杂的申请程序和较长时间的等待。印度对入印中国人的工作签证申请和延签控制更为严格,不同于别的国家,中国工作签材料必须提交中央政府的内政部审批,因此相比其他国家在印的工作签,中国人申请工作签证需要提供更多的材料,耗时也更长。⑥

---

① Lisa Anderson. TRUSTLAW POLL-Afghanistan is most dangerous country for women/Thomson Reuters Foundation/http://news.trust.org/item/20110615000000-na1y8/?source=spotlight(上网时间:2017年6月7日)。

② 国际女性旅游中心官网:2017 List of 10 Most Dangerous Countries For Women Travelers/http://www.int-ernationalwomenstravelcenter.com/2017-list-of-10-most-dangerous-countries-for-women-travelers/(上网时间:2017年7月4日)。

③ Klaus Schwab, Cheryl Martin, Richard Samans, John Moavenzadeh and Margareta Drzeniek-Hanouz. The Travel & Tourism Competitiveness Report 2017/the World Economic Forum/http://www3.weforum.org/d-ocs/WEF_TTCR_2017_web_0401.pdf(上网时间:2017年10月7日)。

④ Mahesh Trivedi. Despite rise in foreign tourist inflow, India has miles to go/ Al Arabiya English/http://eng-lish.alarabiya.net/en/perspective/features/2017/09/13/Despite-rise-in-foreign-tourist-inflow-India-has-miles-to-go.html, 2017-9-13(上网时间:2017年10月7日)。

⑤ Suchayan Mandal. China's tourism is much ahead of India: Here's why/Business Insider, /https://www.bus-inessinsider.in/Chinas-tourism-is-much-ahead-of-India-Heres-why/articleshow/60101574.cms, 2017-08-17(上网时间:2017年10月7日)。

⑥ 商务部国际贸易经济合作研究院、商务部投资促进事务局和中国驻印度大使馆经济商务参赞处:《对外投资合作国别指南——印度(2015年版)》,2016年4月,第60页。

有鉴于此，很多中国企业以商务签证形式派驻员工赴印，这也导致派驻员工在很多方面都没有法律保护，如无社保、不能以个人名义租房，办理银行卡等，[①] 这不仅提高了人力成本，而且给企业运营造成一定的风险隐患。因此，大多数在印中资企业直接招聘本地员工，虽然减少了劳务成本，但是中印员工在文化、生活等方面巨大的差异却给企业管理者带来更大的挑战。

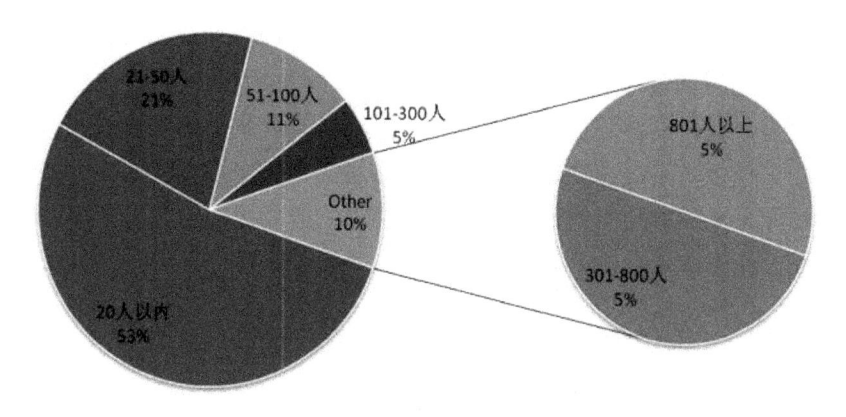

图3　中资企业在印用工情况[②]

但是，印度法律规定雇员在100人以上的企业设立工会，而印度工会与中国工会实行完全不同的运行机制。为了避免与工会的不必要的冲突，在印中资企业采取了独特的应对方式，即只在印度建立小型用人公司，从图3我们可以发现，只有15%左右的企业用工超过100人，而大多数在印中资企业都保持很小的规模。

可见，因为严格的工作签证申领限制，印度形成了一种引进"钱和技术"却排斥"人"的模式，赴印长时间工作和生活的中国人较少，这样就使得中印之间没有较大规模的对彼此的文化、社会、习俗等有深入体会和

---

① 中国工商银行孟买分行：《中资企业印度生存报告（2016年版）》，国务院发展研究中心信息网，2016年10月9日，http://d.drcnet.com.cn/eDRCnet.common.web/docview.aspx?docid=4468144&leafid=22567&chnId=5714&version=YDYLt（上网时间：2017年10月10日）。

② 图表来源：中国工商银行孟买分行：《中资企业印度生存报告（2016年版）》，国务院发展研究中心信息网，2016年10月9日，http://d.drcnet.com.cn/eDRCnet.common.web/docview.aspx?docid=4468144&leafid=22567&chnId=5714&version=YDYLt（上网时间：2017年10月10日）。

了解的人，因此很多中国民众也就不能充分理解印度人的行为逻辑，从而导致在中印交流中一些自以为是的偏见出现。而且在印中资公司出于用工成本考虑，在印只设"小厂"的做法，于在印中资企业和印度自身经济发展都是不利的，也阻碍了中印未来在经济、人员等方面的进一步交流。

最后，定居于印度的华人，数量也非常有限。历史上为了躲避战乱而经海陆两条通道进入印度的华人数量并不少，但是经历过 1962 年中印边境冲突以后，在印华人数量大大减少，据不完全统计，目前在印华侨华人只有约 5000 人，其中 3000 多人在加尔各答，1000 多人在孟买，不到 500 人在新德里，剩下的分布在海得拉巴和班加罗尔等地。① 除此之外，在复交后的两国边界对峙局势下，印度国内媒体挑动民众反华情绪，使得在印华人和企业处境极其艰难，在印华人陆续都移居加拿大、澳大利亚等国家，而很多在印工作或者短暂居住的员工会选择回国或者转职第三国，而在印中资企业也相应缩减在印业务。

### （二）双方媒体的负面报道影响民众认知

媒体是中印民众互相了解的最主要的手段，但是很多印度媒体为了追求点击量和报纸销售量，在报道的内容以及议题的选择倾向于对抗性的报道，有时候甚至进行虚假报道。2014 年，中国军网曾盘点了当年十大假新闻，其中有两条是关于印度的。一条是 2014 年 8 月报道中国"入侵"印度领土，另一条是 11 月报道"中国在印巴边境训练巴基斯坦军队"。② 面对这些虚假军事新闻，很多读者无法分辨真假，中国网民绝大多数称赞中国"有力量"，而印度网民却一片愤怒之声。2017 年"洞朗对峙"期间，两国民众的对抗情绪最高点时，在 2017 年 6 月 26 日至 7 月 25 日媒体关于"洞朗对峙"事件的报道中，中国主流网站，如中国新闻网、央视网、新华网、人民网、新浪网等媒体的 3030 篇报道中，有 15% 的报道是澄清有关该事件的不实报道，由此可见媒体报道的真实与否严重影响两国民众的彼此认知。

---

① 邹松：《走访印度最大华人社区：印度为何留不住华人心？》，环球时报，2015 年 7 月 13 日，http://oversea.huanqiu.com/article/2015-07/6985218_2.html（上网时间：2018 年 3 月 1 日）。

② 王瑶：《盘点十大军事虚假新闻》，中国军网，2014 年 12 月 30 日，http://news.xinhuanet.com/mil/2014-12/30/c_127345194.htm（上网时间：2017 年 7 月 24 日）。

### (三) 中印学者的影响有限

中国驻印度大使馆刘劲松代办曾经感叹道:"长期以来,中印两国智库对对方国家的关注度不够,交流不足,研究面不够宽,愿意长时间坐冷板凳的研究型人才稀缺,田野调研也比较欠缺,这就造成两国有关对方情况的基础性研究存在不少空白,相互认知也容易出现偏差。"[①] 随着2016年12月11日启动的"中印智库"论坛,两国学者智库开始进行集中交流,对中印学者间相互了解起到一定的积极作用。但是,目前真正的印度"中国通"和中国"印度通"还相对比较欠缺。特别是印度的"中国通",主要集中在印度中国研究所,主要包括一批曾工作在中印外交一线的外交官,但是更多所谓的"中国通"缺少在中国"一线"工作的经历,他们针对中国的观点有时显得不那么平实和理性。[②] 除此之外,不论是研究机构还是学者的数量和研究经费都相对较少,能起到的推动作用也非常有限。

除了中印学者的学术著作、文章和媒体采访以外,以实际体验为基础的介绍性著作相对更少。在对印度的介绍性著作中,凤凰卫视记者于2016年出版的《印度,和你想的不一样:凤凰卫视记者眼中的印度》,结合自己在印度的四年体验,解答了中国民众关于印度的40个疑问,如在中国关注最多的赴印女性安全问题。这本书语言平实简洁,以实践为支撑,为我们介绍了一个生动的印度,推动中国民众,特别是女性民众对印认知发生一定的转变。遗憾的是,这类著作现在仍属于少数。

### (四) 印度的"受害者"心理与负面认知强化

中印边界冲突是两国民众负面认知形成的重要原因。1962年的中印边境大规模武装冲突在中印两国民众心中形成隔阂,特别是印度,由于官方高层掩盖真相和媒体误导,在冲突之后坚持自己"受害者"的执念,在国内国际大肆渲染所谓的"中国背信弃义"。在此后对峙中,不仅在印度国内,而且在国际上大多数西方国家的舆论都一边倒,认为是中国对印度进行入侵和羞辱,直到1970年英裔澳大利亚学者内维尔·马克斯韦尔《印度

---

① 《中印两国智库亟需加强交流》,中国驻印度大使馆官网,2016年9月24日,http://www.fmprc.gov.cn/web/zwbd_673032/nbhd_673044/t1400341.shtml(上网时间:2018年3月1日)。

② 林民旺:《关注印度的"中国通"》,盘古智库,https://baijiahao.baidu.com/s?id=1589931009488302004&wfr=spider&for=pc(上网时间:2018年3月7日)。

对华战争》一书的出版，国际上才出现不同于以往的声音。然而，即使如此，印度国内和西方舆论界坚持"中国侵略论"观点的人仍占大多数。所以，印度的"受害者"心理逐渐成为印度人心中挥散不去的阴影。见证冲突的一代老去，新的一代成长起来，耳濡目染的是"中国背信弃义"的观念，而中印冲突也成为印度人心头的一道显眼的疤痕，即使在2016年两国高层交往非常密集的时期，亚马逊印度网站上，销量排前15位的有关中国的英文著作中，3本是版本不同的英译《孙子兵法》，3本是关于1962年中印冲突，4本是关于中印在21世纪的竞争，2本是关于阿里巴巴和马云的，1本是关于中国巴基斯坦关系，还有2本是关于战争学的，[1] 这从侧面反映了印度读者对中印冲突的负面记忆之深。在"受害者"心理的影响下，印度对中国在中印边境甚至是在中国与其他南亚国家边境上的任何举动都高度敏感，与此同时，这种心理也在某种程度上为其"反华"言论增加了合法性色彩。

久而久之，两国民众间隔阂加深，而对战争的记忆也导致两国民众对两国冲突感知比较敏感，并容易形成相互的负面认知。虽然在两国边界冲突信任机制建立以后，两国民众的负面认知有所缓解，但是仍然是两国民间交流的重要障碍之一。直到现在，中印关系得到极大缓和的情况下，边境对峙仍时有发生，再经国内媒体报道，两国不少民众仍将对方视为"侵略者"。

总体来说，首先，虽然从纵向来看，两国人文交流得到进一步发展，不论是在开展主体上，还是在具体交流的内容上都呈现出一定的自觉化发展趋势，但是从其效果来看，大多数交流及其相应的机制都处于较新阶段，目前没有达到预期的效用，有待进一步完善。其次，从横向来看，中印两国之间的民间交流，质和量都不及中国与其他周边国家的交流。再次，从中国对印民间外交自身来说，还处于政府主推的层面，远没有实现真正的"自觉化"和"民间化"，潜力还有待开发。

---

[1] 根据笔者2016年7月21日登陆亚马逊印度官网，输入"China"一词，并根据销量排序而得出的数据，见：http://www.amazon.in/s/ref=sr_pg_1?rh=k%3AChina%2Cn%3A976389031&sort=relevanceblender&keywords=China&ie=UTF8&qid=1476596718。

# 印度的佛教外交：态势、动机与前景

邹应猛

**【内容提要】** 近年来印度大力推行佛教外交，不仅加大了与周边邻国的佛教交流，而且将佛教外交拓展到东亚和东南亚等国家，还为此对国内的一些外事机构、制度等进行了改革，并加大了佛教基础设施建设力度。印度推行佛教外交存在着自身优势，包括历史资源、地缘文化优势等，也面临着国内经济水平低下、基础设施落后，以及国内种族矛盾和宗教冲突等不利因素。印度的佛教外交能否取得成效，尚须时间检验。

**【关键词】** 佛教　佛教外交　印度

**【作者简介】** 邹应猛，云南大学国际关系研究院助理研究员。

佛教诞生于公元前5世纪的印度大陆，随后逐步传播到东南亚、东亚、中东等地区，一度成为亚洲地区的主要宗教信仰之一。但自公元十三、四世纪始，随着伊斯兰教和印度教的崛起，印度与这些地区基于佛教的联系逐渐式微甚至中断。不仅如此，佛教在印度国内政治生活中的影响力也不断走低。据2011年的一次官方统计，印度的佛教徒人数约为790多万，仅占全国人口总数的0.8%。[①] 然而近年来，印度却兴起了一股佛教外交的热潮。其不但强化了与诸如斯里兰卡、缅甸、泰国等佛教国家的宗教联系，而且还将触角伸到了东亚的蒙古、韩国和日本等国家，并利用佛教扩大影响力。佛教正成为印度推行对外战略的重要工具。全面考察印度佛教外交的态势和动机，准确把握其演变趋势及其政策考量，有助于我们更为准确地研判印度的对外战略走向，前瞻性地规划中印关系。

---

① Ministry of Home Affairs, Census 2011, Government of India, http://censusindia.gov.in/CensusAndYou/religion.aspx（上网时间：2017年3月21日）。

## 一、印度佛教外交的态势

印度正在兴起的佛教外交主要集中于佛教信徒的传统领地亚洲。主要内容包括三个方面：其一，在官方外交活动中，强调印度与亚洲国家佛教信徒之间的佛教联系，如通过参观对象国寺庙、互赠佛教文物、参加佛事活动等方式，在外交中注入佛教元素；其二，对外宣传中突出历史上佛教作为连接印度与亚洲国家的文明纽带，强调佛教在诸如化解冲突、环境保护、维系社会秩序等方面的作用；其三，加强国内佛教基础设施建设和人才培养，推动印度与其他国家在佛教领域的互联互通。在政府的大力推动下，印度佛教外交已经在邻国及亚洲其他国家产生了一定的影响。

第一，在与南亚邻国的交往中，印度除了继续推进政治、经济和安全等传统外交关系外，佛教成为双边关系的新内容并被突出强调。在历史上，不丹、尼泊尔和斯里兰卡等国不同程度地受到印度佛教的影响，佛教交流是双边交流的重要内容。但这种佛教互动，主要是以民间交往或者王朝征服的形式展开。自独立以来，印度与其邻国在现代国际体系下开展了外交活动。尽管不丹、尼泊尔和斯里兰卡等作为主权国家存在，但被印度视为南亚势力范围，在政治、经济和安全等领域受到印度的严格控制。近年来，佛教也成为印度向这些国家渗透的外交工具。

不丹被印度视为"保护国"。1949年印度与不丹签订《永久和平与友好条约》，规定"在对外关系方面，不丹政府同意接受印度政府建议的指导"。2007年印不双方修订了《永久和平与友好条约》，不再保留印度在不丹外交事务上的"指导"条款，但仍规定不丹的外交不能损害印度的国家利益。在这种背景下，印不关系涵盖了政治、经济和安全等多个领域。但近年来印度将佛教因素注入了印不关系之中。2012年印度在中央邦建立首所国际佛教大学的奠基仪式上，不丹总理吉格梅·廷莱（Jigmi Y. Thinley）被邀请参加。[①] 2014年印度新任总理莫迪就职典礼上，不丹领导人被作为7个外国领导人之一，参加了莫迪的就职典礼，并成为莫迪上台之后的首个出访国家。莫迪在不丹议会发表演讲时指出，印度和不丹享有独一无二

---

① Sri Lankan President lays the foundation stone for the Sanchi Buddhist University, South Asia Monitor, September 21, 2012.

的特殊关系，这种关系由地理位置、历史文化以及共享的佛教传统连接起来，并表示："不丹成为我当选总理以来的首次出访国，就是水到渠成的选择了。"①

尼泊尔与印度三面接壤，印度是其最大的对外贸易伙伴国和援助国，而且是通往港口和海路的唯一通道。印度对尼泊尔的经济、政治和国防等领域的影响和渗透极其深入。但近年来，印度将佛教纳入双边关系的重要内容。2014年8月莫迪访问尼泊尔，在尼泊尔议会发表演讲时强调，在这片土地上诞生了让全世界为之着迷的佛祖。② 在访问尼泊尔期间，莫迪表示将大力支持尼泊尔维护和发展佛教遗址和遗产。

斯里兰卡在历史上从未被印度统治过，在被英国占领期间与英属印度是分开的，但仍被印度视为其势力范围。斯里兰卡国内信仰佛教的僧伽罗人和信仰印度教的泰米尔人之间长期的斗争，影响了印斯之间的合作。在传统上，印度更倾向于支持信仰印度教的泰米尔少数民族群体，而非信仰佛教居于主体地位的僧伽罗人。但是，印度最近似乎正在放弃这一立场，转而强调佛教作为两国共同的纽带。2012年印度在斯里兰卡多地举办迦毗罗卫国佛祖遗物（the Kapilavastu relics of the Buddha）展出，取得了巨大成功。莫迪担任印度总理以来，2015年和2017年两次出席斯里兰卡举办的国际卫塞节（the International Vesak Day）。2015年2月，印度总理莫迪在接待斯里兰卡新当选总统西里塞纳到访时，强调印斯两国"早在2300年前摩哂陀王子时期就有了（Mahinda）佛教所建立的纽带。"③ 2015年3月印度总理莫迪访问斯里兰卡时，特地到访古城阿努拉德普勒（Anuradhapura）并参拜大菩提树和佛塔。2017年5月莫迪再次访问斯里兰卡时，强调该次访问"带来了印度与斯里兰卡最为强劲的亲密关系——两国共享的佛教

---

① http://www.aljazeera.com/news/asia/2014/06/indian-pm-visits-bhutan-bid-boost-ties-201461572326538437.html（上网时间：2017年3月21日）。

② Narendra Modi, Prime Minister's address to Constituent Assembly of Nepal. August 3, 2014, Ministry of External Affairs. http://www.mea.gov.in/Speeches-tatements.htm?dtl/23817/Summary_of_Prime_Ministers_address_to_Constituent_Assembly_of_NepalAugust_3_2014（上网时间：2017年3月21日）。

③ Modi, Narendra (2015a), Prime Minister's Media Statement during the State Visit of President of the Democratic Socialist Republic of Sri Lanka to India, 16 February, online: http://mea.gov.in/Speeches-Statements.htm?dtl/24780（上网时间：2017年3月21日）。

遗产"。①

第二，拓展与亚洲国家的佛教联系。起源于尼泊尔的佛教在南亚次大陆兴起之后，逐步传播到东南亚、东亚乃至中亚等其他地区。不过，历史上印度与这些国家的佛教联系并不紧密。一方面，佛教在传播过程中，不断地实现了本土化。东亚国家更多受到在中国本土化之后的佛教的影响，诸如缅甸、越南、韩国和日本等国的佛教。另一方面，自从佛教的统治地位被伊斯兰教和印度教取代以来，印度与这些佛教国家之间的联系逐渐减弱甚至消失。但近年来印度开始复兴在这些国家的宗教影响力。

缅甸作为佛教国家，是印度佛教外交的重要对象。在2010年缅甸丹瑞大将（Than Shwe）访问印度时，印度主动提出帮助缅甸重建著名寺庙蒲甘阿南达寺（the Ananda Temple in Bagan）。2012年印度总理曼莫汉·辛格访问缅甸时，向缅甸赠送了一件印度著名鹿野苑佛寺中的佛像复制品，将其安放于仰光大金塔中。在随后双方发表的联合声明中，突出强调佛教作为两国联系的纽带，并决定联合举办国际佛教遗产大会。② 同年10月印度外长库尔希德（Salman Khurshid）亲临在缅甸召开的国际佛教遗产大会，并高度评价佛教信徒在推动印缅关系中的作用。③

对于作为社会主义国家的越南，印度也在积极发展双边佛教交流。近年来越南政要访印时，印度都将安排参观佛教圣地作为既定议程。作为释迦牟尼成佛处的菩提道场，已先后接待越共总书记、国家主席、总理以及国会新闻发言人等多名高官参观。2016年9月莫迪访问越南时，参观了越南著名寺庙高台寺并发表演讲，高度赞誉越南人民"遵从佛祖的和平、和谐的道路，并对暴力保持克制"，强调"越南的无数寺庙是联系印度人民与越南人民的纽带"。本次访问时两国达成了加强双边佛教交流的共识，包括印度佛教僧伽协会每年向越南提供攻读梵语硕士学位和博士学位奖学

---

① PM Modi in Lanka to reemphasize traditional Buddhist connect, May 11, 2017, 08.04 PM IST. http://timesofindia.indiatimes.com/india/pm-modi-in-lanka-to-re-emphasise-traditional-buddhist-connect/articleshow/58630656.cms（上网时间：2017年3月21日）。

② India–Myanmar (2012), Joint Statement by India and Myanmar on the State Visit of Prime Minister of India to Myanmar, 28 May, www.mea.gov.in/bilateral-documents.htm?dtl/19893（上网时间：2017年3月21日）。

③ Khurshid, Salman (2012), Address by External Affairs Minister at the Inauguration Ceremony of the International Conference on Buddhist Cultural Heritage in Yangon, 15 December, http://mea.gov.in/Speeches-Statements.htm?dtl/20968（上网时间：2017年3月21日）。

金等在内的一揽子计划。①

　　日本、韩国和蒙古等东亚国家是印度新开拓的佛教外交市场。莫迪2014年访日时，选择将日印两国佛教文化交汇点的京都作为第一站，强调"京都是日印人民友好交往的大本营"，并先后参观了京都东寺和金阁寺，表示要继承两国友好往来的传统。2015年9月，印度主导成立的国际佛教联盟（the International Buddhist Federation）与日本东京基金会联合举办了国际佛教大会。2015年莫迪访问韩国时，莫迪借用18世纪韩国慧超和尚（Park Song Hyecho）前往印度取经的故事，强调印韩基于佛教传统的友好关系。② 2015年5月莫迪访问蒙古国时，参观了著名的甘丹寺，并向寺庙主持赠送了一株菩提树幼苗。在出访蒙古国之前接受记者采访时，莫迪就强调"民主和佛教将印度和蒙古国紧密地联系在一起"。③

　　第三，强化多边佛教外交。印度不仅在双边外交中致力于恢复和拓展佛教联系，还致力于利用多边场合来提升佛教影响力。首先，印度积极建立和培育由其主导的国际佛教组织。2011年11月，印度佛教界在印度政府的支持下，召开了"全球佛教大会"，邀请了来自世界30多个国家不同佛教派别的100多名佛教领袖与会，并借机成立"国际佛教联合联盟"，以"打造一个'以印度为基地、类似联合国'的佛教联合组织，向世界统一发声"。④ 2015年9月印度政府举办了以"冲突的避免及环保意识"为主题的全球印度教-佛教论坛，邀请了包括斯里兰卡前总统钱德里卡·班达拉奈克，日本、缅甸、不丹、尼泊尔、中国台湾等90多个国家和地区的政界人士以及佛教首领与会，并在佛陀成道的正觉塔举行祈祷世界和平法会。其次，印度积极利用既有多边组织来推动佛教外交。在2007年1月举行的第二届东亚峰会上，印度总理辛格努力将各国援建那烂陀大学促成为东亚峰会教育领域合作的重点项目之一。为推动那烂陀大学的重建，印度政府成立了国际领导小组，印度籍诺贝尔经济学奖得主阿马蒂亚·森任组长，来自中国、日本、新加坡等国的官员、学者被邀请任指导小组成员。

---

　　① http://economictimes.indiatimes.com/articleshow/54258657.cms?utm_source=contentofinterest&utm_medium=text&utm_campaign=cppst（上网时间：2017年3月21日）。

　　② Prime Minister's statement at India-Republic of Korea CEOs Forum in Seoul, http://www.mea.gov.in/outgoing-visit-detail.htm?25466（上网时间：2017年3月21日）。

　　③ Narendra Modi twitter handle, https://twitter.com/narendramodi/status/595887985058455552（上网时间：2017年3月21日）。

　　④《环球时报》，2011年12月1日，第3版。

第四，推进国内改革以满足佛教外交需要。13世纪以来伊斯兰教的传入及随后印度教的兴起，使佛教在印度的影响力逐渐式微。印度建国之后，首任总理尼赫鲁曾试图推动佛教外交，但效果并不明显。进入新世纪以来印度重新将佛教外交提上日程，但在实施中面临着诸多限制。为此，印度加大了国内制度建设力度。从总体部署来看，印度将佛教外交置于文化外交框架之下。20世纪中期，印度在外交部下建立的直属机构印度文化理事会（The Indian Council for Cultural Relations）是其推行文化外交的主要机构，通过与海外的文学、舞蹈等领域的交流来开展文化外交。莫迪上台之后，任命印度著名宗教学者洛克·单拉（Lokesh Chandra）为该理事会主席，大力推动佛教外交。单拉公开表示，印度将佛教作为文化外交的主要工具正当其时，印度在这一领域潜力巨大。① 印度在国内努力营造佛教文化氛围，将2013年举办的"斋普尔文学节"的主题定为"文学中的佛祖"。为彰显其佛教地位的正统性，印度还刻意将佛教与印度教并列起来，以"印度教—佛教"并称。与此同时，印度还加大了佛教基础设施的建设力度。莫迪2017年6月考察古吉拉邦时，宣布将在该邦建立一座佛祖纪念碑。②

## 二、印度推行佛教外交的动机

第一，为印度的周边外交注入文化元素，以增强南亚地区的凝聚力。自立国以来，印度就将成为世界上"有声有色"的大国作为重要目标。周边地区无疑是实现这一目标的依托和支撑。冷战结束之后，在世界范围内掀起区域一体化大潮的背景下，印度加大了推进南亚合作的力度。但由于印巴冲突等因素，南亚区域合作停滞不前，印度并未能对南亚地区实现有效的整合。印度通过双边途径推行的睦邻政策成效不彰。印度单方面推行的"东向战略""季风计划"以及"东向行动计划"等并未取得预期效果。为此，印度希望借助佛教这一历史纽带，来增强南亚区域认同，推进区域

---

① https://www.telegraphindia.com/1150831/jsp/nation/story_39952.jsp#.VeRakLQbv8E（上网时间：2017年3月21日）。

② Modi wants to build grand monument of Lord Buddha in Gujarat, The Tribune, 30 Jun 2017, http://www.tribuneindia.com/news/nation/modi-wants-to-build-grand-monument-of-lord-buddha-in-gujarat/429756.html（上网时间：2017年3月21日）。

整合。

对尼泊尔、不丹和斯里兰卡等国开展的佛教外交,是印周边外交的重点。缅甸、泰国、越南等国则是印度"东向战略"的重要节点。佛教曾经作为沟通印度与周边国家的纽带,被其视为加强与周边国家联系的有利工具。印度前外长公开表示,"亚洲对佛教遗产重燃兴趣,将有利于唤起印度与东南亚之间的古老联系,从而使我们变得更加亲近"。①

第二,提升文化软实力。软实力战略是印度追求成为国际大国的重要战略。印度外交家沙希·塔鲁尔(Shashi Tharoor)认为,人们越来越倾向于从软实力要素方面来判断一国实力的大小,如文化产品出口、外交公共人员的文化素养,甚至国际宣传方面。②印度外交秘书尼鲁帕玛·拉奥(Nirupama Rao)声称:"印度软实力的目标是公共外交的一部分。众所周知,公共外交并不是一个抽象的概念,它是真实世界的现象,交织在我们的文化外交之中……其目的是扩大印度的影响力,将'印度'这一品牌向世界真实地展现和阐释。"③而佛教外交,则为印度提升软实力提供了重要战略工具。印度前外长慕克吉认为,印度作为佛祖的出生地和传教地,为培育和延续佛祖精神传统提供了独特的资源。④印度前外秘斯里尼瓦桑(Krishnan Srinivasan)毫不讳言"佛教是我们在亚洲最大的一笔财富,是软实力的一个非常重要的元素,也是我们的一大优势"。⑤

莫迪上台后,对佛教在提升印度软实力方面的作用也给予了充分强调:

"我们现在必须意识到软实力作为外交事务和外交关系中重要战略的

---

① Mukherjee, Pranab (2007), Statement by External Affairs Minister Shri Pranab Mukherjee at the EAS Foreign Minister's Lunch, 31 July, www.mea.gov.in/press-releases.htm?dtl/2478/(上网时间:2017年3月21日)。

② Tharoor, Shashi (2009), Indian Strategic Power: "Soft", in: Global Brief, 13 May 2009, http://globalbrief.ca/blog/2009/05/13/soft-is-the-word/(上网时间:2017年3月21日)。

③ Rao, Nirupama (2010b), Address by Foreign Secretary on Inaugural Session of Conference on Public Diplomacy in the Information Age, 10 December, www.mea.gov.in/Speeches-Statements.htm?dtl/844/(上网时间:2017年3月21日)。

④ Mukherjee, Pranab (2008), Speech by Shri Pranab Mukherjee, Hon'ble Minister for External Affairs at 8th Buddha Mahotsava, Tawang, 9 November, http://mea.gov.in/Speeches-Statements.htm?dtl/1759(上网时间:2017年3月21日)。

⑤ http://www.aljazeera.com/indepth/features/2013/01/2013171148400871.html(上网时间:2017年3月21日)。

潜力……软实力在世界事务中正变得日益重要。印度应该更为深入、个人化以及更为强大地利用其与世界上其他国家在伟大传统和文化联系方面的优势。那些将佛陀视为自身文化重要组成部分的国家，与印度之间具有超越普通外交关系的纽带。在软实力领域，印度可以为世界做的更多。①

在2015年国际佛教大会上，莫迪更是直接将佛教与亚洲的崛起联系起来，声称"国际社会认为21世纪是亚洲的世纪，但如果没有佛教，亚洲的世纪绝不可能到来"。②

第三，与中国竞争地区影响力。随着中国地区影响力的增强，以及"一带一路"倡议的推进，印度感受到来自中国的强大竞争力和压力。中国与传统上被印度视为其势力范围的南亚国家的合作，触动了印度的敏感神经。近年来，中尼、中斯关系不断回升。中国与不丹边界谈判加紧推进。这使得印度感受到来自中国的竞争压力。在佛教外交方面，印度凭借佛教这一优势，更容易获得佛教影响力，并借此来增加印度与周边国家的亲近感。③印度正试图利用这种文化上的亲近性，来化解抵消中国在南亚和东南亚地区日益增长的影响力。④印度文化理事会主席洛克·单拉就曾明确表示"要将佛教作为我们文化外交的核心武器"。⑤

第四，借助佛教外交发展旅游业，推动国内经济发展。据统计，每年前往印度的外国游客尤其是东南亚国家的游客中，超过1/6的人将佛教圣地菩提道场（Bodh Gaya）以及其他佛教圣地作为目的地。印度国家旅游局的一份统计显示，前往菩提道场的游客中，有75%以上的游客来自佛教

---

① Modi, Narendra (2015), PM's Address at the First International Ramayana Mela, 23 February, http://pib.nic.in/newsite/PrintRelease.aspx?relid=115688（上网时间：2017年3月21日）。

② PM Narendra Modi keen on projecting India as a 'soft power', uses Buddha connect in foreign policy, 5 May 2015, http://economictimes.indiatimes.com/news/politics-and-nation/pm-narendra-modi-keen-on-projecting-india-as-a-soft-power-uses-buddha-connect-in-foreign-policy/articleshow/47155267.cms（上网时间：2017年3月21日）。

③ Thussu, Daya (2013), *Communicating India's Soft Power: Buddha to Bollywood*, New York, NY: Palgrave Macmillan.

④ Pratap, Bhanu (2015), India's Cultural Diplomacy, *International Journal of Arts, Humanities and Management Studies*, Vol.1, No.9, pp.55–65.

⑤ Kasturi, Charu (2015), Modi Govt Plans Buddhism Blitz in Cultural Diplomacy Refocus, *The Telegraph*, 30 August, www.telegraphindia.com/1150831/jsp/nation/story_39952.jsp?#.VmR_SvnhDNP（上网时间：2017年3月21日）。

徒占大多数的国家。① 印度于2007年组织了来自柬埔寨、缅甸、泰国和越南等国家的100个佛教徒组成的朝圣团。② 近年来海外游客每年为印度直接带来1.35万亿卢比的收入，在印度规划的佛教旅游线路涵盖了印度既有的八个主要佛教圣地。为此，印度政府2016年投入了17亿卢比用于这些佛教圣地间的互联互通。③

## 三、印度佛教外交的前景

第一，印度拥有佛教外交的历史资源和地缘文化优势。印度开展佛教外交的优势，首先在于印度丰富的历史文化资源。作为佛祖的释迦牟尼，可能诞生于尼泊尔的蓝毗尼（Lumbini），但其作为印度之子被抚养长大，在印度的菩提伽耶得以大悟成佛，在印度鹿野苑开始了第一次布道，并在印度培养了大量信徒，最后在印度的拘尸那迦（Kushinagara）去世。这些地方也被视为佛教圣地在佛教圈广为流传，现由印度旅游部门组织管理，在对外上也被充分宣传利用。这为印度推行佛教外交提供了独一无二的历史遗产。一位印度官员指出，大量的佛教遗产已经成为印度与亚洲佛教圈的重要联系纽带，为印度的佛教外交提供了条件。④

第二，亚洲庞大的佛教信众人数为推行佛教外交提供了群众基础。17世纪的莫卧儿帝国时期和英国殖民印度时期，印度在东南亚的影响达到高潮。目前，在东南亚有1.7亿至1.9亿佛教徒。其中，在缅甸、泰国、柬埔寨有1.34亿小乘佛教徒，在越南有4400万人信仰大乘佛教，在印尼、新加坡和菲律宾有700万人信仰大乘佛教和儒教道教，韩国也有1100万佛教徒。这些庞大的佛教信徒，便利了佛教外交的实施。

第三，印度经济的滞后及国内政治效率的低下，将削弱印度佛教外交

---

① Bihar's Annual Tourist Statistics Report, Department of Tourism, Market Research Division, Government of India, January, 2005 to December, 2005.

② Satu Limaye (2008), India-Asia Pacic relations: Consolidating Friendships and Nuclear Legitimacy, Comparative Connections, *Pacic Forum CSIS*, Volume 9, Number 4, January 2008.

③ 印度建设中的佛教旅游线路涵盖比哈儿、中央邦、马哈拉施特拉邦和奥地夏邦等地区，包括菩提伽耶、鹿野苑等在内的八大佛教圣地，https://sputniknews.com/asia/201605021038952399-india-tourism-diplomacy/（上网时间：2017年3月21日）。

④ Akbaruddin, Syed (2014), Media Briefing by Secretary (East) on the Coming ASEAN and East Asia Summits, http://mea.gov.in/media-briefings.htm?dtl/24213（上网时间：2017年3月21日）。

的能力。印度经济水平低下、国内决策效率低下，短期内难以产生巨大影响。

第四，周边小国对印度的疑虑，将限制印度佛教外交的空间。印度对斯里兰卡的军事干预、尼泊尔和不丹对印度霸权主义的警惕等，都是印度推行佛教外交的历史和现实障碍。印度在地理面积、人口、经济总量以及军事实力等方面占据绝对支配地位，周边小国对其地区霸权主义保持警惕。

第五，印度国内的宗教原教旨主义和民族主义的复兴，有悖于佛教提倡的宽容、仁慈等精神，将削弱印度在佛教界的领导力。更为严重的是，印度国内正不断恶化的种族矛盾、宗教冲突，将进一步动摇佛教在国内的根基。

## 四、结语

佛教一度在亚洲一些国家的政治经济生活中取得支配地位，至今仍然存在着一些佛教国家和大量的佛教信徒，他们有着广泛的影响力。但历史上亚洲的佛教交流，更多的是以民间交往的形式开展。亚洲国家在进入现代威斯特伐利亚体系之后，开始按照现代民族国家的规则行事。佛教也被纳入主权国家外交的视野之中，其在国际关系中发挥的作用，正逐步超越宗教、文化和文明等范畴，被打上了地缘政治的色彩。从佛教传播的历史来看，其本身的确往往与权力相伴相生。从当前国际地缘文明的演进趋势来看，佛教所秉持的众生平等、多元包容、安忍宽容等理念一定程度上契合了当今人们的精神诉求。这些宏观环境都是推行佛教外交的有利条件。

印度作为佛教诞生地，在历史上对佛教的传播有着巨大的贡献。印度正利用其在佛教界的特殊身份和有利条件，积极推行佛教外交，并最终打造一个强大的文明型国家。为此，印度政府作出了有益的尝试，但其国内仍然面临诸多制约因素。实际成效尚需更长时间来检验。

# 努力夯实促进中国与东南亚国家关系发展的民意基础

杨保筠

**【内容提要】** 随着中国政府和相关国家的共同努力，由中国提出的"一带一路"倡议日益引起人们的关注。大力加强中国与东南亚各国间的人文交流与合作，已经成为促进双方民众之间的彼此沟通，进而有效落实"一带一路"倡议的重要途径。为此，应充分发挥中国文化在东南亚地区的历史影响所产生的积极作用，强化和深化民众间的相互了解和彼此理解，继续重视和发挥东南亚华侨华人的桥梁作用。同时，不断增强与这些国家其他民族，尤其是主体民族的文化交流。

**【关键词】** 中国　东南亚国家　文化交流　一带一路

**【作者简介】** 杨保筠，北京大学国际关系学院教授，泰国法政大学比里·帕侬荣国际学院教授。

上个世纪80年代末、90年代初，随着冷战的结束，国际形势发生了翻天覆地的变化，追求和平与发展成为国际社会的主流，出现了"国际政治经济化、国际经济政治化"的势头，政治联系和经济交往成为当时国际关系的基础。然而，随着经济全球化和区域合作势头的发展和深化，出现了许多难以单纯依靠政治和经济手段来解决的现象与问题，往往需要从文化的角度去审视和探寻解决方案。因此，人文因素在国际关系中的地位和作用引起人们越来越多的关注。

东南亚地区各国是中国的近邻，双方有着悠久的政治经济和社会文化交流关系。虽然中国和该地区国家的关系由于各种因素经历过曲折，但总体而言是持续发展的。特别是冷战结束以后，随着东南亚地区一体化进程的扩展和深化，这个地区的区域合作化组织——东南亚国家联盟（东盟）成功走过了半个世纪的历程，并发展成为一个包括东南亚地区10国在内的

"大东盟"。中国与东盟关系的建立和发展,也使中国与东南亚地区各国关系进入了新的历史时期,为双方建立有利的发展环境创造了条件。

近年来,随着中国国家主席习近平于2013年提出的构建"丝绸之路经济带"和"21世纪海上丝绸之路",即"一带一路"倡议的逐步落实,中国与沿线国家之间的关系得到发展。其中,东南亚地区是推进"一带一路"倡议,特别是落实"21世纪海上丝绸之路"规划的重点地区。因此,该倡议得到东南亚地区国家的普遍响应,一些东南亚国家还将本国的发展规划与"一带一路"倡议的目标相结合,以加速自身的社会经济发展,并对此给予厚望。

但是,在东南亚地区落实"一带一路"倡议的过程并非一帆风顺,也存在诸多障碍和挑战。例如,从昆明直抵新加坡的泛亚高铁线路规划在沿线多个国家遇到了阻碍,中泰铁路的谈判进展维艰,不断出现反复,给人以"好事多磨"的印象。特别是在许多情况下,双方领导人的政治决策都已经做出,资金来源已经得到落实的情况下,一些项目依然难以推进,这显然就不仅是政治和经济因素了。有学者认为,在与中国有着"一家亲"关系的泰国出现的所谓"厌华"情绪,[①] 是造成中泰合作遇阻的重要因素。还有学者认为,即使是在与中国关系特别密切,对"一带一路"的前景期盼甚高的柬埔寨,人们对"一带一路"倡议也存在疑问或担心,涉及柬埔寨的国内发展、该倡议的权益与风险、对柬的内政自主性及社会习俗和自然环境的影响、技术转让、柬埔寨与其他大国关系等诸多方面。[②] 由此可以看出,中国与东南亚国家之间在合作过程中产生这些疑虑的原因虽然十分复杂,但来自民间的不理解和缺乏对这些项目的获得感是其中的重要原因。正因如此,中国在与东南亚各国共建"一带一路"时,必须高度重视中国与该地区各国民众之间的相互了解、理解和信任,而要做到这一点,加强人文交流与合作,是促进双方民众彼此沟通的最有效的途径。

诚然,中国政府一直十分重视与东南亚地区各国之间的文化交流,也做了许多工作。双方把在东盟共同体的支柱之一——社会文化共同体建设中的合作视为双边合作的重要领域。早在2003年中国与东盟建立战略合作伙伴关系时,就已确定双方要"进一步活跃科学、环境、教育、文化、人

---

① 张锡镇:《中泰关系近况与泰国社会厌华情绪》,《东南亚研究》,2016年第3期。
② 王义桅:《柬埔寨对"一带一路"的十大担心》,http://news.sina.com.cn/zl/world/2015-12-24/09385174.shtml(上网时间:2017年10月5日)。

员等方面的交流,增进双方在这些领域的合作机制。大力加强旅游合作,深化人民之间的了解与友谊"。①其后,中国和东南亚各国都为此作出了很大努力,并取得了一定成果。然而,目前中国与东南亚国家之间的民间交流与高层的密切来往相比,依然显得比较薄弱。"国之交在于民相亲",中国与东南亚各国在官方层面的密切关系,如果没有民间的积极参与,就缺乏牢固的根基,甚至在出现某些问题时,民意会演变成为制约双边关系发展,甚至导致其倒退的因素。因此,只有建立起民众之间的了解和友谊,才能够促进双边关系的稳定、持续发展。在进一步推动"一带一路"建设过程中,中国和东南亚各国都有必要大力推进双方的人文交流,为共同实现"一带一路"倡议给该地区带来的愿景建立起长期稳定的依托。

## 一、高度重视中国与东南亚关系的历史基础

自古以来,丝绸之路就是一条联系中国与外部世界的重要通道。它不仅促进了中国与沿路国家间的贸易,推动了双方之间的物质文化的互通;同时也给双方之间的精神文化交流带来了极为丰富的成果,并由此而进一步强化了贸易等物质交流的基础。在中国与周边国家开展人文交流的过程中,认真回顾和正确评价中国与这些国家之间的文化交流的历史,以更好地分析和认识现状、规划未来,从而有效推进"一带一路"在相关各国中的落实具有重要的现实意义。值得注意的是,在中国的周边国家中,东南亚地区各国在这方面具有特别典型和重要的意义。

由于古代交通不便,中国与东南亚国家的往来和交流主要是通过海路进行的。同时,由于东南亚地区的特殊地理位置,中南半岛北部很早就成为中国西南地区与路上丝绸之路链接的必经之路。考古结果证实,早在公元前2世纪西汉时期,中国的工艺制品和日常用品就已经通过海路和陆路运达东南亚地区,并由此而转向中亚、西亚等广大地区。这使东南亚地区实际上成为陆上和海上丝路的纽带,同时,也证明了东南亚地区国家在联通今天的"21世纪海上丝绸之路"和"丝绸之路经济带"中将发挥重要枢纽作用。

---

① 《中华人民共和国与东盟国家领导人联合宣言》,新华网,http://news.xinhuanet.com/world/2003-10/09/content_1114267.htm(上网时间:2017年10月5日)。

在长期的文化交流过程中，中国古代的许多发明创造，以及丝绸、瓷器等深受欢迎的产品都是通过海道或者陆路远播东南亚，中国文化对东南亚社会经济发展发挥了重要的促进作用。由于先进的中国文化的传入，一些国家的风俗习惯也得到改变。与此同时，中国也吸纳了东南亚国家的物质和精神文化因素，丰富了其文化内涵。由此可见，中国与东南亚地区各国之间的文化交流无论是在官方层面还是民间领域都十分丰富，具有长期持续、领域广泛、互通有无、和平友好等特点。因此，我们在与东南亚各国开展人文交流时，应该理直气壮地强调中国文化在东南亚地区的历史影响中所产生的积极作用及其给东南亚各国人民带来的实实在在的益处。这才是双方之间的文化交流持续千年而经久不衰的动力，也是双方共同落实"一带一路"倡议时应予继承和发扬的。

诚然，在中国与东南亚关系史上，中国的一些封建王朝与东南亚的少数国家曾经发生过战争或冲突①，但其成因非常复杂，而且往往并非由中方所引起。然而，在该地区的极少数国家中，至今还有人抓着这些历史问题来鼓噪民族主义情绪，以致对双边关系产生严重的负面影响。对此，必须通过与该地区国家之间的人文交流全面地说明历史事实真相，客观地分析其中的历史原因。重点是要向这些国家的人民说明，中国与一些东南亚国家之间历史上虽然发生过冲突，但往往历时短暂，只是一段插曲。在中国与东南亚地区两千多年的交往中，和平相处、共同发展始终是双边关系的主旋律。自古以来，中国与东南亚各国之间的关系以及中国文化在该地区的传播不是通过暴力和殖民，而是通过官方和民间的交流，以和平友好、互利互惠的方式实现的。因此，在与东南亚各国开展人文交流时，应当积极介绍和弘扬中国文化的亲和面，传播正能量，大力宣传中国文化"和为贵"的传统特征，以印证习近平主席在纪念和平共处五项原则发表60周年时所提出的"中国不认同'国强必霸论'，中国人的血脉中没有称王称霸、穷兵黩武的基因"②的论断，从而逐步消除"中国威胁论"在东南亚地区各国中的影响。

---

① 主要是与越南。元朝时则曾与占婆、爪哇、蒲甘等国发生过战争。
② 新华网：《习近平在和平共处五项原则发表60周年纪念大会上的讲话》，2014年6月28日，http://news.xinhuanet.com/2014-06/28/c_1111364206_2.htm（上网时间：2018年3月1日）。

## 二、以谦逊和自信开展中国与东南亚的人文交流

改革开放40年来，随着中国经济发展和综合国力的迅速提升，中国已经成为一个全球性大国，而在东南亚地区各国看来，中国则是一个地区性的"强国"。在这一背景之下，如何看待中国及其影响力并在此基础上开展合作与交流，已经成为一个无法回避的问题。实际上，中国的高速发展及其在国际和地区事务中影响力的增强，不仅出乎包括东南亚地区各国在内的世界各国的意料，也给中国自身提出了许多需要认真解决的课题。其中包括：应该以何种心态来开展对外人文交流，以及如何处理在此过程中出现的各种现象和问题。

就东南亚地区的情况而言，在大力推动中国和该地区各国之间人文交流的过程中，随着双方物质文化和精神文化接触的不断增多，不可避免地会出现这样那样的"文化摩擦"现象，有些甚至产生了比较广泛的负面影响。例如，有些在东南亚国家投资兴业的中国企业罔顾其社会责任，对一些国家的环境造成破坏；蜂拥而至的中国游客中的某些不文明行为举止在东南亚国家和民众中造成了对中国和中国人的负面观感和印象，甚至影响到人们对中国文化的认知。在物质文明方面，由部分中国厂商生产的假冒伪劣产品在东南亚部分国家的市场上泛滥，中国产的一些食品和农副产品时常出现质量问题，等等。有时候，其中的一些案例通过当地或国内媒体的渲染，闹得沸沸扬扬，产生了相当恶劣的社会影响。

如何看待这样的现象和问题值得我们认真思考，如果处理得不好，会妨碍中国与东南亚国家之间的人文交流的正常进行。

首先，应当以谦虚自省的态度来看待来自东南亚国家民众的反映，采取中国传统文化中"闻过则喜""有则改之"的精神，认真探究产生这些问题的根源所在。在近年来的相关报道中可以看出，在东南亚各国中，泰国是对中国议论较多的国家，我们所看到的案例大多与该国有关。其中，反映较多的主要是关于中国游客在泰国的一些不当行为，如极少数中国游客不尊重当地的宗教、文化和习俗，不遵守公共场合的规矩和礼仪，蛮横对待泰方的服务人员，等等。而且，由于信息技术的发展，这些事情往往直接被录音录像，并即时发送到网络上，给人以"有图有真相"的感觉，影响极广。根据笔者在泰国多年的实地观察，此类现象确实存在，有些甚

至有过之而无不及。尽管做出这些行为的只是极少数人，但在当地民众的心目中，这也折射出了"中国"和"中国人"的形象，因此必须予以高度重视和及时纠正，否则势必对双方民众的相互认知产生负面影响。

对此，中国的有关部门也已经采取必要措施，努力通过各种方式来规范中国游客在海外的言行举止，并取得明显的效果。例如，笔者最近接触到的泰国的一些官方高层和民间人士都表示，中国游客在泰国的行为已经有很大改进，他们的到来给泰国经济带来了好处，欢迎更多的中国游客到泰国来，并希望他们喜欢泰国，一来再来。这也说明，通过必要的宣传教育以加强彼此沟通和相互理解，是中国与东南亚各国有效开展人文交流的基础和必要条件。

其次，面对上述问题，我们也不应受其影响而减弱了自己的文化自信。应当看到，中国游客中存在的问题并非新现象，但过去并没有引起那么多明显的反应。这实际上是因为当时中国的开放程度和经济发展水平所限，外国人少有直接接触中国平民，并通过他们了解中国的机会。现在，随着中国改革开放的不断深入和人民生活水平的提高，来自城乡各地、各行各业的中国民众都有机会走出国门。不言而喻，他们来源的多元化势必也会把各色人等的方方面面充分显示在外人面前，其中包括中国人的思维方式和言行举止的长处和短板。与此同时，由于中国的发展和影响力的扩大，外人审视中国的视角和要求也会更加严格。因此，我们应以平和的心态来对待他人的审视和评论。一方面要坚决摒弃和纠正即使只是体现在少数人身上，却会在国外造成负面影响的不良习惯和做法；另一方面也不应因此而丧失自身的文化自信，应当鼓励每个人通过自己的行为和言谈充分反映中国文化的正能量，以推动中国和东南亚地区各国的人文交流。

## 三、与东南亚地区的人文交流应注重实效

中国高度重视稳定周边的重大战略意义，始终将东南亚定位在中国周边外交的优先位置。在中国提出并积极推动的"一带一路"倡议，特别是"21世纪海上丝绸之路"建设中，东南亚也被视为实施这一宏伟规划的支柱地区。然而，在亚太地区各国力量对比发生巨大变革以及区域外国家加深介入的新格局下，中国与东南亚地区国家的关系已经发生了重大变化。随着中国综合国力和国防力量的迅速增强，原本在东南亚地区就颇有市场

的"中国威胁论"再度甚嚣尘上。同时，东南亚国家因本国经济社会发展和自身安全等各方面的需要，仍寻求与中国建立良好关系，以争取其国家利益的最大化。

在如此复杂的新格局下与东南亚地区各国共同开展"一带一路"建设，势必会遇到各种各样的困难和障碍，而其中很多是来自这些国家的基层民众。由于东南亚国家的社会制度及其与中国之间的历史关系等多方面因素的影响，这些国家民众对"一带一路"倡议的了解和接受程度如何，也能够对其政府相关决策产生重要影响。因此，民意相通与否，已经成为进一步推动中国与东南亚关系全面发展、"一带一路"规划的建设能否顺利推进的重要因素。

首先，应认真分析东南亚地区及各国的特点，真正做到根据实际情况分别精准施策，务求取得实效。

东南亚地区是国际战略和政治博弈的敏感区，地缘政治关系错综复杂，各国在国家规模、发达程度、历史传统、民族宗教、语言文化等方面差别巨大，利益诉求不一。与此同时，由于国际、地区及国内的各种复杂因素的影响，东南亚各国及其民众对与中国发展关系的必要性和重要性的认知和认可程度也有所差异。因此，虽然进一步加强双边人文交流符合中国及东南亚各国人民的共同愿望，也符合这些国家求稳定、谋发展的要求，但在具体实施过程中，仍然可能出现这样那样的问题和障碍，对此应有充分的认识。

此外，在与东南亚地区的人文交流过程中，还要充分关注和重视该地区的区域合作组织东盟的影响。东盟能够把东南亚这一极其复杂和多元地区的各国团结在其旗帜之下，不断发展和巩固，已经初步形成了以政治安全、经济以及社会文化三个共同体为支柱的"东盟共同体"，堪称当代国际关系中的一个奇迹。从东盟组织层面来讲，自从上个世纪90年代初中国与东盟建立对话伙伴关系以来，双方在各个领域中的合作都得到长足发展，其中人文交流也占有重要地位，双方经常在中国东盟合作的框架下开展各种文化活动，并特别注重对年轻人才的培养。例如：在2013年10月发表的《纪念中国—东南亚建立战略伙伴关系10周年联合声明》中，中国政府决定自2014年起的未来3—5年，向东南亚成员国青年学生提供15000个政府奖学金名额。2014年，双方还共同举办了"中国—东盟文化交流年"，共同组织了丰富多彩、形式多样的系列文化交流活动，增进了双方人民，尤其是青年人之间的交流和理解。在2015年底东盟宣布"东盟共同体"正式建立，其重要支柱之一就是社会文化共同体。习近平主席2013年10月在印尼国会演讲时，就郑重提出了"携手建设中国—东盟命运共同体"的倡议，强调要坚持讲信修睦、合作共赢、守望相助、心心相印、开放包容，使双方成为兴衰相伴、安危与共、同舟共济的好邻居、好朋友、好伙伴。① 习主席对中国—东盟命运共同体原则的阐述，也是和东盟建设的"社会文化共同体"的愿景相连相通的。因此，应当借力东盟社会文化共同体，结合中国提出的中国—东盟命运共同体理念，通过建立在中国文化"休戚与共""天下大同"传统观念基础上的"共商"原则，来推行"共建"实践，最终达到"共享"目标，这一途径必将有利于"一带一路"倡议通过与东盟组织的合作与共同努力在东南亚地区实施的进程。

不言而喻，在东盟建立以后，中国与东南亚关系也呈现出两个层面：一个是中国与该地区区域合作组织——东盟之间的多边关系，另一个是中国与东盟各成员国之间的双边关系。两者有时互相促进，有时也会出现互相掣肘，从而造成一些问题和障碍。例如，个别国家在处理南海岛屿及邻近海域主权争端问题时，就试图通过东盟组织来达到其自身的目的，并因此而加剧了问题的复杂化。但同时也应看到，东盟组织各成员国都有希望利用地区的合作规划，如东盟提出的区域内实现基础建设的互联互通规划，来加速本国发展的意愿和需求。因此，应当充分借助东盟成员国对东盟共同体建设的愿景，在中国与东盟互联互通的共同目标下共同促进"一带一路"倡议的落实。例如，曾有老挝学者对笔者提到，中老铁路如果不能够与中泰、中缅或者中越铁路衔接，那它对作为内陆国家的老挝发展的促进作用就会大打折扣。由此可见，如果我们通过中老铁路的建设加强与老挝民间的人文交流，让老挝官方和民众都能够充分认识并享受到由该项目得到的利益，那他们也自然而然地会希望通过加速与周边国家的互联互通而将其利益进一步扩大。由作为东盟成员国的老挝在东盟互联互通规划的框架内提出加速与泰、越、缅等其他成员国之间的基础建设对接，以实现老挝成为东盟的"陆连国"的战略目标，其效果必然好于东盟组织以外国家的提议。基于中老铁路是中国东盟基础建设合作的重要组成部分这一

---

① 新华网：《习近平在印尼国会发表演讲：携手建设中国—东盟命运共同体》，http://news.xinhuanet.com/world/2013-10/03/c_117591652.htm（上网时间：2017年10月5日）。

现实，势必将有助于中国在争取老挝铁路向周边国家延伸的项目中占据一定的先机。

与此同时，我们也必须充分考虑到东南亚地区每个国家的不同情况，在与各国的人文交流中真正做到因国施策、各有侧重，从细微之处入手，找准和夯实合作基础，不断创新文化交流与合作的模式，以求取得切实的成效。

为此，必须秉持开放、包容的心态开展与东南亚各国的人文交流。

中国领导人曾多次强调，在与东南亚有关各方处理可能遇到的各种困难与问题时，将持相互尊重、多元包容的态度，通过平等协商和协作共同解决，并循序渐进地逐步推进和落实各项目标。中国推动与东南亚国家共同落实"一带一路"倡议，绝非如一些西方学者所称，是试图恢复历史上由中国主导建立在"朝贡制度"基础上的"华夷秩序"，而是为了实现合作共赢、共同发展。因此，在中国与东南亚的文化交流中，更应坚持开放包容、相互尊重的原则，使其成为多元、开放的合作进程。因此，必须继续坚持文化交流的双向性。上文已经提到，在长期的双边交流过程中，中国也曾吸纳了东南亚各地文化中的积极因素，丰富了中国文化的内涵，并构建起中国与东南亚文化中的一些共同和相似的价值和观念。中国实行改革开放之初，东南亚多国的企业，如泰国的正大集团等，就通过来华投资办企业，从资金、技术和管理等诸多方面为中国的经济发展提供帮助，这是我们应铭记在心的。尽管今天的情况发生了很大变化，但在中国与东南亚国家之间的人文交流中，中国仍然应该在向东南亚介绍中国文化的同时，继续以开放包容的态度，学习和汲取东南亚各国文化中的长处和精华。

其次，在中国与东南亚国家之间开展人文交流的过程中，应充分赋予中国传统文化以现代的因素。

尽管中国非常注重与东南亚各国间的文化交流，但在许多东南亚国家的民众看来，现在中国在对外交流中似乎仍然过于强调传统文化而现代感不足。因此，在与东南亚各国的人文交流中，有必要加强关于中国文化在改革开放后如何推陈出新，如何吸纳其他民族和国家文化中的精华，以进一步丰富本国文化，并以此推动中国社会经济发展的事实介绍与宣传，通过各种方式来体现和介绍当代中国文化的新风貌、新气象，而这也能够更加充分地反映出中国文化的开放与包容的新风气。

此外，中国改革开放以来之所以能够在较短时期内取得举世瞩目的伟大成就，其中人文精神和文化因素也发挥着举足轻重的作用。因而在对外宣传中，不能继续单纯以中国人"吃苦耐劳""奋发向上"等传统说法来解释中国改革开放取得重大成就的原因。例如，有些东南亚国家的学者提到，我们的人民也很努力，也奋斗得很辛苦，为什么我们的进步却不明显呢？由此来看，如何从文化视角对当代中国经济社会得以高速发展的原因进行深入研究和全面总结，并将其成果介绍给东南亚各国，为其提供可资参考的经验，是双边人文交流中一个值得重视的课题。

再次，应继续重视和发挥东南亚华侨华人在中国与东南亚各国人文交流中的桥梁作用。

华人移居东南亚的历史悠久。至少在唐朝以后，就有大批华人前往东南亚各国谋生。他们之中的许多人定居当地，繁衍子孙。特别是19世纪中期以后，随着西方在东南亚殖民统治的确立和对殖民地的开发，东南亚出现了最大规模的华人移民潮，使这一地区至今仍然是海外华人数量最多的地区。

移居东南亚各国的华人华侨在双边物质和精神文化交流中发挥了重要作用。他们定居在东南亚各国，与当地民众和睦相处、艰苦创业，为所在国的经济和社会发展作出了巨大贡献，成为东南亚国家和中国之间开展文化交流的重要桥梁。改革开放以来，随着中国的改革开放和经济发展，老华人和华裔新生代对祖籍国的认同感和亲近感有所增强；而大批新移民的到来，为双边交流注入了新鲜血液。

尤其值得重视的是，东南亚国家华人社团和华文媒体在双边人文交流中所发挥的重要作用。东南亚各国存在已久的华人社团为传播中华文化作出的贡献有目共睹。例如，该地区各国华人社团在中国的传统节日期间举办的舞狮、唱戏等各种具有中国传统文化特色的活动，不仅吸引为数众多的当地各个族群的民众涌来观赏，而且他们之中也有越来越多的人主动参与到排练和表演的队伍之中，为华人和当地族群建立融洽、友好的关系创造了良好条件。随着东南亚一体化进程的加速推进，东南亚各国华人社团的活动也开始逐步参与其中，开始在"东南亚"和"东盟共同体"的旗帜下组织一些跨东南亚国家的活动。自中国政府提出"一带一路"倡议后，东南亚一些国家也出现了服务于该规划的华人组织。这无疑将对今后进一步促进中国与东南亚国家间的跨文化交流活动发挥积极作用，推动中国与东南亚国家间"新海上丝绸之路"的建设。

东南亚地区各国的华人媒体数量巨大,形式多样,包括传统的华文媒体,以及随着华界演变而出现的双语媒体、针对年轻华裔的当地语言媒体,以及随着互联网技术的发展而出现的新媒体,等等。华人媒体发挥着传播信息、引导舆论、服务社会、提供娱乐等功能,特别是在弘扬中华文化、促进华人与当地民族的沟通融合方面发挥着积极作用。随着中国与东南亚及其各成员国关系的发展,东南亚各国的华人媒体对祖籍国中国的宣传力度加大、内容增多,许多华文报刊开设了关于祖籍国和侨乡的专版、专页,近年来华人媒体对"一带一路"的介绍也有迅速增长之势,这些都有利于中华文化在东南亚的传播,有助于东南亚各国民众认识和了解中国,亦有利于中国与东南亚国家共建"一带一路"的宏伟事业。

同时,我们也应进一步加强在当地民众中开展人文交流,推介中国文化的工作。

我们必须充分认识到东南亚各成员国都是多民族国家的现实,并将其作为推进中国与东南亚各国关系发展的重要因素来考量。在东南亚地区,除了新加坡以华人占多数以外,其他各国也多有占其人口大部分或人数相对占优势的主体民族和其他少数民族,因此,需要做好与这些国家的其他民族,特别是主体民族的文化交流工作。就目前情况来看,在东南亚各成员国举办的关于中国的各项文化和人文交流活动中,参与者还是以当地的华人华侨为主,其他民族成员的参与度仍然有待提高。此外,虽然近年来东南亚国家对中国文化产品的消费不断增加,但其受众主要也还是当地的华人华侨。因此,在推动中国与东南亚的民间往来时,如何加强与当地民族的联系和交流,也是开展中国与东南亚国家人文交流中所面临的重要问题。例如,选派和接收留学生是国家间友好往来的桥梁和文化交流的纽带,是人文交流的重要途径。笔者在泰国学生中进行的调研结果显示,出于对中国文化的浓厚兴趣而选择学习汉语的当地族裔学生的数量呈逐年上升之势。因此,在中国政府确定的面向东南亚国家的奖学金名额,如何做到合理分配,除了吸收东南亚国家的华人子弟以外,多向各国的当地民族学生倾斜,吸引更多当地族群的优秀学生来华留学,使他们能够更好地了解和理解中国文化和"一带一路"建设的意义,就是一个值得探讨的问题。

最后,还应高度重视宗教交流在与东南亚国家开展人文交流过程中的地位和作用。

宗教是人类文明的重要组成部分。丝绸之路不仅仅是古代中外贸易路线，也是一条宗教文化传播与交流的通道。纵观今天的东南亚地区各国，佛教、伊斯兰教和天主教等世界主要宗教在该地区都有广泛而深刻的影响。佛教在中国传播过程中，就有不少外国或中国僧人取道海上丝绸之路，或来中国传教译经，或经东南亚去印度取经学法，促进了佛教在中国和东南亚地区的传播和发展。同样，在伊斯兰教东传的过程中，海上丝绸之路也发挥了重要的历史作用。郑和下西洋时，船队中的穆斯林随员也曾为伊斯兰教在东南亚的传播作出过重要贡献，其影响至今尚存，传为佳话。"一带一路"建设将为我国与东南亚各国在宗教领域中的文化交流提供新的契机和便捷条件。如据笔者观察，在佛教盛行的泰国，目前到此从事佛教修行的中国新移民为数颇多，他们通过当地佛教组织和机构，不仅参加佛教修行等佛事活动，而且参与由它们组织的各种社会公益和慈善活动，为密切中国教徒与当地民众的关系，改善中国和中国人的形象做了有益的工作。随着"一带一路"建设的推进，中国伊斯兰教界也积极开展对外交流，如近年来中国伊协在印尼等国组织展演活动，还经常邀请东南亚国家的伊斯兰教团体来华访问。中国的宗教信徒与东南亚国家的信徒之间的往来，能够增强他们之间在共同的宗教信仰框架下的沟通与交流，更利于双方人民对人民交往的深入。毋庸讳言，宗教问题具有一定的敏感性和复杂性，但只要引导得当，中国与东南亚加强在宗教领域的文化交流必将为双方共建"一带一路"开辟更多的人文合作的渠道。

综上所述，重视民间和基层的人文交流是双边关系发展取得实效的重要途径，有助于增加双方民众之间的相互沟通、了解和理解，为推动中国和东南亚之间的海上新丝绸之路建设夯实民意基础。我们应该努力探索能够切实有效地加强中国和东南亚各国人民之间相互沟通和理解的途径和运作方式，以求彼此之间的人文交流能够收到实实在在的效果，共同推进"利益共同体、命运共同体和责任共同体"建设，从而使双方的国家和民众都能够从中受益。